디지털 시대 유아의 놀이와 학습

– 문화비평 관점 –

크리스틴 스테판 & 수잔 에드워즈 지음

고선주 옮김

창지사

디지털 시대 유아의 놀이와 학습

『디지털 시대 유아의 놀이와 학습: 문화비평 관점』은 디지털 시대의 출현과 가정과 교육현장에서 유아의 디지털 테크놀로지 경험을 탐색한다.

이 책은 이론과 연구의 증거를 바탕으로 하여 디지털 시대 유아의 현재 경험을 이해하는 데 공헌한다. 문화비평 관점은 교사와 정책입안자 그리고 부모에게 유아가 놀고 배우며 디지털을 경험하는 것을 알게 한다. 미래 유아교육과정과 더불어 가정과 유아기관에서의 실천에 대하여 현명한 결정을 내리는 데 도움이 될 것이다.

이 책은 오늘날 유아에 관련한 연구자와 학생, 그리고 정책입안자와 전문가를 위한 필독서로서, 디지털 테크놀로지의 진보와 현재 테크놀로지와 유아기 놀이 및 학습 사이의 관계에 주목한다.

크리스틴 스테판은 스코틀랜드 스털링 대학교 연구교수로 최근에 퇴직하였다. 연구 주제는 유아의 학습으로 디지털 테크놀로지를 사용하는 일상 경험에 특별한 관심이 있다.

수잔 에드워즈는 호주가톨릭대학교 호주학습과학센터 내 연구그룹 유아기미래 팀장이다.

고선주는 런던대학교 교육대학원에서 박사학위 취득 후 숭의여자대학교 유아교육과에서 강의하고 있다.

EECERA
European Early Childhood Education Research Association

유럽유아교육연구협회(EECERA)에서 쓰여진 이 시리즈는 범지구적 차원에서 최신 유아교육 연구와 실제를 반영하는 제목의 책들로 이루어졌다. 흥미롭고 시급한 연구와 높은 열정적 아카데미 노력은 이 분야를 계속 발전시키는 데 바탕이 되고 있으며 이 시리즈가 최전방에서 관련된 정책을 입안하고 전문적 실천을 하는 데 지식과 토론을 제공하여 결정적인 영향을 미칠 것이다.

이 시리즈는 연구에서 실천으로 이어지는 직선적 접근보다 연구 융합, 이론적 개념과 철학적 관점에서 '도덕적 활용'이라고 불리던 가치와 도덕, 그리고 실천을 제공한다.

유럽유아교육연구협회(EECERA)에서 나온 책은 다음과 같다.

Assessment and Evaluation for Transformation in Early Childhood
Julia Formosinho and Christine Pascal
2016/PB: 978-1-138-90974-8

Pathways to Professionalism in Early Childhood Education and Care
Michel Vandenbroeck, Mathias Urban and Jan Peeters
2016/PB: 978-1-138-91889-4

Young Children Playing and Learning in a Digital Age
a Cultural and Critical Perspective
Christine Stephen and Susan Edwards
2018/PB: 978-1-138-65469-3

Values in Early Childhood Education
Citizenship for Tomorrow
Eva Johansson and Johánna Einarsdottir
2018/PB: 978-1-138-23070-5

디지털 시대 유아의 놀이와 학습

문화비평 관점

크리스틴 스테판 / 수잔 에드워즈 지음
고선주 옮김

From Christine:

To Olivia and Sam and their Grandpa

From Susan:

To Luke Cosgriff, Noel Edwards and Elizabeth Edwards

차 례

서 문

유럽유아교육연구협회 책 시리즈 소개

토니 버트램 & 크리스 파스칼

펴내며

크리스 스테판과 수잔 에드워드의 『디지털 시대 유아의 놀이와 학습』은 유럽유아교육연구협회*European Early Childhood Education Research Associate(EECERA)*에서 기획한 혁신 시리즈의 세 번째 책이다. '유아기의 도덕적 활용을 향하여'라고 이름을 붙인 EECERA 책 시리즈는 국제적으로 유아교육에서 활용하는 효과적이며 통합적 교육으로의 변화 및 발전을 위하여 혁신적인 예를 보여 주고 있다. 이 유럽유아교육협회 책 시리즈는 *유럽유아교육연구지European Early Childhood Education Research Journal*(EECERJ)와 상호보완적으로 기획되었다. 이 연구지는 학자들의 차원 높은 연구 출판을 담당하는 세계적인 장으로 자리 잡게 되었다. EECERA 책 시리즈는 유아교육의 질적 발전과 유아와 가족들에 대한 돌봄 서비스의 향상을 위한 교육적 활용에 초점을 맞추려 하였다. 나아가 이런 연구토론 활성화를 도모한다.

교육적 접근

이 책은 직선적 접근방식을 채택하지 않고 활용에 초점을 맞추었다. 이론에 내포된 교육적 행위와 믿음 체계로부터 지지받은 것이다. 실천, 이론적 관점, 윤리와 연구의 융합으로 우리는 이를 '윤리적 활용'이라 부르려 한다. 이런 융합은 모든 유럽유아교육협회 연구와 발달적 활동에서 시도되고 있지만, 이 책 시리즈에서 더욱 교육적 활용과 정책에 초점을 맞추었다. 집적된 교육적 활용을 위한 다원적 토론의 장을 마련하면서 국제적으로 유아교육 서비스에 종사하는 전문가와 연구진 그리고 아동과 가족의 교육적 경험을 개선하는 교육적 과정의 모델을 제공하려 한다.

이 책 시리즈는 이론과 연구 그리고 믿음(가치와 원칙) 사이의 대화 속에서 이루어지는 전문적이고 실천적인 지식으로서의 교육을 기대한다. 교육이 이론과 실천이라는 두 가지가 아닌 행동과 이론, 그리고 믿음이라는 세 가지 사이에서 계속 새로워지는 '애매한' 장으로 보일 수 있다. 믿음과 가치 그리고 원칙을 회합하고, 실천을 분석하고, 철학, 역사, 인류학, 심리학, 사회학 등 여러 학문의 지식을 통해 교육을 창조하는 삼각 운동을 이룬다. 따라서 교육은 활용을 기반으로 한다. 다른 말로 이론에 기반을 둔 행동이며, 믿음 체계가 지원하는 것이다. 잘 정의된 경계가 분명한 단일 학문과 달리 교육 지식은 애매한 장에서 창조되며 핵심이 융합인 까닭에 자신을 한계 짓는 데 머무르지 않고 경계를 무너뜨린다.

활용 의도

모든 유아교육 실천가의 각 전문적 기술을 연구 분석하는 국내외 수준을 향상시키며 실천 중심 연구가 활발하게 일어나고 있다. 이는 유아교육 분야에서 전문성이 증대되고 있으며 국제적으로는 유아교육 위상이 높아지고 있음을 반영한다. 교육체계 성공에 있어 유아교육의 위상과 중요성이 알려지듯, 전문성 기준 향상과 의무 증대는 이런 국제적 경향을 말해준다.

시리즈의 각 권은 다음과 같은 교육적인 면을 지니도록 디자인되었다:

- 저자의 사회문화적 맥락이 강하고 분명하게 제시됨
- 연구에 기반하며 개념과 이론적 관점을 뚜렷하게 제시하고 실천과 정책에 초점을 맞춤
- 주제와 시의적절한 핵심 이슈와 새로운 지식에 초점을 맞춤
- 도발적이며 획기적이며 창의적임
- 비판적이며 심사숙고하고 대화적임
- 유럽 전통과 혁신을 도모하는 유럽 중심적이지만 범지구적 기여
- 여러 소리와 여러 색을 띠며 열려 있음
- 다원적, 복합 학문적, 여러 방법으로 제시함
- 권력, 가치와 윤리, 활용의 관심을 인간행동학과 행동 연구, 그리고 학습공동체와 실천가에 초점을 둠
- 유아교육을 적용심리학이 아닌 하나의 학문으로 보는 관점
- 사회정의, 평등, 다양성과 탈바꿈에 관심을 가짐
- 전문성과 질 향상에 관심을 가짐
- 사회의 사회 과학을 위해 일하기
- 실천 교과서로 고안하기 위해서가 아니라 전문성과 실천/정책 발전을 위함

시리즈의 세 번째 책으로 이러한 철학이 내재되어 교육적 윤리와 학구적 의도가 아름다운 귀감이 되고 있다. 시의적절한 핵심 이슈와 새로운 지식으로 국제적인 유아기 서비스의 질을 높이 향상시키기 위해 우리의 생각과 행위에 대한 대화를 도발적이며 비판적으로 열고 격려한다.

감사의 글

우리가 이 책의 내용에 대한 책임을 지면서, 앞으로 보고할 프로젝트를 공동 연구한 동료들에게 감사를 전한다. 오랜 시간 동안 국내외에서 동료들과의 대화와 논쟁을 통해 이 책이 만들어졌다. 크리스틴은 유아의 디지털 사용에 대한 깊은 이해와 관심을 가지고 도움을 준 Lydia Plowman과 Joanna McPake에게 감사한다. 수잔은 디지털 놀이와 학습의 맥락적 특성에 대한 이해를 키워 준 Joce Nuttall, Susan Grieshaber, Elizabeth Wood에게 감사를 전한다.

우리의 작업은 연구에 기꺼이 응해준 많은 아이들과 가족의 참여로 가능했다. 시간을 내어 정보를 제공해주신 참여자들에게 감사드린다. Chris Pascal이 유럽유아교육협회 시리즈 '유아기 윤리적 활용을 위하여: 연구에서 실천까지'에 우리를 초대해주시고 참을성 있는 편집과 지도에 감사드린다. 이 책이 나오기까지 인내와 고락을 같이하며 도움을 준 가족들에게도 고마움을 전한다.

마지막으로 제본에 힘써 준 Carmela Germano, 재정적인 후원을 주신 호주가톨릭대학교에 감사드린다.

1
새로운 지식의 관점을 향하여

들어가며

세 살 먹은 샘은 택배 기사인 척하며 놀고 있다. 상상 속 소포를 건네고 비용을 지불할 작은 플라스틱 카드를 건네 받는다. 샘은 카드 판독기로 사용 중인 오래된 휴대전화의 모서리를 카드로 한 번 두드린다. 이 거래를 끝낸 다음 화물차로 돌아가 시동을 걸고 '안녕히 계세요'라고 말한다. 샘이 짧게 연출한 극이었다. 샘이 쇼핑할 때 자주 관찰하는 거래의 종류를 연기한 것이다. 작은 네모 상자에 카드를 두드리고 나서 산 물건을 건네준다. 하지만, 연극파트너 샘의 할아버지는 샘이 결제를 하는 것을 보고 조금 놀라긴 했지만, 샘에게 가짜 동전을 받거나 카드를 오래된 휴대전화에 꼽고 번호를 입력해야 한다고 지적하지 않았다. 샘의 할아버지는 장난감 자동차를 운전하는 행동을 보고도 놀라지 않았다. 샘의 할아버지에게 이런 결제는 상대적으로 새로운 것이기는 하였다. 하지만 일상에서 카드와 PIN 번호를 사용한 전자결제나 자동차 운전은 그리 주목할 만한 변화는 아니었다. 쇼핑, 커뮤니케이션, 디지털 테크놀로지에 대한 샘의 이해는 이전 세대의 이해와 다를 수 있지만, 할아버지처럼 일상생활에 포함되어 있다.

유아와 테크놀로지에 관한 책은 샘과 할아버지의 에피소드와 같은 관찰 내용으로 서론을 시작하는 경우가 많다. 일반적으로 비네트[1)]는 현대 유아들이 테크놀로지를 활용하는 특별한 능력으로, 저자가 주장하는 내용을 강조하기 위해 사용된다. 하지만, 이 책에서는 샘과 할아버지가 특별할 것이 없다고 주장한다. 문화적으로 샘과 할아버지는 그들의 시대를 살고 있다. 테크놀로지를 다루는 샘의 행동은 지식의 진화, 테크놀로지 혁신에서의 적용, 새로운 지식과 테크놀로지가 성인과 유아가 시간의 흐름에 따라 일상생활에서 변화된 모습을 잘 보여 준다. 이 책은 문화적 변화, 알려진 것과 새로운 지식과 이해 덕분에 가능해진 테크놀로지에서의 변화를 다룬다. 여기서 저자는 현대 유아의 놀이와 학습을 이해하고 이에 대처하려면 사회 지식의 변화와 진화, 또 이러한 진화가 우리가 마음대로 사용할 수 있는 테크놀로지와 일상 행동, 그 상호작용에 의미하는 바가 무엇인지 이해해야 한다고 주장한다.

이 책의 중심 주제는 문화이다. 문화는 일상생활에서 지식이 바뀌는 속성을 의미한다. 저자는 문화 역사적 변화 과정이 현대의 (개념적, 실용적, 이론적) 지식과 문화적 도구를 탄생시키고 변혁적인 미래 혁신을 위한 조건을 형성하는 방식을 탐구한다. 이 책의 주장은 이러한 문화적 관점이 교육가, 정책입안자, 부모들이 디지털 시대에 놀이와 학습의 변화하는 속성을 이해하고, 현시대의 가치와 바람, 미래 변혁을 위한 기회와 문제를 반영하는 방식으로 이러한 변화에 대처할 수 있게 한다는 것이다. 디지털 시대에서 유아들의 놀이와 학습에 테크놀로지

역자 주 1) 특정한 사람, 상황 등을 분명히 보여 주는 짤막한 글, 행동

적 변화가 미치는 영향에 어떻게 대처할 수 있을 것인가를 생각하기 위해, 인간과 테크놀로지 사이의 관계에 관한 몇 가지 이론적인 아이디어를 소개할 것이다. 중요한 아이디어 중 하나가 테크놀로지에 대해 비판적인 관점을 취하는 것이다. 저자는 문화적인 정보를 바탕으로 비판적인 관점을 취하는 것이 교육가, 부모, 디지털 시대에 유아 보육 및 교육을 책임지는 모든 사람들의 역량을 강화할 것이라고 주장한다. 문화적, 비판적으로 사고하는 것은 쉽지 않다. 과거의 문화 역사적 변화를 인정하고, 현재를 이해하고, 미래의 가능성을 고려하고 선도적으로 의문을 가지는 접근방식이 필요하다. 하지만, 지식의 변화가 테크놀로지 혁신을 위한 정보를 제공한 것처럼, 디지털 시대에 유아교육 분야에서의 지식도 진화해야 한다. 다음으로 디지털 시대의 유아 놀이와 학습에서 문화적, 비판적 시각의 가치를 입증한다. 하지만, 먼저 사고를 개방하고, 문화 비판적 관점이 의미하는 바에 대한 이해를 높이기 위해, 유아의 테크놀로지 활용에 대한 연구가 주로 유아교육의 비주류에서 주류로 어떻게 자리 잡게 되었는지에 대한 설명으로 서론을 시작한다.

비주류에서 주류로 이동

10~20년 전 테크놀로지를 이용한 유아 놀이와 학습에 관한 연구는 비주류에 속했다. 출생 이후부터 8세까지로 정의되는 유아기에 유아들이 활용하는 테크놀로지의 유형과 이러한 테크놀로지가 유아 놀이와 학습에서 어떻게 사용되는지에 관심을 가진 열성적인 일부 학자 및 연구자들의 주목을 받게 되었다(예, Haugland, 2000; Marsh *et al.*, 2005; Yelland, 2005). 유아의 테크놀로지 경험에 대한 연구는 대부분

상대적으로 고립된 상태에서 수행되었으며, 유치원, 놀이방, 유아교육 등 다양한 이름으로 불리던 영역에 초점을 맞추고 있었다. 초등교육, 중등교육, 제3차 교육과 같은 다른 교육 부문은 그 부문만의 교육학적 테크놀로지 문제에 사로잡혀 있었고, 유아기에 발생하는 일에 대해서는 거의 관심을 두지 않았다(예, Collins & Halverson, 2009; Greenhow, Robelia, & Hughes, 2009). 반면 유아 부문에서 유아들의 테크놀로지 활용에 관심을 기울였을 때는 유아의 삶에서 테크놀로지가 담당하는 역할에 대한 '혜택 대 위험' 논쟁이 이어졌다. 이러한 경향은 2000년대 초에 발생한 Cordes & Miller(2000), Clements & Sarama(2002) 사이의 '빛 좋은 개살구' 논쟁에서 가장 두드러지게 나타난다. 테크놀로지와 관련해 유아가 무엇을, 어떻게 가지고 놀고 학습하는지는 이 분야에서 주요 고려 대상이 아니었다. 하지만, 이 분야에서 연구하는 지도자들은 가정 및 교육 환경을 포함해 여러 가지 환경에서 유아의 테크놀로지 활용과 관련해 실증적인 증거 기반을 계속해서 제공했다(Plowman & Stephen, 2005). 유아의 디지털 테크놀로지에 대한 이해와 활용 능력에 대한 새로운 아이디어와 개념(Marsh, 2004), 그리고 디지털 놀이가 천천히 퍼지고 있었다(Zevenbergen, 2007).

2010년에 아이패드가 드디어 출시되었다. 어디서 갑자기 나타난 것처럼, 아이패드의 출현은 놀라움을 선사했고 육아 교육 부문은 유아들의 삶에서 이 새로운 테크놀로지를 맞이할 준비가 되어 있지 않았다. 말 그대로 컴퓨팅 테크놀로지를 아주 어린아이들의 손 위에 올려놓는 것으로, 유아들의 테크놀로지 활용에 대한 관심이 폭발적으로 늘어났다. 구글 검색을 통해 유아기의 아이패드에 초점을 맞춘 일련의 간행물을 빠르게 검색할 수 있다. '유아기 문해 학습 도구로서의 아이패드(iPads as a literacy teaching tool in early childhood)'(Beschorner &

Hutchison, 2013) 및 '터치, 입력 그리고 변혁: 사회적 학습 교실에서의 아이패드(Touch, type, and transform: iPads in the social studies classroom)'(Berson, Berson, & McGlinn Manfra, 2012)와 같은 제목의 유아기 테크놀로지 연구 논문이 뜻밖에 상위에 랭크되었다. 대중 매체도 관심을 가졌다. *가디언*Guardian 신문은 '아이패드와 태블릿이 유아들에게 나쁜가?'(Cocozza, 2014), 그리고 '아이패드에 집착하는 유아: 유아 성장에 해가 될 수 있는가?'(Chang, Rakowsky, & Frost, 2013)라는 질문을 제기했다. 하지만, 관심이 고조되고 있음에도 불구하고 가정 및 보육 환경에서 유아들의 테크놀로지 사용에 관한 연구는 수년 동안 크게 관심을 받지 못했다. 사실 유아교육 연구 항목에 포함되지 않는 매체 및 뉴미디어 영역에서의 연구, 특히, 초창기에 먼저 라디오 그 다음에는 텔레비전이 유아의 테크놀로지 사용에 관한 중요한 통찰력과 이해에 깊은 바탕이 되었다(Buckingham, 1993).

이 책에서는 디지털 시대 유아 놀이와 학습과 관련된 연구 및 사고의 범위에 초점을 맞춘다. 이 책에서는 지난 20년간 '비주류' 연구와 유아의 테크놀로지 사용과 관련된 보다 새로운 연구 및 이론화 모두를 고려한다. 특히, '비주류' 시대에 수행 및 출간된 일부 연구와 현대에 보다 기여하는 일부 연구에 기반을 둔다. 예를 들면, 경제사회연구위원회[2] 자금 지원을 받아 Stephen과 동료들이 행한 세 차례 획기적인 연구(가정에서 유아의 테크놀로지 사용 연구)는 다음과 같다: '상호놀이Interplay' 2003~2005; 'e-사회 진입Entering the e-Society' 2005~2007; '장난감과 테크놀로지를 통한 유아 학습Young Children Learning with Toys and Technology' 2008~2011. 주로 아이패드 이전 시대에 초점을 맞춘 이 연구는 새

역자 주 2) Economic and Social Research Council, ESRC

로운 조작 테크놀로지를 습득하는 것을 넘어서는 디지털 테크놀로지를 통한 학습 형태에 초점을 맞추고, 디지털 시대의 학습이 테크놀로지뿐만 아니라 부모와 교육자에 의해서도 중재됨을 확인했다. 또한, 이 책은 이러한 비주류 시대에 육아 교육 환경에서 유아의 터치스크린 테크놀로지 사용에 관한 간행물을 처음으로 출간했다. 문화적으로 습득한 테크놀로지인 입력 장치에 대한 유아의 선호(Romeo, Edwards, McNamara, Walker, & Ziguras, 2003)를 예상하고 설명한 Edwards(2003)의 기여가 초석이 되었다. 유아교육에서 테크놀로지의 교육학적 자리 매김과 관련된 일부 새로운 연구(예, Edwards, 2013) 또한 조사한다. 여기서는 특히, 테크놀로지를 유아교육 환경에 통합하는 문제에 대한 Edwards(2015)의 접근방식에 초점을 둔다. 이 접근방식에서 Edwards는 교사에게 아동이 테크놀로지를 사용하는 것을 가르치기를 계속해서 강조할 것이 아니라 디지털 놀이를 이해하고, 개발하고, 개념화하는 것에 대해 관심을 가져야 한다고 주장한다. 이 연구는 현재 연구자들이 보육 교사들이 테크놀로지를 어떻게 놀이로 보는지(Nikolopoulou & Gialamas, 2015; Palaiologou, 2016), 교사의 디지털 놀이 구성에 따라 테크놀로지가 육아교육과정에 통합될 가능성의 범위를 조사하는 보다 새로운 연구를 촉발시켰다(Arnott, 2016).

'디지털 시대 유아의 놀이와 학습'이라는 주제에 저자, 교사와 가족, 그리고 정책입안자가 관심을 많이 보였다. 따라서 이 책에서는 기존에 비주류 영역이었던 이러한 관심대상의 범위를 단순하게 확대하는 것 이상의 결과물을 얻고자 한다. 관련 문헌 요약 및 교사와 부모를 위한 핵심 '지침'이 표면적으로는 매력적으로 보일 수 있겠지만, 유아의 디지털 테크놀로지 활용과 관련된 사고를 안내하기 위해서는 그 이상이 필요하다는 것이 저자들의 확고한 믿음이다. 핵심 문헌 및 지침은 교사, 부모, 정책입안자, 심지어 연구자들에게도 아이패드가 '갑자기' 어떻게 유아들의 삶에 들어오게 되었는지 이해하는 데 도움을 주지 않는다. 이러한 누적적인 접근방식은 연구자 및 교사가 디지털 시대 유아 놀이와 교육에서 무엇이 중요하고 의미 있는지, 또 현대 유아들이 디지털 환경에서 계속 진화하고 있는 가운데 유아에 대한 테크놀로지의 역할에 관심을 갖도록 하는 데도 도움이 되지 않는다. 게다가 가정 및 보육 환경에서 테크놀로지 사용 지침에 집중하는 것은 실제 상태로 디지털 시대를 구성하는 것이 무엇인지, 그리고 이 '디지털 시대'가 어떻게 존재하게 되었는지에 대한 종합적인 이해에 방해된다. 특정한 '시대' 속에서 성장하는 아이들을 가르치려면, 다음에 어떤 조치를 취할지를 결정하기 위해 적어도 무엇이 어떻게 존재하게 되었는지에 관한 기본적인 문화 역사적 이해가 필요하다는 것이 이 책의 주장이다.

이 책은 디지털 시대 유아의 놀이와 학습을 다루는 많은 책들과는 다르다. 이 책은 디지털 미디어라는 새로운 담대한 세계에 대한 끊임없는 주장으로 시작하지 않는다. 이 책은 유아의 디지털 원주민 타이틀과 관련된 주장으로 시작하지도 않는다. 일부 사람들에게 디지털 테크놀로지는 불안과 후회의 원천이라는 점을 알고 있다. 테크놀로지는 역사적으로 가치를 인정받은 학습에 대한 '발달에 적합한' 접근방식을 위협하고 어른 및 또래들과의 대면 상호작용을 위한 실질적인 접촉을 대체하는 것으로 간주될 수 있다. 테크놀로지는 신체 움직임을 권장하지 않으며 경험에 의한 학습, 협력적 문제해결 및 창조적 관계를 방해하는 것으로 이해할 수 있다. 다른 사람들은 유아의 시야와 의사소통 능력을 확대한다는 점에서 디지털 테크놀로지를 높이 평가하고, 온스크린 활동을 통한 동기부여와 개인적 즐거움을 위해 제공하는 기회 및 디지털 미디어 콘텐츠 공유를 중요하게 생각할 수 있다. 일부 비평가들에게는 디지털 테크놀로지가 21세기 지식 환경의 일부이기 때문에 중요하다(예, Parette, Quesenberry, & Blum, 2010). 일부 비평가들은 유아 학습자가 디지털 자원 사용을 숙지하고, 진화하는 테크놀로지적 발전에 따른 지식 경제에 진입하고, 이를 잘 활용할 수 있는 역량을 습득해야 한다고 주장한다.

현재 유아 및 디지털 테크놀로지에 관한 문헌에서 이러한 접근방식에 대한 논의가 일반적이다. 유아교육에 디지털을 통합하고 인정해야 한다는 주장에 대한 정당화와 오늘날 아동이 테크놀로지 세계에 살고 있기 때문에 이러한 테크놀로지를 효율적으로 사용할 수 있도록 교육하고 양육해야 한다는 주장이 늘어나고 있다(예, Parette, Quesenberry, & Blum, 2010). 이 책에서는 이러한 형태의 정당화에 동의하지만, 이러한 이유가 디지털 시대에 테크놀로지를 포함하기 위한 다소 피상적인 이유로 보기도 한다. 대신 이 책에서는, 특정 '시대'가 디지털 시대인지 여부와 관계없이 그 시대 속에 그 시대 사람들이 행하는 것을 특징짓는 문화 역사적인 관행 및 테크놀로지를 항상 포함하는 것은 아니라고 이해하는 것이 좀 더 생산적이라고 주장한다. 디지털 시대 유아의 놀이와 학습이 유아기에 테크놀로지를 포함하는 것에 관한 것이 아니다. 왜냐하면 현재 유아들이 디지털 세계에 살고 있기 때문이다. 디지털 시대 유아의 놀이와 학습은 사람들(어른과 어린이 모두)이 서로 의사소통하고, 즐거움을 얻고, 디지털 미디어 및 콘텐츠를 생성 및 공유하고, 심지어 돈을 벌기 위해 테크놀로지를 가지고 무엇을 하는지를 이해하는 것에 관한 것이다. 디지털 시대의 유아 놀이와 학습에서 테크놀로지가 제공하는 혜택 및/또는 한계에 대한 분열된 논의를 피하기 위해, 테크놀로지 역사학자인 Colin Divall(2010)이 '테크노 이야기'라고 부른 것을 반복하지 않으려 노력한다.

테크노 이야기를 넘어서

테크노 이야기는 테크놀로지와 관련해 사회 내 사람들 주변에서 일어난다고 생각하는 일을 설명하기 위해 사람들이 개발한 설명을 일컫는다. 아이패드가 발매된 후 7년 동안 유아교육과 '자녀양육' 영역 문헌은 하나의 부문으로서 유아와 테크놀로지에 관한 자신들만의 테크노 이야기를 개발하기 시작했다. 이러한 이야기는 Plowman & McPake(2013)가 유아 및 테크놀로지에 관한 '신화' 시리즈로 논의한 것처럼 이미 익숙한 부분이 있다. '유아가 자연스럽게 테크놀로지 사용을 배운다'는 이러한 이야기 중 하나이다. 이 이야기는 Prensky(2001)가 처음 제안한 인기 있는 캐치프레이즈 '디지털 원주민'에서 잘 드러난다. 사실 Stephen을 비롯한 동료들의 연구에 따르면, 아이들이 자연적으로 테크놀로지 사용을 배우는 것처럼 보이지만, 테크놀로지 학습 과정이 사회적, 문화적으로 영향을 받는다는 점은 명확하다(예, Plowman, McPake, & Stephen, 2008; Stephen, Stevens, & Adey, 2013). 아이들은 가정 및 공동체 환경에서 노출된 테크놀로지 사용 방법을 배운다. 아이들의 이러한 테크놀로지 사용은 나이가 더 많은 가족구성원 및 또래가 이러한 테크놀로지를 사용하는 방법과 관련이 있다. 게다가 수세대 동안 전달되는 사회적 학습 관행이 학습 과정에서 명확하게 드러난다. 부모, 친척 및 또래가 테크놀로지 사용의 모형을 보여 주고, 적극적으로 아이들의 테크놀로지 발달을 비계설정(지식 습득을 지원하는 방법 또는 기준)하고, 보다 새로운 테크놀로지와 디지털 미디어에 대한 접속을 중재하고, 주어진 테크놀로지를 조작하는 데 필요한 기술을 아이들에게 명확하게 가르친다.

유아교육 분야에서 또 다른 테크노 이야기는 '유아들은 집에서 충분한 테크놀로지를 접한다. 보육 환경에서 아이들은 더 많은 테크놀로지가 필요하지 않다'는 것이다. 다시 말하지만, 이 이야기에 반대하는 연구가 있다. 유아들은 모두 동등하게 테크놀로지에 대한 액세스를 경험하는 것은 아니다. 다양한 사회적, 경제적 지위에 있는 아이들이 비슷한 유형의 테크놀로지에 접근함을 보여 주는 연구에서조차도 이러한 테크놀로지가 사용되는 관행은 분명히 다르다. 사회적, 경제적으로 낮은 그룹에 속한 아이들은 디지털 미디어를 소비하는 데 초점이 맞춰진 방식으로 테크놀로지를 사용하는 반면, 사회적, 경제적으로 높은 그룹에 속한 아이들은 디지털 미디어를 생성하고, 정보를 검색하고, 가족 및 친구와 의사소통하기 위해 테크놀로지에 접근한다(Harris, Straker, & Pollock, 2017; Yuen, Lau, Park, Lau, & Chan, 2016). 또한, 에스토니아의 새로운 연구(Nevski & Siibak, 2016)에 따르면, 유아들의 부모는 가정과 센터에서의 테크놀로지 접속에 차이가 있음을 인식하고 보육 환경에서 디지털 테크놀로지가 더 자주 사용되지 않는 이유에 관해 의문을 갖기 시작했다. 따라서 테크노 이야기가 우리의 삶에서 그리고 유아의 삶에서 테크놀로지와 관련해 일어나는 일을 이해하기 위한 매우 강력한 수단이 될 수 있지만, 테크노 이야기가 반드시 디지털 시대 유아 놀이와 학습에 관한 사고와 대응의 토대는 아니다.

만일 이 책에서 테크노 이야기를 너무 많이 하지 않기 위해 노력한다면, 기존의 이용 가능한 자료와는 다른 이 책의 주장의 토대는 무엇인가? 이 질문에 대한 대답은 두 가지다. 첫째, 이 책은 디지털 시대를 포함해서 모든 시대 아동의 성장과 발달 비주류 영역을 형성하는, 시간의 흐름에 따른 지식의 문화적 변형과 관련된 문화 역사적 주장을 바탕으로 한다. 이러한 문화적 지식이 문화적 변형의 특징을 결정짓는 혁신에 대한 구성과 적용에서 대부분 여러 학문 분야에 걸친 가장 적절한 사고라고 생각한다. 따라서 여러 가지 관점을 바탕으로 디지털 시대 유아놀이와 학습 방법에 대한 정보를 제공한다. 둘째, 이 책은 맥락상 사람들이 테크놀로지를 사용하는 방법과 이유를 고려해 테크놀로지와 인간의 관계에 대해 비판적인 관점을 유지한다.

시간의 흐름에 따른 지식의 문화적 변형

근래 몇 년 동안 아동발달에서 문화는 점차 익숙한 용어가 되고 있다. 하지만, 서구–유럽 유아교육 문헌의 경우, 1990년대 유아의 학습 및 발달과 관련된 아이디어에서 문화는 공통적으로 명확하게 드러나지 않았다. 1990년대 말과 2000년대 초 유아교육 후기 발전 기간(Nolan & Kilderry, 2010)에 유아교육과 관련해 구성주의 발달 개념에 변화가 나타났다. 즉, 보편적인 생물학적 성장을 기반으로 한 학습 패턴과 관련된 설명에서 벗어나 유아들의 학습 결과와 이후 문화적으로 정의된 성장 기대에 대한 사고를 형성할 때 문화의 역할에 집중하게 되었다.

사회문화이론, 특히, Vygotsky에서 파생된 문화 역사적 사고 전통은 유아교육에서 가장 지배적이다. Vygotsky(1997)의 중심 전제, 즉, 문화 매개라는 개념은 사람들, 활동 및 그들의 사회문화적 상황 사이의 관계를 이해하는 데 있어 놀라울 정도로 간단한 설명 메커니즘이다. 문화 매개는 모든 사람(또는 '대상')이 일반적으로 참여하고 싶어 하는 활동 목표를 가지고 있다고 본다. 활동 목표의 성취는 도구를 사용해 이루어진다. 도구는 문화적으로 파생되고, 물리적이거나 개념적일 수 있다. 도구는 문화적으로 파성되기 때문에, 도구는 그것이 개발된 맥락에 맞추어 시간의 흐름에 따른 발전의 역사가 항상 있다. 활동목적을 달성하기 위해 도구를 사용하면 원하는 결과의 성취로 이어지고, 이는 동시에 대상의 지식 역량을 변형시킨다. 예를 들어, 어떤 사람이 벽에 그림을 걸기 위해 후크를 벽에 삽입하는 데 망치를 사용한다. 망치는 벽에 후크를 삽입한다는 목표를 달성하기 위해 사용하는 도구이다. 결과는 벽에 그림을 거는 것이다. 도구를 마스터한 사람의 역량은 변형되었고 미래에도 비슷한 목표를 실현할 것이다. 문화적 도구로서 망치는 3억 년에 이르는 발전 역사를 가지고 있다. 우리가 알고 있는 사용하기 좋게 생긴 돌부터 시작해 BC 30,000년에 손잡이가 생겼고, 청동기 시대에 금속을 녹여 붙였다. 시간의 흐름에 따른 도구의 역사적 발전과 변형된 *역량이 현재를 이해하는 데 있어 역사의 역할*을 다루기 때문에, 사회문화적 이론에서 핵심적인 개념이다. 역사는 현재 활용되는 도구의 사용과 현재 및 미래 목표를 달성하기 위한 사람들의 지식 변형 역량에서 항상 명확하게 드러난다. 문화적, 역사적 관점에서 도구는 망치나 아이패드와 같은 테크놀로지 장치와 같은 단순한 물리적 도구가 아니다. 또한, 도구는 이론적인 사고방식에 내포된 개념과 언어로 구성되어 있다. 도구로서 언어와 개념 또한 문화적 공동체 속에서 시간에 따라 발전함으로써 다양한 활동 목표와 결과를 실현하는 새로운 혁신과 방법을 달성하는 방식으로 사람들의 역량을 변형시킨다.

시간의 흐름에 따른 도구의 역사적 진화와 변화하는 역량이 문화라는 정의가 이 책의 핵심이다. 디지털 시대의 놀이와 학습을 이해하기 위해서는 문화가 고정된 경험이 아니라는 점을 이해해야 한다. 그보다 문화는 항상 과거와 연결되어 있고, 과거는 항상 우리가 현재에 사용하는 도구 속에서 명확하게 드러난다. 디지털 시대 유아교육에서 이러한 주장의 중요성은 제2장에서 처음으로 모습을 드러낸다. 제2장에서는, 고전 물리학의 개념 지식이 마이크로프로세서를 통한 지식 분포에 대한 인간의 역량을 변형시킨 트랜지스터의 지속적인 발명으로 가능해진 테크놀로지의 역량과 범위 전체에 미친 심오한 영향을 조사한다. 제3장에서는 인터넷 발명과 첫 번째 형태의 컴퓨터 시스템 연결과 관련된 개념적 지식이 어떻게 첫 번째 형태의 온라인 커뮤니케이션을 가능하게 했는지를 탐구한다. 또한, 제3장에서 정보 액세스의 자유와 이러한 사고가 이후 월드와이드웹 발전에 어떻게 정보를 제공했는지와 관련해 1960년대 문화적 사고와 가치를 살펴본다. 문화적, 역사적 가치를 바탕으로 조사할 때 이러한 지식 구성요소는 첫째, 고체물리학, 둘째, 상호연결된 컴퓨팅, 셋째, 정보 액세스이다. 이를 통해 제3장을 마무리할 때 디지털 시대의 유아 놀이 및 교육에 대한 이해를 높이는 데 도움이 되는 배경 지식을 제공할 수 있다. 이러한 문화적, 역사적 구성은 디지털 시대가 사람들 사이에서 대안이 되는 의사소통 패턴을 어떻게 촉진해, 커뮤니케이션 테크놀로지를 주로 일대일(단선 전화 통화 방법)에서 대부분 분포(월드와이드웹을 통해 공유)되는 방식으로 변화시켰는지를 설명한다. 테크놀로지 혁신 목표를 달성하기 위한 도구로서의 지식 사용은 그에 따라 새로운 의사소통의 결과물을 가져온다. 다시 말해, 이전에 가능했던 수준을 넘는 시간과 공간에서 더 많은 지식과 정보가 더 많은 사람들과 공유될 수 있도록 사람의 역량을 변형시킨다. 이는 페이스북 및 트위터와 같은 디지털 소셜 미디어를 통한 현대 의사소통에서 명확하게 드러난다. 사실, 이와 같은 디지털 소셜 미디어는 단 한 명의 청취자 또는 독자에게만 메시지를 보내도록 제한하는 것과는 반대로, 여러 명의 사람들과 동시에 의사소통하겠다는 목표에다 다양한 분야에서 나온 이전 지식을 적용하고 발전시키는 활동을 통해 탄생한 것이다.

새로운 의사소통 과정과 제품에는 새로운 기회 및 행동이 함께 수

반되며, 한 사회 안에서 이러한 새로운 방식의 활동에는 새로운 유형의 지식이 필요하고, 현시대에 어떤 놀이와 학습이 필요한지에 대한 기대를 높인다. 예를 들어, 인쇄기의 출현과 이러한 새로운 텍스트 배포에 대한 동의와 함께 이루어진 성경 영어 번역은 16~17세기 영국의 문해 능력 발달에 기여했다. 독립적이고 직접적인 성서 접근이라는 바람에 따라 성경 문구가 모국어로 새롭게 번역되었다. 이러한 새로운 번역이 이용 가능해지면서 대중의 문해 능력이 변화하는 것과 같은 이러한 변화의 패턴은 여러 사회에서 동일하게 나타났다. 문해 능력이 보다 광범위하게 확산되고 문자 텍스트를 통해 대중전달이 가능해지면서 글을 읽을 줄 모르는 사람에 비해 글을 읽을 줄 아는 사람에게 다양한 지위가 수여되었다. 공유해야 하는 정보를 글로 쓰고, 예로부터 내려온 관행과 구전이 아니라, 서면 텍스트를 통해 지식에 접근할 것을 기대하는 사회문화 속에서 효과적으로 기능하려면 글을 읽고 쓸 줄 아는 능력이 필수가 되었다.

제2장 및 제3장에서 설명한 것처럼 월드와이드웹이 출현하기 전에 아이들이 주로 일대일 정보 교환에 참여 가능하도록 기본적인 읽기, 쓰기 및 말하기를 아이들에게 가르쳤다. 디지털 시대 이전에 사람들은 서로에게 직접 말하고, 주요 관중 한 명을 대상으로 하는 자료를 읽고, 글을 쓰더라도 일반적으로 한 사람(예, 편지) 또는 하나의 식별된 관중(예, 특정 강의의 참석자 또는 지정된 주제에 대한 독자)을 대상으로 글을 썼다. 월드와이드웹으로 인해 생겨난 의사소통 방식은 현재 유아들이 이전과 동일한 방식으로 일대일 의사소통을 마스터할 필요가 없음을 의미한다. 그보다 유아들은 분산 의사소통에 필요한 공학기술을 습득해야 한다. 읽기 및 쓰기는 여전히 필요한 테크놀로지지만, 온라인에서 공유할 수 있는 콘텐츠를 생성하고 웹에 '게시되고' 확인되는 자료

에 접속하고 이해할 수 있는 역량도 필요하다. 아이들 스스로 전 세계 또래들이 소비하고 댓글을 다는 에피소드를 들려주고 기록할 수 있는 유튜브 키즈YouTube Kids에서 아이들이 만든 디지털 채널의 인기는 베이비 얼라이브Baby Alive에서 플레이도우Flaydough까지 다양한 관심사가 매일 공유되고 있는 것을 예로 들 수 있다. 제4장에서는 지식 발달의 문화적, 역사적 패턴과 지식의 역사적 패턴이 현재의 맥락, 그리고 그에 따른 특정 세대의 놀이와 학습 요구 사항을 요약한 문화, 역사 이론가인 Bert van Oers(2008)의 아름다운 글을 인용한다.

> 학습은 지배적인 심리학적, 인식론적, 과학적 관점에 따라, 세계에서의 아동 및 아동의 지위에 대한 교육학적, 사회학적, 문화적 관점에 따라 문화적 역사 속에서 사실상 변형된다고 주장할 수 있다. 따라서 변화에 대한 서술에 그치는 것이 아니라 학습 그 자체의 과정이다.
>
> (*p.* 7)

따라서 사람들이 행동하고, 아이디어를 표현하고, 가치를 공유하고, 의사소통을 하는 방식으로 이해되는 '문화'라는 개념은 디지털 시대에 유아 놀이와 학습을 이해하기 위한 설명 메커니즘을 제공한다. 이 책에서는 유아교육에서 테크놀로지 사용 또는 '통합'하는 방법에 초점을 맞추는 대신 오늘날 유아를 위한 문화적 배경을 형성하는 다양한 테크놀로지 혁신에 정보를 제공하는 지식의 역사적 변형을 고려한다. 지금까지 시간의 흐름에 따라 표현되고, 결과적으로 나타난 관행을 형성하는 이용 가능한 도구라는 관점에서 현 세대 속에서 변화하는 문화의 측면을 주로 살펴보았다. 하지만, 이 책은 과거를 설명할 뿐만 아니라 이러한 문화적 변화와 혁신의 동적인 과정의 미래에 대한 함의와도 관련이 있다.

문화의 동적 속성을 조사하기 위해 문화이론가 Raymond Williams의 아이디어를 바탕으로 한다. Williams(1958)는 문화에 대한 사고에 있어 Vygotsky의 연구로부터 영향을 받았다. Williams(1958)의 '문화는 평범하다'(p. 10)는 유명한 주장이 있다. 평범하다는 것은 문화가 사회를 탄생시키는 공동체 속에 관여하는 사람들의 목적과 의미로 구성된다는 의미이다. Vygotsky처럼 Williams(1958)도 사람들과 문화 사이의 관계를 변증법적으로 이해했다.

> 모든 인간 사회는 그 사회만의 형태, 목적, 의미를 가지고 있다. 모든 인간 사회는 이를 제도, 예술 및 학습을 통해 표현한다. 사회를 만드는 것은 공통의 의미와 방향에 따른 결과물이며, 사회의 성장은 경험, 접촉 및 발견의 압력에 따라 그 땅에 새겨지는 활발한 논의와 수정이다. 성장하는 사회는 거기에 존재하지만, 모든 개인의 마음속에서 만들어지고 다시 만들어진다. 마음을 만드는 것은 우선 일, 관찰 및 의사소통이 가능하도록 형태, 목적 및 의미를 느리게 학습하는 것이다. 그 다음에 두 번째로 이를 경험으로 테스트하고, 새로운 관찰, 비교, 의미를 만드는 것이다.
>
> (*p. 11*)

이 책에서는 개인 속에서 사회를 구성하고 다시 만드는 것, 그리고 그에 따라 개인이 새로운 문화적 의미를 만드는 것을 아이패드 발명이라는 이야기의 맥락 속에서 이야기한다. 이 장을 시작할 때 아이패드가 어디에선가 갑자기 나타난 것 같다고 언급했다. 이 책을 집필하기 위해 수행한 문화적, 역사적 연구에 따르면, 그렇지 않다. 아이패드가 어디선가 갑자기 유아, 교육자, 가족들의 삶에 나타난 것이 아니다. 디지털 시대 유아 놀이와 학습에 대한 문화 역사적 관점을 취함으로써 제2장과 제4장에서는 100년이 넘는 세월 동안 유아교육에서 인용된 놀이와 학습에 대한 이론 및 철학이 아이패드 발명과 매우 밀접하게 관련되어 있음을 입증한다.

2010년에 아이패드가 발매되기 전에 태블릿 컴퓨팅은 Alan Kay라는 컴퓨터 과학자의 연구를 바탕으로 이미 1970년대 초에 시작된 발전의 역사가 있다. Kay(1972)는 사실상 휴대 가능하고 기본 제공 키보드가 내장된, 모든 아이들이 사용하는 개인용 컴퓨터가 인터넷워킹 사이트에 연결되어 아이들이 어른들이 안내하는 탐험을 통해 자신만의 학습을 해나가는 데 적극적으로 관여할 수 있을 것이라고 주장했다. Kay(1972)의 컴퓨터를 '다이나북(DynaBook)'이라고 불렀다. 다이나북 개념을 개발하는 과정에서 Kay는 초기의 핵심 연구로부터 많은 영향을 받았다. 이러한 연구에는 Bruner, Dewey, Montessori, Piaget 및 Vygotsky 연구가 포함된다. 사실 Kay(1972)가 다이나북 개념을 직접적으로 개괄한 논문은 위에서 언급한 이론가들의 연구를 직접적으로 인용한다.

1984년에 Kay는 애플 펠로우(Apple Fellow)로 애플 컴퓨터와 아이패드 발명가인 Steve Jobs와 일하기 시작했다. Williams(1958)가 설명한 것처럼, '경험, 접촉 및 발견의 압력' 속에서 '사회 만들기'는 Bruner, Dewey, Montessori, Piaget 및 Vygotsky의 이론적, 철학적 아이디어가 진화하는 동안 Kay에 의해 창조와 재창조의 결과로 다이나북이 탄생했다. 이후 Kay와 Jobs의 협력은 만들고 다시 만드는 이 이야기를 계속

이어 나간다. '새로운 관찰, 비교 및 의미를 만드는'(Williams, 1958) 과정에서 다시 제안될 수 있는 '사회의 목적과 의미'에 대한 개인의 학습(Williams, 1958)은 Kay와의 협력을 통해 Jobs에 의해 적용되었고 결국에는 아이패드 발명으로 이어졌다. 이 책은 디지털 시대 유아 놀이와 학습에 대해 문화적 입장을 취하는 까닭에 유아의 환경(가정 및 교육 환경)에서 태블릿 테크놀로지가 신속하고 열정적으로 채택된 데 대해 새롭게 해석을 내놓을 수밖에 없다. 이 책에서는 아이패드의 역사적 발전이 유아교육자 및 연구자들에게 수 세대에 걸쳐 정보를 제공한 이론과 사고 속에서 이루어졌기 때문에 아이패드가 아이들에게 어필하고 아이들의 성장 요구를 충족한다고 주장한다.

이 책에서 제공하는 아이패드에 대한 문화적, 역사적 해석은 유아의 태블릿 컴퓨터 사용과 같은 테크놀로지 사용에 대해 언급되는 '테크노 이야기' 또는 우려의 상당 부분을 해결하는 데 도움이 된다. 이 중 가장 큰 우려 사항은 테크놀로지가 학습 및 성장을 촉진하는 데 필요하다고 간주되는 '실제 세계' 활동에서 손을 움직이는 탐구 과제를 아이들로부터 박탈한다는 것이다. 그대신, 태블릿 테크놀로지는 시간에 따라 변형되어 터치 스크린과 마이크로프로세싱의 테크놀로지 혁신을 활용하는 유아 학습에 관한 문화적 사고의 결과물로 다시 고려될 수 있다. Williams(1958)가 "문화는 모든 사회와 모든 마음에서 평범하다"(p. 23)라고 묘사한 것은 적절하다.

디지털 시대에 대한 우리의 이해를 확대하기 위한 기본 개념으로서의 문화는 현재에 대한 해석에서 과거가 제공하는 것을 고려했을 때 가능한 영역을 넘어 우리의 사고와 글쓰기에 더 많은 혜택을 제공한다. 개념으로서의 문화는 지식을 포괄한다. 특정 문화에서 지식은 역사적으로 구성된 것일 뿐만 아니라 그와 동시에 문제를 해결하거나 결론, 어떤 유형의 결정, 사고 또는 이해에 대한 틀에 도달하기 위해 복잡한 상황에 관여하는 문제로 방향을 바꾼다. 따라서 지식은 Williams(1958)가 '긴장 수준이 높고 긴장 상태가 변화하는 극단적인 상황의 다양성'이라고 설명한 것을 이해하고 이에 대응한다. 어느 한 시점에 사람들은 특정한 유형의 복잡한 상황(예, 디지털 시대 유아 놀이와 학습에 대한 이해를 개선하는 문제)에 직면하게 된다. Williams(1958)에게 사고를 위한 틀은 '출발점만큼이나 다양하다'. 따라서 문화적 지식 자체에는 다양성이 요구된다. 다양성이 없다면 사람들은 특정 시점에 자신이 처한 다양한 상황에 대처할 수 있는 수단을 갖지 못할 것이다. 일단의 지식은 문제가 되는 상황에서 다양한 출발점을 다루는 데 충분하지 않을 수 있다. 따라서 이 책에 정보를 제공하는 두 번째 아이디어, 즉, 다문학적 접근에 의존한다. 다문학적 접근은 복잡한 상황에 대한 사고에 정보를 제공하는 데 한 가지 학문적 지식 이상을 사용할 수 있다는 아이디어다.

다문학적 접근

디지털 시대 유아 놀이와 학습은 간단한 주제가 아니다. 서론에서 이미 논의한 것처럼, 첫 예에서 디지털 시대의 탄생을 이끈 도구와 개념을 설명하기 위해 다양한 형태의 지식을 언급했다. 예를 들어 고체물리학, 학습 및 발달 이론, 보다 광의적으로 '테크놀로지'를 언급했다. 이 책에서는 결과적으로 디지털 시대의 유아 놀이와 학습에 대한 '우리의 이해를 확대하기 위해 관련 있는' 다양한 학문에 의존한다 (Brooker & Edwards, 2010). 다문학적 지식은 이러한 교육 분야에서 사회적, 문화적 복잡성을 다루는 데 적합한 것으로 여겨지고 있다(McCarty, Mancevice, Lemire, & O'Neil, 2017). 제4장에서는 『놀이하기(*Engaging Play*)』라는 책 서론에서 Brooker & Edwards(2010)가 언급한 내용을 다시 살펴보는 방법으로 유아교육 부문에서 다문학적 지식의 중요성을 탐구한다. 이 책에서 Brooker와 Edwards는 처한 환경에서 복잡한 문제에 여러 가지 형태의 지식 적용을 설명하기 위해 Nowotny, Scott & Gibbons(2001)가 제안한 1유형 및 2유형 지식을 사용했다. 1유형 지식은 어느 주장의 맥락에서 시간의 흐름에 따라 특정 분야 지식의 점진적 발전에 초점을 맞춘다. 2유형 지식은 반대로 먼저 예에서 해당 상황을 만들거나 형성된 맥락의 요구에 따른 이해와 대응을 개선하기 위해 문제 상황에 새로운 형태의 지식을 적용한다. Brooker & Edwards(2010)는 2유형 지식이 학자 및 교사들이 놀이에 대한 사고에 관여하기에 적절한 수단이라고 주장했다. 왜냐하면 2유형 지식이 매우 어린아이들의 학습에서 놀이가 담당하는 역할에 대한 의식구조 또는 하나의 정의에 대한 의존을 줄여 주기 때문이다.

이 책에서도 마찬가지로 디지털 시대 유아 놀이와 학습에 대한 사고의 요인을 찾는 데 여러 학문에 의존한다. 지식에 대한 문화 역사적 관점을 취하는 이 책의 경우, 종합적으로 디지털 시대 유아 놀이와 학습에 대한 이해에 도움을 준 다양한 지식 분야에 연구를 소개하였다. 읽기 자료와 연구는 전산과학 영역으로 확대되었고 그에 따라 오늘날 아이들이 사용하는 테크놀로지의 역사적 발전을 더 잘 이해할 수 있게 되었다. 컴퓨터 공학에 대한 연구를 시작으로 현재 일상생활에서 사용하는 다양한 테크놀로지에 이러한 유형의 지식이 어떻게 기여했는지를 이해하기 위해 필요한 고체물리학까지 연구가 확대되었다. 전산과학을 출발점으로 지식 사회의 사회학적 영향을 필연적으로 고려해야 했고,

테크놀로지 이론으로 알려진 사고의 철학적 영역에서 핵심적인 아이디어를 살펴보아야 했다. 이러한 연구의 상당 부분은 시간의 흐름에 따라 사회에서 사람과 테크놀로지 사이의 관계를 설명하거나 위치를 확인한다(Webster, 2017).

이 책의 다양한 장을 살펴보면서, 계속해서 여러 지식 영역에 의존해 디지털 시대의 유아 놀이와 학습에 대한 우리의 사고를 형성할 것이다. 제6장, 제7장 및 제8장에서 매체 연구, 학습과학 및 교양 과목 영역에서의 아이디어를 바탕으로 디지털 시대 유아의 놀이와 학습의 속성, 즉, 일반적으로 유아들이 어떻게, 어디서, 왜, 누구와 테크놀로지를 사용하는가?라는 질문에 답하고자 할 것이다. 이전 장과 이후 모든 장에서 테크놀로지화 과정의 일반적인 여러 지식 영역에 대하여 다양한 참조가 이루어진 학문 영역에 표시를 했다. 이 책에서는 이러한 영역의 핵심 이론가들의 연구를 인용하고, 디지털 시대 유아의 놀이와 학습에 대한 우리의 이해를 구성하는 데 그 연구들이 기여한 점을 설명했다. 하지만, 이 책에서 바탕으로 한 다양한 학문을 토대로 디지털 시대 유아의 놀이와 학습을 이해하는 데, 특히 유용한 두 가지 학문을 발견했다. 이는 테크놀로지와 학습과학 이론이다.

테크놀로지 이론

테크놀로지를 이론화하려는 시도는 디지털 시대 유아 놀이와 학습에 관한 논의에서 자주 등장하지 않는다. 주목할 만한 예외는 테크놀로지 이론이 디지털 시대의 유아 놀이와 학습에 대한 모든 고려사항에 포함되어야 한다고 주장한 Gibbons(2010)의 연구이다. 이는 테크놀로지 이론이 사회에서 사람들과 테크놀로지 사이의 관계를 고려하기 때문이다. Gibbons는 테크놀로지와 관련된 이론의 부재는 유아교육 연구자들과 교사들을 철학적 진공 상태에 남겨두는 것이라고 주장한다. 테크놀로지와 우리의 관계를 먼저 고려하지 않으면 디지털 시대 유아의 테크놀로지 사용과 역할을 적극적으로 이해하는 것은 불가능하다는 것이다. 출간한 연구에서 테크놀로지에 관한 사고에 강력한 이론적 토대가 없다는 데에 스스로 죄책감을 느낀다는 점을 지적한다(예, Edwards, 2014; Stephen & Plowman, 2008). 이 책에서 연구가 학습 및 발달 이론에 강력하게 바탕을 두고 있지만, 테크놀로지와 관련된 유아교육 분야의 다른 연구자 및 학자들과 마찬가지로 사람과 테크놀로지 사이의 관계와 관련된 입장을 명시적으로 밝히지는 않았다. 따라서 이 책은 테크놀로지 이론과 관련된 일부 핵심적인 사고에 관심을 쏟는다.

넓은 의미에서 테크놀로지 이론은 다음 세 가지를 포함한다. 첫째, 테크놀로지가 사회적 변화를 유발하는 책임이 있다는 관점이다. 새로운 테크놀로지가 발명되면, 새로운 테크놀로지는 사회적 관행에 변화를 일으킨다. 이러한 사고의 맥락을 기술결정론이라고 부른다(Dafoe, 2015). 예를 들어, 오늘날 일반적으로 인용되는 기술결정론의 유형은 아이패드가 유아가 앉아서 활동하는 스크린 시간의 양을 증가시켜 체중 증가를 불러왔다는 것이다. 새로운 테크놀로지의 형태로서 아이패드는 새로운 사회적 행동을 '결정'하는 것으로 간주되며, 이로 인해 앉아서 하는 행동이 증가했고, 결과적으로 비만 아동의 증가에서 드러나는 사회적 변화를 유발했다. 테크놀로지가 발명되고 사용되는 사회에서 살아가는 경우 테크놀로지가 어떻게 사회적 관행의 변화를 유발하는지는 쉽게 관찰할 수 있다. Marx & Smith(1994)는 테크놀로지 출현과 사회적 관행 변화를 하나의 관례로 묘사하는 것이 기술결정론자적 경향이라고 주장한다. 예를 들어, 우리는 일생에 휴대폰의 발명을 목격했다. 사회적 조건 및 행동 변화의 원인을 테크놀로지 발명의 탓으로 돌릴 수 있기 때문에 휴대폰 자체가 새로운 행동 방식을 결정한 것처럼 보인다. 기술결정론은 말에서 텍스트로의 변화, 뉴스가 공유되는 방식, 스마트폰에서 페이스북을 사용해 공유하는 콘텐츠의 변화, 사진을 찍고 저장하는 것을 휴대폰에 의존하면서 카메라 판매량이 상당히 감소하는 것은 테크놀로지 때문이라고 믿게 할 수 있다. 이러한 기술결정론의 관점은 혁신 그 자체의 문화 역사적 기원이 아니라 테크놀로지의 사회적 결과를 다룬다(Marx & Smith, 1994, p. xiii). 그리고 이러한 관점이 행동 및 결과에서 사물의 역할을 인정하지만, 성인과 유아가 테크놀로지와 인간관계에 제공하는 가치, 동기 및 관행은 고려하지 않는다.

두 번째 사고는 테크놀로지에 대한 실질적 견해로 대변된다. 테크놀로지의 실질 이론은 특별한 가치를 테크놀로지에서 찾는다. 테크놀로지는 사람들이 일상적인 작업을 하는 것을 돕거나 효율성을 높이기 때문에 가치가 있을 수 있다. 테크놀로지에서 기인하는 가치는 사회에서 테크놀로지가 사용되는 정도에 대한 정보를 제공한다. 가장 중요한 실질적 테크놀로지 이론가인 Heidegger(1954)는 테크놀로지가 사람들에 의해 사용되기 때문에 테크놀로지가 문화적 시스템을 형성한다고 주장한다. 문화적 시스템이 테크놀로지에 의해 형성되기 때문에 사람들은 테크놀로지 그 자체를 보지 못하고 테크놀로지에 대해 더 이상 생각하지 않고 이러한 시스템 속에서 활동하기 시작한다. 현실에서 이러한 실질적 관점에 대한 예는 많다. 예를 들어, 세탁기 사용, ATM을 사용한 은행 거래, 전자레인지를 사용한 요리처럼 일상적인 작업을 자동화하기 위해 테크놀로지를 사용한다. 매일 이러한 테크놀로지는 깨끗해지는 것, 돈을 얻는 것 또는 요리를 하는 것에 대한 문화적 시스템을 형성한다. 하지만, 시스템 자체의 원동력으로서의 테크놀로지 자체는 주목받지 못한다. '빨래를 한다' 또는 'ATM을 이용해 돈을 인출한다'고 단순하게 생각한다. 이러한 예에서의 초점은 연소기관의 프로세스를 고려하지 않고 이전 시대 어디서나 존재한 발명품 자동차에 관해 우리가 생각하는 것과 상당히 똑같은 방식으로 테크놀로지를 통해 우리가 할 수 있는 일에 있다.

테크놀로지에 관한 세 번째 사고는 비판적 관점을 취한다. 테크놀로지 비판 이론은 테크놀로지를 사회적 인과관계 관점에서 보지 않기 때문에 기술결정론과 반대된다. 실질적 관점과 마찬가지로 비판적 관점은 테크놀로지의 가치 판단 측면을 인정한다. 사람으로서 우리는 이런저런 가치가 특정 테크놀로지에서 기인한다고 본다. 이런 가치 귀속은 유아교육에서 늘상 관찰된다. 예를 들면, 색깔이 화려한 플라스틱 블록보다는 평범한 나무 블록을 선택하거나 전통적인 동화를 개작한 것이 디즈니 만화 버전보다 더 사랑받는 것을 말한다. 가치 포지션에 대한 이러한 의지는 유아의 테크놀로지 사용에 대한 도덕적 공황에서 특히 잘 드러난다. 예를 들어, 컴퓨터는 유아의 사회적 발달에 '나쁜' 것으로 묘사되거나 문제 해결을 촉진하는 '좋은' 것으로 묘사된다. 하지만, 테크놀로지에 대한 실질적 관점과 달리 비판 이론은 사회에서의 테크놀로지 사용과 관련해 인간을 대리하는 정도가 더 크다는 것이 특징이다. 사람들은 테크놀로지와 '마음속에 이미 존재하는 목적과 관행'에 따라 테크놀로지 발명에 관여한다는 것이다(Williams, 2004, p. 7). 우리의 관점을 보다 인간적인 테크놀로지와의 대리관계에 맞추는 비판적 관점은 테크놀로지 사용의 알 수 없는 '목적과 관행'이 '중요하다'고 강조한다(Williams, 2004, p. 7). 따라서 테크놀로지의 비판적 관점은 테크놀로지가 갑자기 사회적 상황에 도달해 변화를 야기하는 것이 아님을 밝힌다. 테크놀로지가 항상 우리의 관점에서, 문화적 관행을 형성하는 것도 아니다. 비판적 관점에서 테크놀로지는 항상 어딘가에서 기인하고, 의도한 사회적 필요와 목적에 따라 정보를 제공하고, 규정된 가치를 가진다.

비판적 관점은 유아교육 연구자 및 교사들에게 잠재력을 지닐 수 있다. 비판적 관점은 디지털 시대 유아 놀이 및 교육에 관한 사고에서 강력한 수단을 제공한다. 이는 비판적 관점이 어느 한 맥락에서 테크놀로지를 인정하고 그 맥락에서 문화적 지식의 변화하는 표현으로 테크놀로지의 역사적 발전을 다루기 때문이다. 비판적 관점에서 볼 때 교사 또는 연구자는 공학기술과 관련된 지식 변화가 현재와 미래 세대의 아이들이 그들 시대의 디지털 자원에 어떻게, 왜 관여하는지와 관련해 무엇을 의미하는지를 고려할 수 있다.

학습과학

유아교육 분야에서 학습과학은 널리 사용되는 용어가 아니다. 우리가 알고 있는 한, 이러한 지식 체계는 디지털 시대의 유아 놀이와 교육에 관한 체계적 사고에서 이전에 사용되지 않았다. 제4장에서는 학습과학이 디지털 시대에 나이가 더 많은 학습자(초중고)에게 교육 기회를 제공하는 연구자 및 교사가 직면한 복잡성에 대처해 그 자체로 학문으로서 어떻게 진화해 왔는지를 자세하게 다룬다. 행동주의 또는 직접 교수와 같이 산업시대에서 이전에 사용된 교수 및 학습에 관한 아이디어는 여러 가지 형태의 지식 접근과 표현이 전 세계적으로 학생들에게 제공되는 시대의 교수와 학습에는 충분하지 않은 것으로 여겨진다. 다학문적 접근 논리에 따라 학습과학은 사람들이 학습하는 방법을 설명하는 데 단 하나의 서술로는 충분하지 않다는 점을 따른다. 대신, 학습과학은 구성주의, 사회적 구성주의, 교육 테크놀로지, 사회학, 전산과학, 신경과학 및 지식 작업을 포함해 여러 학문을 바탕으로 학습이 이루어지는 방법에 관한 핵심적인 설명을 제공한다. 이러한 핵심적인 설명의 상당수는 유아교육 문헌의 독자들에게 매우 친숙할 것이다. 학습자들의 기존 지식 기반을 바탕으로 아이디어를 창조하고 학습 촉진에서 사회적 상호작용의 영향을 강조하기 때문이다.

학습과학 개념의 중심은 *과학*이라는 아이디어를 강조하는 데 있다. 제4장에서는 과학이라는 아이디어가 의미하는 바에 대해 Kalantzis & Cope(2014)가 어떻게 관심을 기울였는지를 설명한다. 과학이 라틴어 'sciens' 즉, '알다'에서 기인했음을 설명하면서, Kalantzis & Cope (2014)는 학습과학이 자연과학으로서의 학습에 관한 것이 아니라고 주장한다. 그보다 학습에 대해 더 많이 아는 것에 초점이 맞춰져 있다. 따라서 학습과학은 학습에 관해서 가능한 한 많이 이해하는 것에 방향이 맞춰져 있다. 이 책에서는 다이나북의 발명가인 Alan Kay가 최초의 학습과학자 중 한 명이라는 생각을 탐색한다. Kay의 아이디어가 사회적, 역사적 지식 속에 위치했기 때문에 Kay는 테크놀로지(예, 다가오는 터치스크린 테크놀로지에 대한 잠재력)와 Bruner, Dewey, Montessori, Piaget 및 Vygotsky의 아이디어를 포함한 핵심 학습 이론 모두를 기반으로 한다. Kay(2013)의 다이나북은 Kay의 관점에서 학습의 가능성을 증폭시킬 수 있는 테크놀로지이다. Kay는 유아의 학습을 사회적 필요와 인지적 역량을 증폭시킬 수 있는 가능성을 가진 가치로서 다루는 것에 대해 우려를 표했다. 테크놀로지와 관련해 Kay의 학습에 대한 이해 때문에 이 책의 나머지 부분에서 비판적 사고를 바탕으로 '중심 목적과 관행(Williams, 2004, p. 7)'을 고려할 수밖에 없다. 제6장, 제7장, 제8장에서는 가정 및 공동체에서 테크놀로지와 관련된 유아 놀이와 학습에 관한 실증적 문헌, 테크놀로지에 대한 유아들의 접근성과 평등 문제, 유아가 테크놀로지를 사용해 놀고 학습하는 사회문화적 맥락과의 관계를 고려한다.

나가며

이 책은 크게 제3부로 디지털 시대 유아의 놀이와 학습에 관한 문화비평 관점이 가치와 관련된 사고의 발달 과정에 따라 구성되어 있다. 제1부는 시간의 흐름에 따른 지식의 변형과 진화하는 지식을 통한 테크놀로지 혁신에 대한 문화 역사적 이해를 도모한다. 또한, 여기서 인간과 테크놀로지의 현재 및 미래 관계에 대해 비판적 관점을 채택할 가능성을 제기한다. 제2부에서는 지식 자원과 디지털 시대에 대한 문화비평 관점을 가능하게 하기 위해 놀이와 학습에 관한 이론을 재고한다. 제3부에서는 디지털 시대에서 성장하는 현대 유아 경험에 대한 실증적 연구에 초점을 두고 문화비평 접근방식을 통해 유년기 테크놀로지 활용 속성, 목적과 결과를 탐구한다.

결론은 제9장에서 다룬다. 제9장에서는 디지털 시대 유아 놀이와 학습에 대한 문화비평 관점의 주장을 검토한다. 이 과정에서 유아 연구, 정책 및 교육학에 정보를 제공하는 지식 기반의 변형의 정당함을 입증하고, 테크놀로지 변화에 대한 문화 역사적 이해의 혜택과 이러한 변화에 대처하는 현대의 비판적 입장의 가치에 대하여 안목을 넓힌다.

이 책에서는 유아 놀이와 학습에 관한 정보가 지식 혁신에 따라 바뀌기 때문에 즉, 현대 유아 성장 발달 관점의 비주류였던 문화비평 관점을 통해 새로운 지식 생산이 필요하다고 주장한다.

참고문헌

Arnott, L. (2016). An ecological exploration of young children's digital play: framing young children's social experiences with technologies in early childhood. *Early Years, 36*(3), 271–288.

Berson, I., Berson, M., & McGlinn Manfra, M. (2012). Touch, type, and transform: iPads in the social studies classroom. *Social Education, 76*(2), 88–91.

Beschorner, B., & Hutchison, A. (2013). iPads as a literacy teaching tool in early childhood. *International Journal of Education in Mathematics, Science and Technology, 1*(1), 16–24.

Brooker, E., & Edwards, S. (2010). *Engaging play*. Maidenhead: Open University Press.

Buckingham, D. (1993). Introduction: young people and the media. In D. Buckingham (Ed.), *Young people and the media* (pp. 1–24). Manchester: Manchester University Press.

Chang, J., Rakowsky, C., & Frost, M. (2013, 1 April). Toddlers obsessed with iPads: could it hurt their development? *ABC News*. Retrieved from http://abcnews.go.com/Health/toddlers-obsessed-ipads-hurt-development/story?id=18855537.

Clements, D. H., & Sarama, J. (2002). The role of technology in early childhood learning. *Teaching Children Mathematics, 8*(6), 340.

Cocozza, P. (2014). Are iPads and tablets bad for children? *Guardian*. Retrieved from www.theguardian.com/society/2014/jan/08/are-tablet-computers-bad-young-children.

Collins, A., & Halverson, R. (2009). *Rethinking education in the age of technology: the digital revolution and schooling in America*. New York, NY: Teachers College Press.

Cordes, C., & Miller, E. (2000). *Fool's gold: a critical look at computers in childhood*. College Park, MD: Alliance for Childhood.

Dafoe, A. (2015). On technological determinism: a typology, scope conditions, and a mechanism. *Science, Technology, & Human Values, 40*(6), 1047–1076.

Divall, C. (2010). Mobilising the history of technology. *Technology and Culture, 51*(4), 938–960.

Edwards, S. (2003). New directions: charting the paths for the role of sociocultural theory in early childhood education and curriculum. *Contemporary Issues in Early Childhood, 4*(3), 251–266.

Edwards, S. (2013). Digital play in the early years: a contextual response to the problem of integrating digital technologies and play-based learning in the early childhood curriculum. *European Early Childhood Education Research Journal, 21*(2), 199–212.

Edwards, S. (2014). Towards contemporary play: sociocultural theory and the digital-consumerist context. *Journal of Early Childhood Research, 12*(3), 219–233.

Edwards, S. (2015). New concepts of play and the problem of technology, digital media and popular-culture integration with play-based learning in early childhood education. *Technology, Pedagogy and Education, 25*(4), 513–532.

Gibbons, A. (2010). Reflections concerning technology: a case for the philosophy of technology in early childhood teacher education and professional development programs. In S. Izumi-Taylor & S. Blake (Eds.), *Technology for early childhood education and socialization: developmental applications and methodologies* (pp. 1–19). Hershey, NY: IGI Global.

Greenhow, C., Robelia, B., & Hughes, J. E. (2009). Learning, teaching, and scholarship in a digital age Web 2.0 and classroom research: What path should we take now? *Educational Researcher, 38*(4), 246–259.

Harris, C., Straker, L., & Pollock, C. (2017). A socioeconomic related 'digital divide' exists in how, not if, young people use computers. *PloS One, 12*(3), e0175011. doi: 10.1371/journal.pone.0175011.

Haugland, S. W. (2000). What role should technology play in young children's learning? Part 2. Early childhood classrooms in the 21st century: using computers to maximize learning. *Young Children, 55*(1), 12–18

Heidegger, M. (1954). The question concerning technology. *Technology and Values: Essential Readings*, 99–113.

Kalantzis, M., & Cope, B. (2014). Education is the new philosophy to make a metadisciplinary claim for the Learning Sciences. In A. D. Reid (Ed.), *A companion to Research in Education* (pp. 3–13). Dordrecht, Netherlands: Springer.

Kay, A. C. (1972, August). A personal computer for children of all ages. In *Proceedings of the ACM annual conference – Volume 1* (p. 1). ACM.

Kay, A. (2013). The future of reading depends on the future of learning difficult to learn things. In B. Junge, Z. Berzina, W. Scheiffele, W. Westerveld, & C. Zwick (Eds.), *The digital turn: design in the era of interactive technologies*. Chicago: University of Chicago Press.

Marsh, J. (2004). The techno-literacy practices of young children. *Journal of Early Childhood Research*, *2*(1), 51–66.

Marsh, J., Brooks, G., Hughes, J., Ritchie, L., Roberts, S., & Wright, K. (2005). *Digital beginnings: young children's use of popular culture, media and new technologies*. Literacy Research Centre: University of Sheffield.

Marx, L., & Smith, M. (1994). Introduction. In M. Smith & L. Marx (Eds.), *Does technology drive history: the dilemma of technological determinism* (pp. ix–xv). Cambridge, MA: MIT Press.

McCarty, T. L., Mancevice, N., Lemire, S., & O'Neil, H. F. (2017). Introduction: education research for a new century: a renewed vision of interdisciplinarity. *American Educational Research Journal*, *54*(Suppl. 1), 5S–22S. doi: 10.3102/0002831216687340.

Nevski, E., & Siibak, A. (2016). The role of parents and parental mediation on 0–3-year old's digital play with smart devices: Estonian parents' attitudes and practices. *Early Years*, *36*(3), 227–241.

Nikolopoulou, K., & Gialamas, V. (2015). ICT and play in preschool: early childhood teachers' beliefs and confidence. *International Journal of Early Years Education*, *23*(4), 409–425.

Nolan, A., & Kilderry, A. (2010). Post developmentalism and professional learning: implications for understanding the relationship between play and learning. In E. Brooker & S. Edwards (Eds.), *Engaging play* (pp. 108–122). Maidenhead: Open University Press.

Nowotny, H., Scott, P., & Gibbons, M. (2001). *Rethinking science: knowledge and the public in an age of uncertainty*. Cambridge, MA: Polity Press.

Palaiologou, I. (2016). Teachers' dispositions towards the role of digital devices in play-based pedagogy in early childhood. *Early Years*, *36*(3), 305–321. doi: 10.1080/09575146.2016.1174816.

Parette, H. P., Quesenberry, A. C., & Blum, C. (2010). Missing the boat with technology usage in early childhood settings: a 21st century view of developmentally appropriate practice. *Early Childhood Education Journal*, *37*(5), 335–343.

Plowman, L., & McPake, J. (2013). Seven myths about young children and technology. *Childhood Education*, *89*(1), 27–33.

Plowman, L., McPake, J., & Stephen, C. (2008). Just picking it up? Young children learning with technology at home. *Cambridge Journal of Education*, *38*(3), 303–319.

Plowman, L., & Stephen, C. (2005). Children, play and computers in pre-school settings. *British Journal of Educational Technology*, *36*(2), 145–157.

Prensky, M. (2001). Digital natives, digital immigrants. *On the Horizon*, *9*(5), 1–6.

Romeo, G., Edwards, S., McNamara, S., Walker, I., & Ziguras, C. (2003). Touching the screen: issues associated with the use of touch screen technology in early childhood education. *British Journal of Educational Technology*, *34*(3), 329–341.

Stephen, C., & Plowman, L. (2008). Enhancing learning with information and communication technologies in pre-school. *Early Child Development and Care*, *178*(6), 637–654.

Stephen, C., Stevenson, O., & Adey, C. (2013). Young children engaging with technologies at home: the influence of family context. *Journal of Early Childhood Research, 11*(2), 149–164.

van Oers, B. (2008). Learning and learning theory from a cultural-historical point of view. In B. van Oers, W. Wardekker, E. Elbers, & R. van der Veer (Eds.), *The transformation of learning: Advances in cultural-historical theory* (pp. 3–15). Cambridge, UK: Cambridge University Press.

Vygotsky, L. S. (1997). *The collected works of LS Vygotsky. Vol. 4, The history of the development of higher mental functions*. R. Rieber (Ed.). New York: Plenum Press.

Webster, M. D. (2017). Philosophy of technology assumptions in educational technology leadership. *Educational Technology & Society, 20*(1), 25–36.

Williams, R. (1958). Culture is ordinary. In J. Higgins (Ed.) (2001), *The Raymond Williams reader* (pp. 10–25). Oxford: Blackwell.

Williams, R. (2004). *Television: technology and cultural form*. Abingdon, Oxon: Taylor and Francis.

Yelland, N. (2005). The future is now: a review of the literature on the use of computers in early childhood education (1994–2004). *AACE Journal, 13*(3), 201–232.

Yuen, A. H., Lau, W. W., Park, J. H., Lau, G. K., & Chan, A. K. (2016). Digital equity and students' home computing: a Hong Kong study. *The Asia-Pacific Education Researcher, 25*(4), 509–518.

Zevenbergen, R. (2007). Digital natives come to preschool: implications for early childhood practice. *Contemporary Issues in Early Childhood, 8*(1), 19–29.

제1부

디지털 시대의 진화

『디지털 시대 유아의 놀이와 학습: 문화비평 관점』의 첫 부분에서 우리는 디지털 시대의 진보를 탐색하고, 의사소통 기술혁신의 핵심 아이디어와 이런 혁신을 가능케 한 이해 발달을 이룬 사회문화적 배경에 주목한다. 제2장은 주로 마이크로프로세서 발달을 가져 온 지식의 변화와 결과적으로 디지털화를 부른 인간 능력에 관한 것이다. 21세기 초 태블릿 컴퓨팅 발달을 이끈 실천적이며 이론적 이해에 관한 장이기도 하다. 제2장의 결론에서는 우리가 이해하는 산업사회에서 디지털 사회라고 알고 있는 디지털 시대로의 전이에 따른 사회적 이론화를 도입한다. 제2장에서 그려 본 진보 위에 제3장에서는 컴퓨터 대 컴퓨터의 연결, 즉각적인 범지구적 의사소통, 미디어 상품 대중 참여와 소비, 그리고 언제 어디서나 연결되는 기기 접속을 살펴본다.

2
지식변형과 기술혁신의 역사

들어가며

이 장에서는 디지털 시대의 진화를 설명하고 이후 장에서는 디지털 시대의 특징, 인터넷, 월드와이드웹과 확장 가능한 미디어의 발전에 수반된 의사소통과 정보 공유의 변화를 살펴본다. 일반적으로 유아 및 기술과 관련된 글은 디지털 시대의 역사를 이해하는 데 시간과 노력을 쏟지 않는다. 하지만, 서론에서 개괄한 것처럼, 이 책의 토대를 '문화'의 개념에서 찾음으로써 문화가 일시적이면서도 동적이라는 점을 강조한다. 사회문화적 이론은 현재에 항상 과거가 존재한다는 점을 알려준다(Davydov, 1982). 우리는 디지털 시대 유아의 놀이와 학습 체험, 그리고 새 시대에서 성장하는 데 필요한 바가 무엇인지를 이해하기 위한 지원을 아끼지 않으며 근본적인 역사적 구성에 대한 언급의 필요성을 주장한다.

문화에 대한 시대적 정의를 기본으로 하지만, 이 장은 정보를 여러 학문에서 빌려 왔다. 디지털 시대의 역사적 진화를 설명하기 위해 고체물리학, 전산과학, 사회학 및 역사 지식을 바탕으로 해야 한다. 우선

'디지털 시대'라는 용어를 간략하게 정의하는 것으로 시작한다. 그 다음에는 현재 디지털 시대로 생각하는 것에 있어 근본적인 혁신인 트랜지스터 발명에 정보를 제공한 사고의 혁신을 설명하기 위해 물리학의 발전을 다룬다. 물리학과 컴퓨터 공학을 차례대로 살펴봄으로써 이후 마이크로프로세서의 발전과 이 기술이 컴퓨터 소형화의 발전과 개인/테크놀로지 인터페이스의 발전에 원동력을 제공한 방법을 고려한다. 마지막으로 사회학, 특히 사회학자 두 분의 핵심적 기여를 살펴본다. 미국의 Daniel Bell(1976)과 일본의 Yoneji Masuda(1980)를 통해 테크놀로지 간 관계와 새로운 정보 또는 디지털 시대의 여명을 이해하고자 한다. 이 장의 여러 부분에서 다양한 문화 및 현재의 아이들에게 필요한 놀이와 학습의 차원을 살펴본다.

이 장에서 디지털 시대의 진화에 대해 제공하는 설명은 문화적 지식과 이해에서 다음과 같은 세 가지 중요한 변화를 다룬다.

- 커뮤니케이션 프로세스 개선을 위해 활용되는 과학적 이해의 개선
- 디지털화라는 혁신적 과정에서 파생된 정보 수집, 저장 및 공유할 수 있는 역량의 증가
- 디지털 시대의 놀이와 학습에 정보를 제공한 탐구, 지식 생성 및 재생성 성향

디지털 시대란?

'디지털 시대'는 인류 역사 가운데 새롭고 복잡한 시기에 대한 사고

방식을 나타낸다. 일반적으로 디지털 시대는 이전의 두 시기와 구별된다. 농경 시대로 알려진 첫 번째 시기는 약 10,000년 전으로 거슬러 올라가며, 밀이나 쌀을 재배하는 것처럼 식량 생산을 자본화하기 위해 농업 기구를 사용하는 데 중점을 둔다. 산업 시대로 알려진 두 번째 시기는 약 300년 전으로 거슬러 올라간다. 산업 시대에서는 새로운 상품 생산 과정에서 원자재에 기계가 사용되었다. 이는 섬유 대량 생산 또는 금속 제작 등의 새로운 역량을 통해 확인할 수 있다. 문화적으로 말하면, 하나의 시대에서 다른 시대로의 이동은 기존의 시스템 또는 활동에 새로운 지식을 적용해 신기술이 개발되는 것이 특징이다. 새로운 기술이 창출됨에 따라 사람들은 이를 사용하는 '목적 및 관행'(Williams, 2004, p. 7)을 연구하고, 고려하고, 시행한다. 기술적 구현과 함께 새로운 형태의 의사소통과 작업 패턴을 생성하는 활동의 사회문화적 시스템이 조정된다. 이는 예를 들어, 19세기 영국에서 소규모 공방에서 이루어지던 것이 공장 생산으로 빠르게 대체된 것에서 확인할 수 있다. 새로운 형태의 의사소통과 작업 패턴으로의 이러한 변화는 특정 사회의 학습(예, 교육), 여가 및 경제적, 환경적 관행에서 명확하게 나타난다. 이와 동시에 다시 형성된 관행은 새로 출현한 기술에서 기인하거나 기인할 가치를 고려한다는 점을 잘 보여 준다. 이러한 기술이 담대한 새로운 기회의 세계가 온다는 조짐인가? 아니면 기술이 문화적 변화에 의해 혼란을 느끼거나 쫓겨나거나 심지어는 19세기 면과 모 방직기로 인해 생계에 위협을 느낀 러다이트(Luddites) 운동의 행동처럼 저항의 방식으로 한 사회에 '존재'하거나 행동하는 이전의 모든 방식에 문제를 제기하는 것인가?

고체물리학, 전도성 및 의사소통 개선

고체물리학은 디지털 시대 발전을 위한 정보를 제공한 새로운 지식이다. 고체물리학은 응집 상태 물리학condensed state physics의 하위 분야로 1940년대 초부터 연구되기 시작했다. 응집 상태 물리학은 고체 상태인 물질의 속성을 연구하는 학문이다. 고체물리학은 물질의 전자기 및 구조적 속성을 이해하고자 한다. 이는 열이 원자의 이동 레벨에 미치는 영향을 알아내 다양한 물질의 원자가 어떻게 이동하는지를 조사하는 방식으로 이루어진다. Einstein(1907)은 특정 온도에 따라 특정 물질에서 예상되는 에너지 레벨이 결정될 수 있음을 보여 주었다. 이는 양자역학으로 알려져 있다(Sanchez-Ron, 1994). Einstein의 아이디어는 물리학자들이 가하는 열의 양에 따라 특정 물질의 원자 내에서 발생하는 이동 범위를 결정할 수 있음을 의미하기 때문에 중요하다. 이는 당시 사람들이 고체 물질 내 원자가 이동하도록 조작하는 방법을 알고 있었다는 의미이다. 고체물리학으로 인해 금속의 전자기 속성을 조사하는 연구 분야인 고체전자공학이 탄생했다. 여기서는 열이 다양한 금속과 전도체(예, 게르마늄과 실리콘)에서 원자 이동에 어떠한 영향을 미치는지에 관한 지식이 특히 관심의 대상이다. 애플, 페이스북, 구글과 같은 글로벌 테크놀로지 기업의 본거지인 실리콘밸리의 21세기 현상은 다양한 형태의 물질을 통한 전기의 전도에 관한 지식의 발전으로부터 진화했다.

고체물리학과 고체전자공학에 대한 그 기여를 요약하는 것은 물질에 대한 Einstein의 사고가 지니는 범위와 새로움을 만족스럽게 보여주지 못한다. 하지만, 여기서는 지식 그 자체와 신기술 진화에 대한 지식 적용의 관점에서 이 책의 서론에서 주장한 내용, 즉, 하나의 문화

속에서 시간의 흐름에 따른 지식의 문화적, 역사적 발전 속성이 이후 세대의 행동을 결정짓는다는 주장의 본질을 설명하기 위해 이를 제공한다. 종종 논란이 많은 잘 알려진 문화 이론가 Marshall McLuhan은 1951년 당시 고체물리학에 집중된 관심에 대한 글을 썼다. 디지털 시대의 출현을 먼저 차지하기 위해 그는 이 분야에서의 지식 혁신이 향후 몇 년간 어떻게 사회에 내포되는지를 설명했다.

> 물리학은 일시적인 유행이 아니다. 이는 세계에 대한 새로운 사실과 이해, 보편적 구조에 대한 새로운 통찰력을 제공한다. 사실적으로 말하면 물리학은 이 행성이 하나의 도시임을 의미한다. 비합리주의로 향해가는 것이 아니라 이러한 발견은 지성인이 비합리주의를 용인할 수 없게 만든다. 물리학은 이전에 존재했던 것보다 훨씬 더 많은 지성적 노력과 훨씬 더 높은 수준의 개인적 또는 사회적 무결함을 요구한다.
>
> (*McLuhan, 1951, p. 3*)

고체전자공학은 물리학의 새로운 분야로서, McLuhan(1951)은 지식을 '세계에 대한 새로운 사실'을 제공하는 것으로 묘사했는데, 이 지식은 전기를 전도시킬 수 있는 물질의 발전에 적용되었다. 고체전자공학에 대한 연구는 1950년대 초부터 전성기를 맞이하기 시작했고, 제2차 세계대전 종전 이후 디지털 시대의 진화에 가장 중요한 커뮤니케이션 프로세스 개선에 대한 바람을 충족하기 위해 이 새로운 지식이 적용되었다. 제2차 세계대전 동안 커뮤니케이션 시스템은 발전을 거듭했지만, 당시 대부분은 진공관 앞프라고 하는 것에 의존했다. 진공관은 소리를 증폭시키기 위해 통신 시스템에 사용되었다. 이러한 진공관은 작동되려면 상당한 열이 필요하다는 문제점이 있었다. 하지만, 진공관은 고온에서 오랫동안 사용할 수 없었다. 이는 진공관을 작동시키는 데 필요한 열이 결국에는 진공관을 파괴하기 때문에 기존의 전화 시스템의 신뢰성과 안정성이 낮다는 의미였다. 이러한 문제에도 불구하고, 1956년 미국과 유럽 사이에는 케이블을 따라 70km마다 진공관을 설치하여 전화 대화를 전송할 수 있는 첫 번째 대서양 횡단 케이블이 설치되었다.

이는 대서양 횡단 커뮤니케이션에 대한 뛰어난 업적이었음에도 불구하고 진공관 기술의 한계에 도달했고 커뮤니케이션 시스템을 지탱하기 위한 신기술이 필요했다. 반면 전화를 발명한 Alexander Graham이 1877년에 미국에 설립한 벨전화사Bell Telephone Company[3]는 고체전자공학에 대한 투자를 늘려가기 시작했다. 1945년에 벨전화사는 이러한 노력에 초점을 맞춰 새로운 산업 연구 실험실을 마련했다. 당시 부사장이었던 Mervin Kelly가 다음과 같은 지침을 발표했다.

> 현재 고체물리학 영역에서는, 모든 연구 활동이 완전히 새롭거나 개선된 커뮤니케이션 시스템의 구성 요소를 개발하는 데 사용할 수 있는 새로운 지식을 습득하기 위해… 고체 상태 영역에서의 이론적, 실험적 연구에 대한 통합된 접근방식을 얻고자 통합되고 있다.
>
> (*Gertner, 2012; Hopfield 에서 인용, 2014, p. 3*)

새로운 벨 실험실과 Mervin Kelly의 지침은 트랜지스터의 탄생을 가

역자 주 3) 이후 American Telephone and Telegraph Company, 즉, 'AT&T'로 불림

능하게 했다. 트랜지스터는 통신 컴퓨팅의 탄생을 가져온 마이크로프로세서의 발전을 용이하게 하는 새로운 강력한 전자 구성 요소이다. 이는 마이크로프로세서가 디지털 시대의 핵심 활동인, 정보의 디지털화를 가능하게 하는 기술이기 때문이다. 마이크로프로세서가 점차 강력해지면서 점점 더 많은 혁신적인 커뮤니케이션 기술이 발전했다. 사람들의 이러한 기술 활용은(처음에는 산업 및 상업 영역에서, 이후에는 가정 영역에서) 현재 유아들이 접거한 디지털 세계의 속성에 대한 정보를 제공해 주었다. 여기에는 말 그대로 컴퓨팅을 영아, 유아, 미취학 아동의 손끝에 올려놓는 것과 같이 이 책의 제1장에서 설명한 터치스크린 기술의 발전이 포함된다.

트랜지스터와 마이크로프로세서, 그리고 정보 디지털화

1946년에 세 명의 연구자, William Shockley, Walter Brattain 및 John Bardeen은 벨 실험실의 Me:vin Kelly의 지침에 따라 기존 전화 커뮤니케이션 시스템의 범위와 신뢰성을 높이기 위해 새로운 전자부품을 개발하는 데 관심을 집중했다. 이 새로운 전자부품은 훗날 '트랜지스터'라고 불리게 되었다. Shockley가 연구 그룹을 이끌었지만 주로 집에서 혼자 일했고, Brattain과 Bardeen은 연구실에서 함께 일하며 돈독한 관계를 형성했다.

Brattain과 Bardeen은 게르마늄이라고 불리는 요소와 접촉하는 금 조각을 사용해 처음으로 기본적인 트랜지스터를 만들기에 이르렀다. 게르마늄은 제2차 세계대전 중에 '반도체'로 규명되었는데, 반도체는 전기를 전도할 수 있음을 의미한다. 첫 번째 트랜지스터는 하나의 점에서 다른 점으로 전기를 전도할 수 있었기 때문에 '점 접촉 트랜지스터'라고 불렀다. Shockley는 동료들이 자신의 직접적인 기여 없이 점 접촉 트랜지스터를 발명한 것을 보고 좌절했다. Brattain과 Bardeen이 점 접촉 트랜지스터 특허 신청을 완료하기 위해 바쁜 시간을 보내는 동안 Shockley는 결과물을 바탕으로 '샌드위치 트랜지스터'라고 부른 새로운 유형의 트랜지스터를 발명할 참이었다. 샌드위치 트랜지스터는 반도체인 실리콘 두 층 사이에 기본 금속을 '샌드위치'처럼 사용했기 때문에 Brattain과 Bardeen이 개발한 트랜지스터보다 더 강력했다.

Shockley가 샌드위치 트랜지스터를 발명하고 얼마 지나지 않아, 벨 연구소에서는 1948년 6월 30일 기자회견을 열어 샌드위치 트랜지스터 발명을 공개했다. 나중에 전 세계 커뮤니케이션 패턴에 변화를 가져올 발명품에 대한 관심은 미비했다. Brinkman, Haggan, & Troutman(1997)은 논문 '트랜지스터 발명의 역사와 트랜지스터가 우리를 이끄는 장소A history of the invention of the transistor and where it will lead us'에서 다음과 같은 글을 남겼다.

> 대중에 관련되어 있는 한, 이 발견이 미치는 영향이 전혀 관심을 받지 못했다는 점을 지적하는 것이 흥미롭다. 뉴욕타임즈는 기사를 아주 작게 뒷면에 실었고 이에 대해 별로 비평거리가 없었다. 어떤 면에서는 이해할 만하다. 과학자나 엔지니어가 아니라면 이와 같이 무엇인가가 미치는 영향을 전체적으로 보고 그 결과를 일부라도 이해하는 것은 쉽지 않다. 트랜지스터가 불러올 광범위한 사회적 결과를 꿈꿀 수 있는 사람은 없었다.
>
> (*p. 1860*)

Shockley의 샌드위치 트랜지스터 발명으로 충격을 받은 Brattain과 Bardeen은 나쁜 감정을 갖고 벨연구소의 연구 그룹을 떠났고 1950년경에는 다른 곳에서 일하고 있었다. Shockley도 1950년대 초에 벨연구소를 떠나 캘리포니아(Palo Alto)에 트랜지스터를 생산하는 새로운 기업을 설립했다. 이 기업이 현재 알려진 실리콘밸리의 시작이었다. 전자 장치에 변혁을 가져올 트랜지스터의 가능성을 인식한 Shockley, Bardeen과 Brattain은 '반도체 연구 및 트랜지스터 영향의 발견'(Nobel Media AB, 2014) 공로를 인정받아 1956년 노벨 물리학상을 공동으로 수상했다. 같은 시기에 여러 연구자가 Shockley와 함께 일하기 어렵다는 이유로 그의 회사를 떠나 각자 회사를 설립했다. 이러한 회사가 페어차일드 세미컨덕터Fairchild Semiconductor Company와 현재 잘 알려진 인텔Intel Corporation이다. 두 기업 모두 트랜지스터를 마이크로프로세서 개발에 적용하는 데 초점을 맞추었다.

마이크로프로세서의 발명으로 전자 장치 산업의 판도가 바뀌었다. 인간 역사상 처음으로 칩에서 마이크로 프로그램을 짜 넣을 수 있는 컴퓨터를 통해 대량의 정보를 의사소통할 수 있게 되었다. 이러한 기술적 역량은 곧 전 세계 수백만 개의 기술에 통합되었다. 작은 '칩' 또는 '마이크로프로세서'에서 정보를 디지털화할 수 있는 기능은 컴퓨팅과 통신 컴퓨팅이 가능해지는 것을 의미했다. 컴퓨팅은 사람들이 정보를 저장, 공유 및 접속할 수 있는 새로운 방법에 초점을 맞추기 시작했다. Noyce & Hoff(1981)는 모두 인텔 직원으로, 인텔에서 마이크로프로세서 발달의 역사A history of microprocessor development at Intel'라는 제목의 논문을 작성했다. 마이크로프로세서가 사회에 미칠 영향에 대한 통찰력을 바탕으로 그들은 (다소 기술결정론 관점에서) 다음과 같은 글을 남겼다.

> 마이크로프로세서의 영향은 새롭게 개선된 제품보다 훨씬 더 깊을 것이다. 마이크로프로세서는 우리가 정보를 수집하고 사용하는 방법, 서로 의사소통하는 방법, 일하는 방법과 장소를 변화시켜 사회의 구조를 변화시키고 있다. 이러한 변화는 시작에 불과하며 마이크로프로세서가 사회에 미치는 영향을 완전하게 평가하려면 수십 년이 걸릴 것이다. 하지만 확실한 것은 수억 대의 컴퓨터가 있는 세계는 우리가 지금까지 알던 세계와 다를 것이라는 점이다.
>
> (*p. 8*)

트랜지스터의 발명이 미치는 사회적 영향을 살펴본 Brinkman 외(1997)와 마찬가지로 지금의 마이크로프로세서가 존재하지 않았던 시절을 다시 떠올리기는 쉽지 않다. 마이크로프로세서가 출현하기 전에 정보는 디지털화될 수 없었다. 디지털화가 불가능한 경우 정보는 스크린을 스와프해 접속할 수 없었고, 빠르고 편리한 방법을 사용해 신속하게 호출, 게시, 공유 또는 의사소통할 수 없었다. Noyce & Hoff(1981)의 생각에서 나온, 당시 우리가 알던 세계와는 다른 세계가 될 것이라는 예측은 상당히 정확했다. 이 새로운 디지털 세계에서 유아 놀이 및 학습에 관한 다른 관점이 필요할 것이다. 왜냐하면 정보가 과거에 결코 존재하지 않았던 규모와 접근 가능성의 수준으로 생성, 저장, 사용 및 공개될 것이기 때문이다.

사회에서의 마이크로프로세서는 사람들의 디지털 기술 채택 및 사용에 매우 기본적이기 때문에 아주 기초적인 수준으로라도 마이크로프로세서를 이해하는 것이 유용하다. 마이크로프로세서는 작은 단일 칩에서 정보를 처리한다. 또한, 전화, TV 및 라디오를 포함해 우리가

'기존' 기술이라고 생각하는 것에서부터 터치스크린 태블릿, 게이밍 콘솔, 컴퓨터와 같은 '새로운' 기술이라고 생각하는 것까지 다양한 유형의 기술에서 마이크로프로세서가 사용된다. 정보나 데이터는 단 하나의 칩에 위치한 다양한 트랜지스터 조합을 통해 처리된다. 트랜지스터를 통해 흐르는 전기는 켜고 끌 수 있다. 0 또는 1로 구성된 이진법을 사용해 트랜지스터가 켜졌는지 꺼졌는지를 표시한다. 시스템이 마이크로프로세서를 통해 전기의 흐름을 제어한다. 칩의 0 또는 1의 위치에서 칩이 여러 트랜지스터 조합으로 무한대의 '지침'을 처리할 수 있다. 또한, 마이크로프로세서는 '중앙처리장치' 또는 CPU라고 불리는데 이는 데이터를 '중앙에서 처리'하기 때문이다. 최초의 마이크로프로세서는 1971년에 Shockley에 불만을 가진 동료들이 세운 기업 중 하나인 인텔사가 개발했다. 최초의 마이크로프로세서를 'Intel 4004'라고 불렀다. 이것은 단 두 가지 유형의 정보, 즉, 더하기 및 빼기만 처리하였으며 최초라고 알려진 휴대용 계산기 중 하나를 개발하는 데 사용되었다. 1979년 제조업체들은 1년에 7,500만 대의 마이크로프로세서를 판매했다(Noyce & Hoff, 1981).

초기 마이크로프로세서 발전이 급속도로 진행되었다. CPU는 점점 더 작아지고 빨라졌으며, 점점 더 많은 양의 정보를 관리할 수 있게 되었고, 이는 전자 장치의 소형화로 이어졌다. 초기에는 방 크기만 했던 컴퓨터가 '데스크톱'에 딱 들어갈 정도로 작아졌다. 소규모 컴퓨팅의 가격이 하락했고 새로운 사용자 인터페이스와 입력 장치가 비전문가도 쉽게 컴퓨터를 탐색할 수 있도록 설계되었다. 1976년에 최초 Apple 컴퓨터가 발매되었고, 1980년대에는 Microsoft가 기본적으로 아이콘을 기반으로 하는 지침인 그래픽 사용자 인터페이스*Graphic User Interfaces(GUIs)*를 개발해 공개했는데, 이는 사람들이 쉽게 '클릭'해 컴퓨터를 조작할 수 있는 인터페이스이다. 컴퓨터가 소형화되고 사용하기 편해지면서 경제 및 엔터테인먼트 목적의 정보 디지털화 특히, 당시 '제1세계' 경제로 알려진 부분에서 일상적인 것이 되었다.

태블릿 컴퓨팅: 인터페이스 혁신

일반적으로, 태블릿 컴퓨팅에 대한 인식은 2010년 Apple 아이패드의 출현에 집중되어 있다. 하지만 이전 장에서 설명한 것처럼, 기술 혁신은 처음에 나타난 것처럼 그렇게 간단하지 않다. 태블릿 컴퓨팅은 그 자체의 발전 역사를 가지고 있고, 아이패드는 많은 혁신 중 하나이다. 태블릿 기술의 발전을 이해하려면 두 가지 기술적 아이디어가 중요하다. 그래픽 사용자 인터페이스, 즉, 그래픽 사용자 인터페이스의 개념이 첫 번째이고 컴퓨터 사용 시 입력 장치의 역할이 두 번째이다. 그래픽 사용자 인터페이스는 화면에 표시되는 상당히 간단한 텍스트와 이미지의 조합으로 이를 통해 사용자들이 컴퓨터를 쉽게 조작할 수 있다. 입력 장치는 사람들이 컴퓨터에 지침을 입력할 때 일반적으로 사용하는 하드웨어이다. 가장 잘 알려진 입력 장치는 키보드와 마우스이다. 키보드가 가장 초기의 데스크톱 컴퓨터와 연관되어 있지만, 1973년 Douglas Englebart의 마우스 발명이 그래픽 사용자 인터페이스와 관련해 사용자의 기술 활용을 결정지었다. Englebart가 화면의 커서와 함께 조작하는 입력 장치로서 마우스를 설계했기 때문이다. 사용자는 클릭으로 동작을 확인하기 전에 마우스로 커서의 방향을 조작한다. 마우스와 화면 상의 커서 사이의 직관적인 관계가 아이콘, 메뉴 및 정보 바를 통한 클릭, 드래그, 포인팅과 같은 개념이 컴퓨터 사용에서 받아들여지도록 하는 그래픽 사용자 인터페이스 디자인의 원동력이 되었다.

태블릿 컴퓨팅의 발전은 전산과학의 혁신에만 기반을 둔 것이 아니다. 이러한 발전은 학습에 대한 기존의 이론적 아이디어를 다이나북Dynabook이라고 알려진 아이패드 이전 개념에 통합한 것에 의해서도 기인했다. 'Dynamic Book'의 신조어인 다이나북은 '모든 아이들을 위한 개인용 컴퓨터'에 대한 비전을 설명하는 유명 논문에서 Alan Kay(1972)가 처음 설명했다. 유아 학습과 발달과 관련된 시기에 관한 문헌에 강력한 토대를 둔 Kay의 사고는 Dewey, Bruner, Piaget, Montessori 및 Seymour Papert의 연구에서도 영향을 받았다. 그는 의미 있는 활동에 참여하는 아동의 적극적인 지식의 구축이 매우 어린아이들을 위한 개인용 컴퓨팅에 대한 자신의 생각 중심에 있음을 효과적으로 기술했다.

> Dewey와 Piaget 그리고 Papert를 포함해 우리는 아이들이 '[무언가]를 함으로써' 배우고, 현대 교육에의 많은 소외는 아이들이 '할 수 있는' 것과 20세기 성인 행동 사이의 큰 철학적 차이에서 기인한다고 본다…. 유아의 사고 형성과 기반에 대한 Piaget를 비롯한 다른 연구자들의 연구는 유아 인식론 발현을 위한 거의 이상에 가까운 수단이다.
>
> (*Kay*, *1972*, *p. 4*)

다이나북에 대한 Kay의 설명에 따르면, 다이나북은 휴대가 가능하고 네트워크가 연결된 소형 컴퓨터로 키보드가 부착되어 있다. 다이나북의 크기는 A4 노트 크기만 하고 아이들이 다이나북을 사용해 문제를 풀고, 정보를 검색하고, 자신들만의 게임을 프로그래밍할 것이다.

어른들도 정보를 정리하고, 데이터베이스에 접속하고, 다른 사람들과 의사소통하는 등의 업무 목적으로 다이나북을 사용할 수 있을 것이다. Kay는 공원에서 2명의 아이들이 다이나북을 사용하는 모습을 그렸다(그림 2.1). 이 이미지는 50년도 채 지나지 않아 아이패드의 형태로 현실이 되었다.

또한, Kay는 Vygotsky(1986)의 연구에도 관심이 있었는데, 다이나북이 학습의 사회적 환경의 본질과도 관련이 있기 때문이다. Vygotsky(1986)가 아이들에 의한 지식의 사회적 구성을 주장한 것처럼, Kay(2013)도 아이들에게 '자연스럽게 유도된' 학습이 필요하다고 주장했다. Kay(2013)는 '인간이 아무런 토대 없이 좋은 아이디어를 떠올리는 것'은 불가능하다고 주장했다(p. 8). Kay는 학습을 지원하기 위해서는 항상 지침이 일부 필요하다고 믿었다. Kay에 따르면, 학습자의 중심적인 활동은 항상 지침에 따른 지식의 발견 안에서 새로운 정보를 결합하는 데 있어야 한다. Kay는 아동이 다이나북을 통해 주변 사회적 환경 안에서 어른들이 제공해줄 수 있는 범위를 넘어 지침에 접속할 수 있는 기회를 제공받을 수 있게 함으로써 테크놀로지를 학습 가능한 요소로 만들 수 있다고 주장했다.

다이나북이라는 개념에 대한 Kay의 헌신적 노력은 태블릿 기술의 발전과 역량에 대한 사고를 발전시켰다. 이것은 특히, 사람들이 특정 목적을 위해 정보를 조작할 수 있게 하는 사이트로서의 태블릿 기술을 말한다. 이후 1984년에 Kay는 협력자로서 Apple에서 일을 시작했고, 이때 아이패드의 창시자인 Steve Jobs와 함께 여러 프로젝트에서 협력했다(Greelish, 2013). 그 결과 탄생한 아이패드가 디지털 시대에 유아와 유아교육 및 보육에 관여하는 사람들 모두에게 이러한 관심의 대상이 된 것은 우연이 아니다. 태블릿 기술의 혁신을 주도한 비전은, 세대에 걸친 유아교육에서 놀이에 기반을 둔 학습 정보를 제공한 매우 철학적이고 이론적인 아이디어에 대한 Kay의 이해에 그 뿌리가 있다.

[그림 2.1] 다이나북 스케치 - 모든 아이들을 우한 상호 연결성 휴대용 컴퓨터, 1968년 가을. Alan Kay 그림.
출처: Kay, 1972, p. 2.

유아의 탐구 및 사회적 학습 요구에 호응하는 휴대용 터치스크린 기술 개념이 다이나북에 대한 Kay의 사고의 원동력이 되었고 결과적으로 아이패드 디자인과 발명에 영향을 미쳤다. 현재 12개월 미만의 영아를 포함한 매우 어린아이들로 인한 태블릿 기술의 급속한 확산을 강조하는 연구가 계속되고 있다(Troseth, Russo, & Strouse, 2016). 이러한 연구는 터치스크린 기술의 상호작용 이점을 인정하면서도 초기 교육 사상가들이 미친 이 기술의 역사적 지식 영향을 일관되게 언급하고 있지 않다. 이는 Kay(1972)가 Bruner, Vygotsky, Piaget와 Montessori를 반복적으로 언급한 것에서 명확하게 드러난다. 그보다 현재 연구자들은 아이패드의 발매를 유아들의 디지털 미디어 활용 증가의 출발점으로 논의하고자 하는 경향이 있다. 예를 들어,

> 2010년 4월 아이패드의 발매 이후 앱 스토어에 '교육적'이라고 이름을 붙인 80,000개 이상의 태블릿 애플리케이션 또는 '앱'이 얼마 지나지 않아 규제를 받지 않고 무차별적으로 쏟아졌다(Apple, 2016). 이러한 저가의 접근 가능한 프로그램은 터치스크린을 사용할 수 있는 휴대폰과 태블릿에서 쉽게 다운로드할 수 있다. 이러한 상황에서 유아들의 터치스크린 사용이 급속도로 증가하고 있다.
>
> (*Zack & Barr, 2016, p. 1*)

학습에 대한 사회구성주의 접근방식에서 핵심 사상가들에 대한 Kay의 관계를 이해하면 유아들이 터치스크린에 매료되는 이유를 새로운 관점에서 보게 된다. 터치스크린은 디지털화를 가능하게 한 고체물리학에서 시작되고 지식과의 부분집합에서 파생된 문화적 혁신이다. 이후 고체물리학은 유아의 탐구적 놀이 기반 학습에 있어 사회적 '지침'에 관한 특정한 사고방식에 포함되었다. 흥미롭게도 Kay는 아이패드가 다이나북의 목표를 완전히 실현할 것이라고 믿지 않았다(Greenlish, 2013). '앱'에 대한 아이패드의 적응은 아이들의 사고와 문제 해결 측면에서 아이들에게 영향을 미치는 다이나북의 발생적인 역량이 Kay의 비전에 따라 완전히 실현된 것이 아님을 의미한다. 그럼에도 불구하고 아이패드 및 유아들과 관련된 매력과 '사용 편의성' 요인은 유아 연령 그룹에서 이 기술사용이 급속히 확대되는 주요한 이유이다. 현재 아이패드와 아이패드에 대한 유아들의 흡인력으로 인해, 연구는 그래픽 사용

자 인터페이스(GUI) 사용에 대한 개념에서, 유아가 컴퓨터와 상호작용하는 방법을 재교정한 것으로 설명되는 내추럴 인터페이스(NUI) 개념으로 변화하고 있다(Jayemanne & Nansen, 2016).

전산 과학에 대한 Kay의 기여 이후 태블릿 컴퓨팅의 기술적 발전은 1980년대와 2000년대 초까지 계속되었다. 많은 태블릿 컴퓨터가 시험을 거쳐 시장에 출시되었다. GRiD 패드, Intel 웹 태블릿, Palm 파일럿, Microsoft 태블릿 PC, Nokia 인터넷 태블릿 및 Apple 아이팟 터치 등이 있다. 당시 태블릿 기술용 입력 장치에는 분리형 키보드와 스타일러스 사용이 포함되었다. 터치스크린 기술의 혁신으로 터치스크린이 대부분의 컴퓨터에 적용되었다. 교육 부문의 초기 연구는 유아교육 환경에서 터치스크린 기술의 사용을 고려했다. 예를 들어, Romeo, Edwards, McNamara, Walker, & Ziguras(2003)는 유아와 초등학교 1학년 교실에 제공된 데스크톱 컴퓨터에서 이들의 터치스크린 사용을 조사했다. 연구에 따르면, 사실 참여자들은 마우스를 선호했다. 당시 상황은 유아들의 기존 마우스 사용 및 노출 경험과 더불어 당시 일반적으로 교사들이 사용 가능했던 소프트웨어의 그래픽 사용자 인터페이스와 터치스크린의 호환성 부족과 관련이 있는 것으로 묘사되었다. 사실 이러한 결과는 유아가 당시의 기술 도구의 사용 방법을 학습한다는 사회 문화적 주장과 일치한다. Romeo 외(2003)는 스타일러스라는 고무가 달린 펜을 사용해 터치스크린과 그래픽 사용자 인터페이스 간의 통신에서 나타나는 한계를 유아가 어떻게 해결하는지 보여 준다. 그들은 '유아의 이 독창적인 발견을 과소평가하지 않아야 한다'(p. 335). 그리고 이를 통해 부지불식간에 터치스크린 기술을 자신들의 발달에 유리하게 효과적으로 조작할 수 있는 유아들의 능력을 확인했다고 지적한다.

2010년 Apple 컴퓨터 창립자 Steve Jobs는 애플 아이패드를 발매했다. 시장에 출시된 최초의 태블릿 컴퓨터는 아니지만 아이패드는 감도가 높은 터치스크린과 모바일 인터넷 컴퓨팅, 사진을 찍고 비디오와 음악을 저장 및 사용할 수 있는 사용자의 능력을 결합했다. 또한, 아이패드는 새로운 앱 스토어와 쉽게 연결할 수 있었고 그에 따라 인터넷 사용자를 위해 설계된, 지도와 요리법, 게임에 이르기까지 '애플리케이션' 즉, 앱의 사용이 가능해졌다. 당시 Jobs는 새로운 아이패드가 유용하게 사용되려면, 기존 휴대폰과 데스크톱 컴퓨터 사이의 공백을 메워야 한다고 주장했다. 휴대폰과 데스크톱 컴퓨터 모두의 작업을 결합하고 기술사용을 아주 매끄러운 삶의 경험으로 만들어야 했다. 아이패드는 이 목표를 실현했고 2015년경 2억 5천만 대 이상을 판매했다. 새로운 세대의 연구는 새롭게 나타나는 다양한 교육 환경에서 아이패드 사용에 초점을 맞추었다. 아이패드는 기술과 인터넷을 유아와 걸음마를 배우는 아이들을 포함한 매우 어린아이들의 손 위에 올려놓는 명성을 빠르게 얻었다(Kabali *et al.*, 2015).

디지털 시대로의 전이 이론화

디지털 시대는 1950년과 1970년 사이의 20년 동안 시작된 것으로 이해된다. 이 기간에 대해서는 앞서 설명하였다. 고체물리학에 대한 연구는 트랜지스터의 발명으로 이동했고 이후 마이크로프로세서가 정보의 디지털화를 가능하게 했다. 기술결정론자 관점에 따르면, 트랜지스터와 마이크로프로세서가 사회에 미친 사회적, 문화적, 경제적 영향은 지대하다. Riordan, Hoddeson & Herring(1999)은 트랜지스터의 발명을 사회 '변혁적인' 것으로 묘사했다.

> 트랜지스터의 발견이 지적으로나 상업적인 측면에서 우리의 삶과 일에 엄청난 영향을 미친 것은 분명하다. 응집물질물리학에서 중심을 차지하는 부분이 말 그대로 이 혁신을 이끌었다. 또한, 전자 장치의 초소형화를 이끌어 인터넷을 통해 다른 사람들과 쉽게 통신하는 강력한 컴퓨터를 책상 위에 올려놓을 수 있게 되었다. 그 결과 과학, 기술, 문화의 세계화가 우리가 생각하고 상호 작용하는 방식을 변혁하고 있다. (*p. 343*)

전자 장치와 컴퓨팅 컴퓨터가 정보를 관리하고 표시하는 새로운 수단을 개발하고 생산하는 가운데 사회적 수준에서 디지털화의 역할이 인식되기 시작했다. 두 명의 중요한 사상가가 새로운 시대의 출현을 묘사했는데, 이를 통해 지배적으로 산업적인 일의 수단에서 보다 정보 또는 '디지털에 기반을 둔' 일과 여가의 세계로의 변화를 조사했다(Mansell, 2009). 하버드대학의 미국인 사회학자 Daniel Bell과 일본 정부에서 일하는 일본인 사회학자 Yoneji Masuda는 기술이 사회에 미치는 영향을 조사했다.

1976년에 Bell은 현재까지 폭넓게 인용되는 '후기 산업사회의 도래 The coming of the post-industrial society'라는 제목의 논문을 발표했다. 이 논문에서 Bell은 Shockley의 트랜지스터 발명을 '소형화의 토대'라고 묘사했고, 한발 더 나아가 이 발명을 '이 기간(1950~1970년대)에 과학과 기술이 뒤얽힌 가장 획기적인 발명'이라고 말했다(p. 577). Bell(1976)에 따르면, 디지털화는 앞선 시기를 규정짓는 대량 생산의 처리보다 정보의 처리를 인간의 노력과 교환에서 더 중요하고 더 의미 있게 만들었다. 사람들이 과거 판매 가능한 제품 생산에 초점을 맞췄던 산업 사회는 최대한 효율적으로 기계와 제품을 만들기 위해 노력을 쏟아 붓는다는 점에서 '기술적'으로 간주되었다. 이러한 관점에서 '더 적은 자원으로 더 많은 제품을 만드는 기술'(p. 576)이 중요했다. 대량 생산이 생산자에게 최대한의 경제적 이익을 가져다주기 때문이다.

Bell에 따르면, 산업화 시대의 삶과 일은 대량 생산이 가능하도록 사람들에게 틀에 박힌 작업과 시간 순서대로의 시간 관리에 집중할 것을 요구했다. 공장 생산에는 반복적인 조립 라인이 필요했고, 이러한 일은 정해진 시간 동안 정해진 시간만큼 한자리에 모여서 일하는 근로자가 수행했다. 마을은 공장을 중심으로 성장해 대량 생산에 따른 필요를 충족하고 일하는 삶과 여가 시간은 제조 공정에 맞춰 조정된 교대근무 패턴의 지배를 받았다. 이와 반대로 '후기 산업화' 시대 디지털화와 마이크로프로세서의 발전으로 정보를 조작하는 데 집중할 수 있게 되었다. 이제 사회는 대량 소비를 위한 제품을 생산할 수 있을 뿐만 아니라 정보를 활용해 다른 사람들에게 필요한, 그래서 결과적으로 판매할 수 있는 새로운 아이디어와 서비스를 만들 수 있는 사람들의 역량에 따라 경제적 기회를 제공하는 다양한 형태의 정보와 정보 조합에 접속할 준비가 되었다. Bell은 이러한 새로운 발전을 '이론적 지식의 성문화'(p. 576)라고 불렀다. 산업화 이후 사회에 대한 Bell(1976)의 개념화는 방향적인 측면에서 다소 기술결정론적이다. 교육, 보건, 연구 및 개발과 데이터 처리 등의 영역에서 근로자들이 필요한 지식을 바탕으로 새로운 서비스 경제가 생겨날 역량을 기술에 기인한 것으로 보기 때문이다.

Masuda(1980)는 Bell과 마찬가지로 20세기 후반 디지털화가 사회에 미친 혁명적 영향에 초점을 맞추었다. 하지만, 기술에 대해 약간 더 비판적인 관점을 취했던 Masuda는 농경 시대에서 산업 시대, 정보 시대, 즉, '디지털' 시대로 이동해감에 따라 사회에 관련된 전이 과정을 고려하는 방법으로 이러한 영향을 다루었다. 그의 가장 유명한 책 『후기 산업화 사회로서의 정보사회(*The Information Society as Post-Industrial Society*)』(1980)는 '정보사회'라는 용어를 가장 먼저 사용한 출판물이라는 명성을 얻었으며, 그에 따라 Masuda가 '정보화 시대의 아버지'로 알려졌다.

Masuda(1980)는 하나의 시대에서 다른 시대로의 전이 과정을 설명하기 위해 새로운 이론을 제안했다. 그의 이론은 '사회기술이론'으로 불렸다. 그는 기술 변화가 농경 시대에서 산업 시대로, 지금은 '새로운' 정보 시대로의 사회적 발전에 지속적인 영향을 미치는 것으로 간주될 수 있다고 주장했다. Masuda의 사회기술 변화 이론의 토대가 되는 네 가지 핵심 원칙은 다음과 같다(직접 인용).

1. 많은 다양한 기술적 혁신이 결합해 하나의 복잡한 기술 시스템을 구성한다.
2. 이렇게 통합된 기술 시스템은 전체로서 사회 전반으로 확산되고 점차 뿌리를 내린다.
3. 그 결과 새로운 유형의 사회의 생산적인 힘이 빠르게 확산된다.
4. 이러한 새로운 사회의 생산적인 힘의 발전은 전통적인 사회를 변화시키고 새로운 기준과 가치를 수립할 만큼 강력한 영향을 미친다.

(*Masuda, 1985, p. 269*)

Masuda(1980)는 농경 시대가 두 가지 주요한 기술 혁신으로 인해 변화했다고 주장했다. 첫 번째 혁신은 관개 발명에 정보를 제공한 측정 및 설계 지식의 발전이다. 쟁기, 괭이, 낫과 같은 농기구의 사용과 함께 관개가 지배적인 식량 생산 방법으로서 사회 전체에 확산되고 사람들은 대규모로 먹을 수 있는 식물과 동물이라는 관점에서 환경이 제공하는 것을 활용할 수 있게 되었다(p. 269). 식량 생산 증가는 지역화된 사냥과 채집 양식의 사회를 변화시키고 일단의 사람들(일반적으로 소작농)이 영주의 감시를 받는 새로운 권력 구조를 탄생시켰다. 지역의 오랫동안 형성된 마을이 사회적 기준이 되었고, 매일 혹은 매해 생활이 계절과 봉건 제도의 규제를 받았다. 대개 인쇄 이전의 시대에 학습은 세대 간 지식의 전달을 통해 이루어졌고, 식량 생산 및 일상생활에 필요한 지식과 기술은 사람들 사이에서 공유되었다. 아이들은 공동체 내에서 성장했고 도제제도를 통해 수공 기술을 습득했다. 아이들은 읽고 쓰기를 배울 필요가 없었다. 그보다는 계절에 대해 공부하는 데 초점을 맞추고 곡식 파종 시기와 식량 생산을 증가시키기 위해 관개를 활용하는 방법, 일상생활에 필요한 배와 도구를 만드는 방법을 배웠다.

사회적 기술 변화라는 이론을 사용해 Masuda(1980)는 농경 시대에서 산업 시대로의 변화가 천연자원을 매우 쓸모 있는 제품으로 변환시키는 화학 및 물리학과 같은 과학의 혁신을 통해 어떻게 이루어졌는지를 보여 주었다. 예를 들어, 산업 시대의 상당 부분은 암석에서 뽑아낸 철광석을 석탄으로 만들어 내는 높은 열을 사용해 강철로 변환시켜 사용하는 것으로 특징지어진다. Ayn Rand(1957)의 고전 소설 『아틀라스(*Atlas Shrugged*)』는 사회의 정치적, 산업적 구조 내에서 강철을 생산하고 개발하기 위한 새로운 기법의 발전과 강철의 중요성을 강력히 설명한다. 산업 시대로의 이동이 이루어지는 동안 실린더와 피스톤 작동에 대한 혁신적인 아이디어와 새로운 지식은 강철을 사용해 증기기관을 만들 수 있음을 의미했다. 처음에 증기력은 공장과 제분소에 활용되었다. 이전에 생산성을 위해 수력과 육체노동에 의존했던 이러한 사회가 증기력을 생산에 적용하면서 혜택을 누렸다. 증기력은 노동자가 수력 생산을 위해 수자원 근처에 머무를 필요가 없음을 의미했기 때문이다. 또한, 증기력은 인간의 육체노동보다 더 빠르고, 더 안정적이고, 더 저렴했다. 증기력의 출현으로 근로자들이 더 이상 강 근처에서 산업 활동을 수행할 필요가 없어졌고 도시를 포함해 많은 다른 지역으로 확산될 수 있었다. 근로자들이 산업 시대가 제공하는 고용 기회를 잡기 위해 농촌에서 빠져나가면서 새로운 도시 주거지가 산업단지 주변으로 생겨났다. 사람들이 대규모로 집중되면서 식품점, 옷가게, 호텔, 극장의 형태로 인구 집단의 오락 요구를 충족하고 이에 대한 서비스 제공으로 발생하는 새로운 경제적 기회가 창출되었다. 증기 기관차가 이전에 말이 끄는 운송 형태를 대체하면서 증기기관은 사람들의 여행 패턴과 화물 적재 수송에서 커다란 변화를 가져왔다.

Masuda(1980)는 증기기관 기술이 새롭게 출현하는 자유 경쟁과 영리 추구에 초점을 맞춘 새로운 경제 질서를 사회 속에 뿌리내리게 했다고 주장한다. 일과 여행 패턴의 변화와 함께 이러한 새로운 경제적 질서는 노동의 이동(예, 사람들이 공장 근처에 위치한 인구 밀도가 높은 군에서 일하는 것)과 지배 형태로서 의회 민주주의에 대한 인구집단의 관심 증가를 가져왔다. 도시화된 공동체에서 여가와 삶의 권리에 대한 새로운 기준과 가치가 삶이 주로 자연의 법칙에 따라 지배되었던 기존 아이디어를 대체했다. 농경 시대를 규정하던 토지에 대한 의존도에서 벗어남으로 인한 도시화된 삶과 제품과 서비스의 대량 소비가 교육에 대한 접근방식의 변화를 수반했다. 산업 시대는 현재 도시에 살고 있고 성인이 되면 공장에서 노동을 하게 될 것이라고 예상되는 대다수 사람들의 학습 내용과 방법 모두에 영향을 미쳤다. 기술과 지식이 세대 간에 전수되고 계절에 대한 지식과 식물 파종 적기에 초점을 맞추었던 이전 농경 시대와 달리, 다수의 아이들에게 산업 시대 교육상 필요한 지식을 동시에 전달하는 것으로 방향이 바뀌었다. 교육에 있어 같은 시기에 같은 정보를 같은 연령의 아이들에게 가르치는 것이 더 효율적이라고 간주했기 때문에 연령에 따른 분반이 일반적인 관행으로 시행되기 시작했다. 노동 인구가 알아야 할 것들에 대한 아이디어를 바탕으로 교육과정을 짰다. 산업 시대와 함께 인쇄가 증가하면서 이후 노동 참여에 필요한 최소한의 문해 및 산술 능력이 산업 시대에 성장하는 아이들에 대한 주요 교육 목표가 되었다.

정보 또는 '디지털' 시대의 출현은 Masuda(1980)의 사회기술이론 관점에서 설명할 수 있다. 이 장의 앞부분에서 간략하게 설명한 것처럼 디지털 시대의 출현은 트랜지스터 발명과 이후 마이크로프로세서 발명에 트랜지스터를 적용한 물리학 지식에서의 문화적 변혁과 관련이 있다. 테크놀로지에 대한 기술결정론적 관점이 아니라 비판적으로 보이는 관점에 바탕을 둔 Masuda(1985)는 방위 및 우주 프로그램에 대한 정부의 자원 활용이 얼마나 빨리 컴퓨팅의 기술적 발전을 이끌었는지를 설명한다. 항상 기술이 어딘가에서 나타난다는 Williams(1958)의 주장처럼, 국방 및 우주에 대한 정부의 투자가 증가한 시점은 컴퓨터가 산업에서 대량의 데이터를 관리하고 체계화하는 데 점점 더 많이 사용되기 시작한 시점과 일치한다. 컴퓨팅이 업무 현장에 일단 자리를 잡자 내적인 수준에서 신속하게 개인화되었고, 이러한 과정을 Apple 컴퓨터의 발명과 Microsoft의 쉽게 사용할 수 있는 그래픽 사용자 인터페이스(GUI) 개발이 뒷받침했다.

Masuda(1980)는 사회 전반에서 컴퓨팅의 급속한 증가가 사람들 사이의 상조 관계가 신속하고 간편한 디지털 정보 교환을 통해 구성되는 새로운 사회적 질서를 뒷받침했다고 주장했다. 월드와이드웹과 소셜 미디어가 출현하기 10년 전에 1980년대 저서에서 Masuda는 자신이 살고 있는 시대를 앞서 새로운 디지털 시대가 되면 사람들이 지식과 정보를 공동으로 생산하고 세계적인 정보 네트워크를 통해 기술 자원을 공동으로 활용하는 데 참여할 것이라고 주장했다. Masuda에 따르면, 사회의 원동력이 *기술을 사용하는 사람들의* 정신노동을 증폭시키기 때문에 이러한 공동의 참여와 정보 공유가 가능하다. 여기서 Masuda(1980)가 사람들의 처리와 동기를 개선하고 확대하기 위해 사람들을 기술과 기술을 사용하는 사람들이라는 개념 앞에 배치한 것에 주목한다. 디지털 시대에 기술의 역할에 대한 이러한 묘사는 기술이 디지털 시대 도래의 원인이라고 주장하는 기술결정론적 관점과 대비된다. 산업 시대의 증기기관과 정보 시대의 컴퓨터를 비교해 Masuda(1980)는 다음과 같은 글을 남겼다.

> 산업 사회 발전의 핵심에서 주요한 혁신 기술은 증기기관이었고 증기기관의 주요 기능은 인간의 육체적 노동을 대체하고 증폭시키는 것이었다. 정보 사회에서는 '컴퓨터 기술'이 발달의 핵심을 구성할 혁신 기술이 될 것이고 컴퓨터 기술의 근본적인 기능이 인간의 정신노동을 대체하고 증폭시킬 것이다.
>
> (*p. 31*)

'정신노동 증폭'이라는 개념은 디지털 시대의 본질과 이 새로운 시대 유아의 놀이와 학습에 대한 고려가 필요한 이유를 이해하는 데 매우 중요하다. *기술을 사용하는 사람들의 정신노동 증폭이 사회가 창조할 수 있는 것을 변화시키기* 때문이다. 사회문화적 이론은 지식과 도구의 관점에서 사회적 창조의 가능성이 사람들 사이의 학습에 대한 새로운 조건을 형성하는 변화를 가져옴을 보여 준다(Davydov, 1982). 사회 기술에 대한 Masuda의 이론은 농경 시대에서 산업 시대로의 사회적 창조의 가능성을 명확하게 보여 준다. 정보 시대의 경우 Masuda(1980)는 기술에 부과하는 가치가 자기표현, 지식 획득 및 자기실현을 위한 개인 컴퓨터 사용에 귀속될 것이라고 주장했다. Masuda는 개인적 발전의 역량과 가치화의 증가가 참여 민주주의로의 이동과 함께 이루어질 것이라고 주장했다(p. 35).

새로운 디지털 시대에 교육적 학습 요구는 필연적으로 변화할 것이다. 같은 시점에 같은 정보를 같은 연령의 아동에게 전달하는 것은 더 이상 필요하지 않을 수 있다. 시공간을 넘어 서로 의사소통할 수 있는 사람들의 역량 증가와 함께 개인화된 학습 및 지식 획득에서의 컴퓨터 사용은 아동이 기본적인 읽기와 쓰기를 넘어 더 많이 배워야 할 것을 의미한다. 게다가 정신노동의 증폭이 사회가 창조할 수 있는 것의 가능성을 높인다는 Masuda의 주장을 고려할 때, 이 새로운 시대의 아이들은 현재 지식과 노동 관행에서 장기적인 안정성을 보장받을 수 없을 것이다. 대신 사회적 창조의 가능성 증가는 지속적이고 끊임없는 변화를 가져올 것이다. 디지털 시대가 일상의 현실이 되면서 새로운 교육 연구가 현재 및 향후 세대 아이들의 학습 필요를 대상으로 삼기에 이르렀다. Siemens(2014)는 이러한 변화에 대해 언급했다.

> 40년 전만 해도 학습자들은 필요한 교육 과정을 마치고 대개의 경우 평생 동안 지속되는 일자리를 가졌다. 정보 발전의 속도는 느렸고 지식의 수명은 수십 년이었다. 현재 이러한 근본적인 원칙이 변화했다. 지식은 기하급수적으로 성장하고 있다. 많은 분야에서 지식의 수명은 몇 달 혹은 몇 년에 불과하다.
>
> (*p. 3*)

디지털 시대 아동에게는 산업화 시대에 참여하는 데 필요한 수준의 문해 및 산술 능력을 기르는 것만으로는 충분하지 않다. 내용 지식, 즉, 특정 시기에 아이들이 학습하는 것을 파악하는 대신에 교육 목표와 서술은 학습자가 직면하게 되는 많은 지식에 도전하고 변화를 경험하면서 성장할 수 있도록 학습의 특성에 초점을 맞추기 시작했다. 창조성, 문제 해결 능력과 그들에게 펼쳐질 늘어나는 지식의 품질을 평가할 수 있는 비판적인 능력이 아동에게 필요한 지식 성향으로 간주되었다(Resnick, 2002). 디지털 시대의 학습은 아동에게 내용 지식의 합일, 문해 및 산술 능력 영역에서의 기술 획득, 탐구적이고 모험적인 지식 발전에 대한 성향을 요구할 것이다.

나가며

이 장에서 설명한 것처럼, 디지털 시대는 지식과 기술적 도구의 문화적 진보로 인해 인간 역사에서 분산된 형태의 의사소통과 지식의 대량 보관, 공유, 검색 및 조작이 가능한 시대이다. 디지털 시대 유아들은 대안이 되는 정보의 출처와 형태를 이해 및 관리하고, 현재 이용 가능한 기술의 형태로 이용할 수 있는 문화적 도구를 활용할 수 있도록 이를 구별하고, 탐구하고, 시너지를 찾고, 재창조해야 한다. 다음 장에서는 디지털 시대 유아 놀이와 학습이 가장 생산적으로 고려될 수 있는 배경과 관련하여 역사적 맥락을 더하여 알아본다. 여기에는 인터넷의 발달과 월드와이드웹의 혁신이 포함되며, 소셜 미디어의 확산과 일상의 어디에서든 연결 가능한 디지털이 있다.

참고문헌

Bell, D. (1976). The coming of the post-industrial society. *The Educational Forum, 40*(4), 574–579.

Brinkman, W., Haggan, D., & Troutman, W. (1997). A history of the invention of the transistor and where it will lead us. *IEEE Journal of Solid State Circuits, 32*(12), 1858–1865.

Davydov, V. (1982). Translated by S. Kerr. The influence of L. S. Vygotsky on education, theory, research and practice. *Educational Researcher, 24*(3), 12–21.

Einstein, A. (1907). Plancksche Theorie der Strahlung und die Theorie der Spezifischen Wärme [Planck's Theory of Radiation and the Theory of Specific Heat]. *Annalen der Physik, 4*(22), 180–190. doi:10.1002/andp. 19063270110.

Greelish, D. (2013, 2 April). An interview with computing pioneer Alan Kay. *Time Interviews*. Retrieved from http://techland.time.com/2013/04/02/an-interview-with-computing-pioneer-alan-kay/.

Hopfield, J. J. (2014). Whatever happened to solid state physics? *Annual Review of Condensed Matter Physics, 5*(1), 1–13.

Jayemanne, D., & Nansen, B. (2016). Parental mediation, YouTube's networked public, and the 'Baby-iPad Encounter': mobilizing digital dexterity. *Jeunesse: Young People, Texts, Cultures, 8*(1), 133–153.

Kabali, H. K., Irigoyen, M. M., Nunez-Davis, R., Budacki, J. G., Mohanty, S. H., Leister, K. P., & Bonner, R. L. (2015). Exposure and use of mobile media devices by young children. *Pediatrics, 136*(6), 1044–1050.

Kay, A. C. (1972, August). A personal computer for children of all ages. In *Proceedings of the ACM annual conference – Volume 1* (pp. 1–11). ACM.

Kay, A. (2013). The future of reading depends on the future of learning difficult to learn things. In B. Junge, Z. Berzina, W. Scheiffele, W. Westerveld, & C. Zwick (Eds.), *The digital turn: design in the era of interactive technologies* (pp. 1–12). Chicago: University of Chicago Press.

Mansell, R. (2009). *The information society: critical concepts in sociology*. London: Routledge.

Masuda, Y. (1980). *The information society as post-industrial society*. Tokyo: Institute for the Information Society.

Masuda, Y. (1985). Three great social revolutions: agricultural, industrial, and informational. *Prometheus, 3*(2), 269–274.

McLuhan, M. (1951). *The mechanical bride: folklore of industrial man*. Boston: Beacon Press.

Nobel Media AB (2014). The Nobel Prize in Physics 1956. *Nobelprize.org*. Retrieved from www.nobelprize.org/nobel_prizes/physics/laureates/1956/.

Noyce, R. N., & Hoff Jr, M. E. (1981). A history of microprocessor development at Intel. *IEEE Micro, 1*(1), 8–21.

Rand, A. (1957). *Atlas Shrugged*. New York: Dutton.

Resnick, M. (2002). Rethinking learning in the digital age. In G. S. Kirkman, P. K. Cornelius, J. D. Sachs, & K. Schwab (Eds.), *The global information technology report 2001–2002: Readiness for the networked world* (pp. 32–37). New York: Oxford University Press.

Riordan, M., Hoddeson, L., & Herring, C. (1999). The invention of the transistor. *Reviews of Modern Physics, 71*(2), 336–345.

Romeo, G., Edwards, S., McNamara, S., Walker, I., & Ziguras, C. (2003). Touching the screen: issues associated with the use of touch screen technology in early childhood education. *British Journal of Educational Technology, 34*(3), 329–341.

Sanchez-Ron, J. (1994). Reviewed works: out of the crystal maze: chapters from *The History of Solid-State Physics* by Lillian Hoddeson, Ernest Braun, Jurgen Teichmann and Spencer Weart. *Isis, 85*(4) (December 1994), 735–736.

Siemens, G. (2014). Connectivism: a learning theory for the digital age. *International Journal of Instructional Technology and Distance Learning, 2*(1), 3–10.

Troseth, G. L., Russo, C. E., & Strouse, G. A. (2016). What's next for research on young children's interactive media? *Journal of Children and Media, 10*(1), 54–62. doi: 10.1080/17482798.2015.1123166.

Vygotsky, L. (1986). *Thought and language, Revised Edition*. Cambridge, MA: MIT Press.

Williams, R. (1958). Culture is ordinary. In J. Higgins (Ed.) (2001), *The Raymond Williams reader* (pp. 10–25). Oxford: Blackwell.

Williams, R. (2004). *Television: technology and cultural form*. Abingdon, Oxon: Taylor and Francis.

Zack, E., & Barr, R. (2016). The role of interactional quality in learning from touch screens during infancy: context matters. *Frontiers in Psychology*, 7, 1–12.

3
의사소통의 진화
–인터넷과 월드와이드웹, 참여 미디어

들어가며

제2장에서는 과학 이해를 통해 발전된 점을 적용하여 의사소통 과정과 정보의 디지털화를 지원한 하드웨어의 변화 방식에 초점을 맞추었다(그리고 이러한 모든 발전은 디지털 시대에 지식 출처, 지식 관리 및 지식 창조에 접속하고 이를 활용하기 위한 것이었다). 이 장에서는 인터넷을 창조한 과학 및 사회적 발전이 전 세계 다른 사람들과의 직접적이고 즉각적인 관계 형성을 가능하게 했다는 점에 초점을 둔다. 이러한 혁신의 경로를 살펴보면서 관련된 컴퓨터 과학자들에게 영향을 미친 두 가지 특별한 사회 정치문화 조건을 언급한다. 인터넷은 대화식 통신의 새롭고 강력한 매체로서, 월드와이드웹이 발명된 후 출현했다. 정보기술 발전을 통해 메시지를 생성하고 메시지를 하나의 도구, 일반적으로 스마트폰 내에서 전파할 수 있는 기능이 생기면서 새롭고 보다 참여적인 미디어를 포함한 대화식 정보 활용 변화가 확대되었다. 이 장

을 마무리하려면 두 가지 혁신, 즉, 시맨틱 웹과 사물인터넷에 대한 설명이 포함되어야 한다. 이 책에서는 이 장에서 개괄하는 발전이 어른과 아이들이 지식과 앎을 활용할 수 있는 방법을 변화시켰다고 주장한다. 이러한 실질적인 가능성에 기반을 둔 행동에는 디지털 시대 유아 놀이와 학습의 이유와 방법, 대상에 대한 새로운 사고가 필요하며 혁신이 일상생활의 문화적 맥락의 바탕을 이루고 문화적 맥락을 재구성함에 따라 비판적 논의의 공간이 마련되었다.

인터넷

마이크로프로세서와 컴퓨터의 소형화가 인터넷 발명에 정보를 제공하는 기술적 역량을 제공했다. 하지만, 이 책 전체에서 지금까지 강조한 것처럼, 기술은 자기 창조되는 것이 아니다. 그보다 기술적 혁신은 항상 문화적, 역사적인 위치에 있다. 뉴미디어 학자 Flew(2014)는 인터넷의 역할을 이해하기 위하여 디지털 미디어의 생성과 공유를 역사적으로 분석한다. 게다가 Flew(2014)의 주장에 따르면 인터넷은 인류 역사에서 중요한 기술적 혁신으로서 이에 대한 역사적 분석은 인터넷의 발전과 관련된 '특별한 아이디어와 가치'(p. 6)를 밝힌다. 따라서 인터넷의 발명을 뒷받침하는 역사를 간략하게 설명하고, 기술 혁신에 대한 결정론적 관점이 아니라 비판적 관점으로 정치와 사회적 측면에서 인터넷 창조에 정보를 제공한 아이디어와 가치를 지적한다.

역사학자 Roy Rosenzweig(1998)에 따르면, 인터넷의 탄생은 서구 유럽 역사에서 두 가지 정치적이며 사회적 움직임에 기인한다. 처음엔 전혀 관련이 없는 것처럼 보이는 이 두 움직임은 바로, 냉전과 1960년대 반문화(히피) 혁명이다. 냉전은 상호 연결된 통신 시스템 창조를 위한 맥락적 정당화, 특히, 정치적 이유를 제공하는 반면, 민중의 힘을 바탕으로 하는 반문화 혁명의 철학적 기반은 컴퓨팅에 대한 오픈 액세스가 전 세계 인권 문제만큼 가치가 높은 이유를 설명한다. 냉전이 시작될 때 Flew(2014)는 인터넷 역사가 너무 미국 중심적이 될 것이라는 점을 우려했다. Flew(2014)에 의하면 이러한 중심주의는 '미국 정부 달러, 미국 기관 및 미국 대학이 인터넷 초기 발전의 중심이라는 사실을 반영한다'(p. 11).

냉전 시 미국과 러시아는 전 세계적인 핵홀러코스트를 예고하는 첫 번째 핵미사일 발사와 관련해 첨예하게 대립했다. 미국의 경우 핵사고로 인해 기존 통신 시스템이 수초 안에 무용지물이 될 것이라는 우려가 국방부 내에서 높았다. 실행 가능한 통신 시스템이 없으면, 미국 대통령이 보복 공격을 위한 지휘 계통을 수행할 수 없거나 심각한 전시 위기에서 다른 국가의 요구를 어쩔 수 없이 받아들일 수밖에 없기 때문에 이는 문제가 되었다. 기존의 통신 시스템은 기본적으로 전화 통신이기 때문에 중앙 집중화된 지점에서 데이터로서 점 대 점 음성 전송에 의존했다. 중앙 집중화된 지점이 파괴되면 모든 전송 지점을 무용지물로 만들 것이다. 핵폭발은 어떤 형태로든 작동되는 기존 통신 시스템의 기능을 전멸시킬 가능성이 있다. 통신에 대한 새로운 접근방식은 잠재적인 공격에 대한 대응으로서뿐만 아니라 미국이 보복할 수 있는 통신 기능을 갖추고 있음을 러시아가 알게 함으로써 첫 번째 예에서 공격의 가능성을 최소화하기 때문에 매우 중요한 요소였다. 즉 통신이 중요했다.

1960년대 초 연구 및 개발(RAND) 법인으로 알려진 미국 기반 씽크탱크의 연구자인 Paul Baran은 중앙 집중화된 통신 시스템 문제에 뛰어들었다. 세계에서 처음으로 그는 가능한 한 정보 패킷이 가장 빠른 경로를 따라 이동하는 네트워크로 연결된 노드 시스템이라는 아이디어를 착안했다. 그는 중앙 집중화된 시스템을 통해 점에서 점으로 음성 데이터를 전송하는 대신에 시스템의 일부가 손상되거나 없어지더라도 계속해서 작동하는 분포 시스템을 고안했다. 음성 및 텍스트 데이터가 포함된 정보 패킷은 '뜨거운 감자'와 같은 시스템을 이동할 것이다. 각각의 뜨거운 감자가 시스템 내의 노드에 도달하면 노드가 할 수 있는 한 열심히 노력해 감자를 다음 노드로 전송할 수 있다. 하나의 노드가 손상되거나 존재하지 않거나 다른 '뜨거운 감자' 때문에 바쁘다면, 그 노드는 패킷이 최종 목적지에 도달할 때까지 다음에 이용 가능한 노드를 시스템에서 계속 찾을 것이다.

> 선호하는 경로가 이용 중이거나 파괴되었다면, 각 노드는 대안이 되는 경로를 선택해 메시지를 제거하려는 시도를 할 것이다. 각 메시지는 '뜨거운 감자' 하나로 간주되고 노드는 장갑을 끼고 있지 않다. '뜨거운 감자'를 들고 있는 대신 메시지를 제거하지 않을 이웃에게 메시지를 전달한다.
>
> (*Baran, 1962, p. 29*)

정보 패킷은 최종 목적지에서 재조립되어 최종적인 형태를 구성할 것이다. 이러한 방식으로 어떠한 방식보다도 더 많은 양의 정보가 분포 시스템을 통해 전송될 수 있었다. [그림 3.1]은 중앙 집중화된, 분산된, 분포된 시스템을 보여 주는 Baran(1962)의 스케치 원본이다.

Baran(1962)은 당시 사용 가능한 전화 기술에서 자신의 개념을 테스트했고, 기존 전화선으로는 데이터 패킷을 전송할 수 없다는 점이 확인되었다. 시스템을 분산시킬 수 있도록 기존 기반시설을 대대적으로 개혁해야 했다. Baran의 분산 시스템을 테스트해달라는 요청으로 미 공군이 미국의 주요전화 서비스 제공기업인 미국전화전보사[America Telephone and Telegraph(AT&T) Company]에 접근했을 때 분산 시스템 아이디어는 불신을 샀다. 당시 많은 사람들은 중앙 집중화된 통신 시스템이 아니라 분산된 시스템을 이해하는 데 필요한 사고의 개념적 도약이 불가능했다. 이는 전화가 통신의 지배적인 형태였기 때문이다. 전화는 서로 직접 이야기하는 사람들에게 의존했기 때문에 기준으로서 중앙 집중화된 점 대 점 시스템 개념을 강화했다. 현재 기술에 대한 실질적인 관점을 바탕으로 분산적인 형태의 통신에 익숙해졌지만, 당시 점 대 점 통신이라는 개념이 얼마나 깊게 자리 잡고 있었는지를 이해하기 위해 전후방으로 동일한 개념적 도약을 하는 것은 쉽지

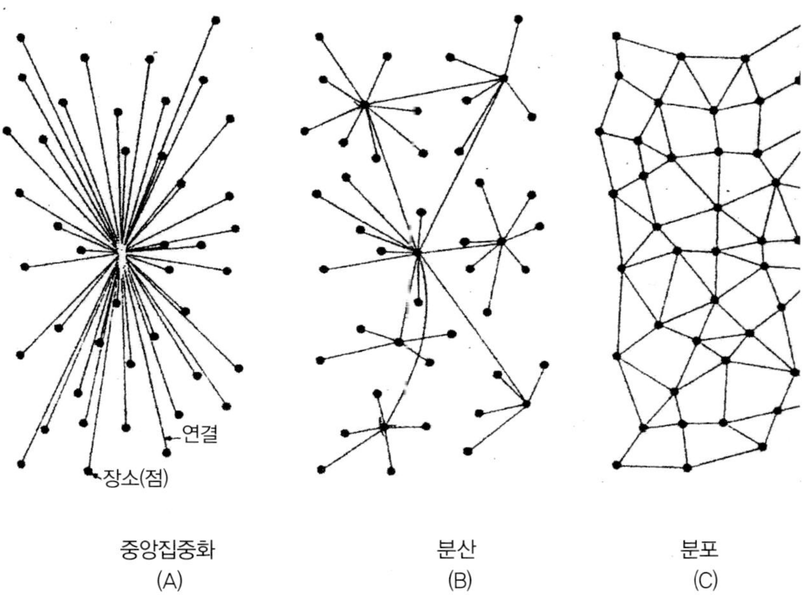

[그림 3.1] 세 가지 다른 통신 시스템을 보여 주는 Baran(1962)의 스케치 원본

않다. Baran의 아이디어는 다소 급진적인 것으로 간주되었다. Baran의 개념을 거부하는 AT&T의 아이러니는 이 기업이 이전에 벨 전화회사, Mervin Kelly가 설립한 연구실에서 트랜지스터가 발명된 그 기업이라는 점이다. 하지만, Baran은 그의 동료들보다 이미 훨씬 앞서 있었고 통신 시스템이 얼마 지나지 않아 사람들 사이의 대량의 정보 전송을 가능하게 할 것이라고 예언했다.

> 새롭고 존재하지 않을 가능성이 있는 공공의 유틸리티, 많은 수의 구독자들 간에 디지털 데이터를 전송하도록 특별하게 설계된 공용 사용자 디지털 데이터 통신 플래닛에 대한 사고를 시작할 때인가?
>
> (*Baran*, *1962*, *p. 40*)

Baran이 분포 통신 시스템을 이론화하고 있을 때 고등연구계획국(ARPA)이라고 불리는 새로운 연구 기관이 미국 정부에 의해 설립되었다. 사회적 기술에 관한 Masuda(1980)의 이론에 반항한 ARPA의 설립은 첫 번째 위성으로 우주에 스푸트니크를 쏘아 올린 러시아에 대처하기 위한 것이었다. ARPA의 임무는 미국이 러시아를 따라잡을 수 있도록 통신, 우주 및 미사일 연구에서 신속한 발전을 이루는 것이었다. Joseph Licklider, Bob Taylor와 Lawrence Roberts를 포함한 ARPA의 많은 연구자들이 컴퓨터 네트워킹이라는 개념을 연구했다. Licklider는 군 작전에서 명령 및 통제 효율성을 높이기 위해 컴퓨터 기능에 관심에 있었다. Taylor와 Roberts는 서로 이야기해, 인간의 노력을 증폭시킬 수 있는 연산력의 잠재력을 활용할 수 있는, ARPA에서 사용되는 여러 다양한 컴퓨터를 만들라는 임무를 받았다. 두 번째 임무는 다양한 곳에 위치한 ARPA 연구자들이 여러 컴퓨터에 접속해 혜택을 누릴 수 있기 위해 주로 효율성 및 예산과 관련이 있었다. Roberts는 Baran(1962)의 연구에 대해 알게 되었고 Baran의 아이디어를 ARPA에서 연결된 컴퓨터의 노드로 사용하기 위한 거념적 체계로 사용했다. 1968년에 ARPA는 Bolt, Beranek, and Newman(BBN)으로 알려진 소규모 컴퓨팅 기업에 ARPA를 넘어 주로 대학을 포함해 다른 연구기관으로 네트워크를 확대해 줄 것을 의뢰했다. 같은 해 BBN은 스탠퍼드, 캘리포니아 샌타바버라 대학교, UCLA 및 유타(Utah) 대학교의 컴퓨터를 연결했다.

각 대학의 호스트 컴퓨터를 해당 시스템에서 정보 패킷을 처리하는 더 작은 컴퓨터에 연결했다. 이는 패킷 처리와 데이터 재조립을 처리해야 할 때 호스트 컴퓨터의 파워가 감소하지 않도록 하기 위한 조치였다. 소형 컴퓨터를 시스템 내에서 호스트 컴퓨터의 '중개인'으로 간주했고, 인터페이스 메시지 프로세서Interface Message Processors를 줄여서 IMP라고 불렀다. 4개 대학교에서 분산된 호스트 및 IMP가 구성되고 ARPA에 연결되면서 네트워크형 컴퓨팅이 가능해졌다. 이제 문제는 다양한 시스템에서 네트워크로 연결된 컴퓨터가 서로 이야기하도록 만드는 것이었다. 일부 컴퓨터는 위성에서 네트워크로 연결되었고 다른 컴퓨터는 무선이거나 ARPA에 포함되어 있었다. 이 문제를 해결하기 위해 BBN의 Bob Kahn이라는 엔지니어가 '인터넷팅 프로젝트Internetting Project'를 시작했다. 그는 다양한 망의 네트워크로 연결된 컴퓨터가 서로 말하게 할 새로운 방법으로 TCP(Transmission Control Protocol)를 개발했다. TCP 개발은 인류 역사상 처음으로 네트워크로 연결된 컴퓨터가 망과 망으로 연결된다는 의미였다. 물질에 대한 Einstein의 사고에서 출발해, 트랜지스터의 발명, 이후 마이크로프로세서와 이후 컴퓨팅의 소형화라는 문화적 지식 유산이라는 관점에서 인터넷이 탄생했다. 이후에 TCP는 인터넷 프로토콜, IP라고 불리게 되었으며, 네트워크 간의 통신 메커니즘으로 지금도 사용된다.

인터넷을 만든 초기의 목적은 이메일이었다. 이후에 이메일은 인터넷상에서 가장 강력한 의사소통 형식이 되었다. 이메일은 1972년에 Ray Tomlinson이라는 BBN 엔지니어가 ARPA 넷 전반에서 메시지를 전송하기 위한 방법으로 발명했다. Tomlinson은 시스템에서 이메일이 전송될 위치를 파악하기 위한 방법으로 @ 기호를 선택했다. @ 기호를 선택함으로써 네트워크 주소에서 개인의 이름 'at'을 메시지 보낼 때 사용할 수 있게 되었다. 인터넷이 발명된 해에 이메일이 ARPA 넷에서 전송된 메시지의 4분의 3을 차지했다. 인터넷의 급속한 통신 잠재력이 실현되었다. 이 시대 이후에 탄생한 아이들은 점 대 점 전화 통신 방법에 더 이상 의존하지 않는 디지털 통신 형태에서 성장할 것이다. 이후로 통신은 컴퓨터의 '네트워크가 연결된 네트워크'를 통해 상대적으로 즉시 분산될 수 있었다.

Rosenzweig(1998)는 인터넷 발명을 위한 맥락을 만든 정치적 상황이 1960년대 서구 유럽 반문화 혁명과 함께 진화했다고 주장한다. 제2차 세계대전 종전 후 이어진 사회적 기준 변화에 대한 대규모 사회적 대응인 반문화 혁명은 참여 민주주의와 반권위주의에 초점을 맞추었다. 민주주의적이고 반권위주의적인 이러한 가치는 당시 컴퓨터 과학 공동체 구성원의 상당수가 지니고 있었다. 이 공동체의 참여자들은 기술적 혁신의 지식이 공유되어야 하고 모두가 무료로 이용할 수 있어야 한다고 생각했다. 이러한 믿음은 ARPA 넷 개발과 관련해 발생한 사건과 극명한 대조를 이룬다. ARPA 넷은 대부분 네트워크 밖의 사람들에게 연결되었고 네트워크에 접속하려면 상당한 금전적 비용을 지불해야 했다. ARPA 넷을 더 넓은 공동체에 제공하지 않는 것은 컴퓨터 과학 공동체 구성원들에게 반민주주의적이고 매우 권위주의적인 것으로 간주되었다.

따라서 듀크 대학교의 학생들이 유닉스(Unix)라고 불리는 새로운 운영 체제를 사용해 다른 사람들과 파일 교환할 대체 시스템을 구성했다. 연결된 그룹을 유스넷Usenet, 즉, 'ARPA 넷의 가난한 사람'(Hauben & Hauben, 1998)이라고 불렀고 사용자들이 특정 주에 대한 뉴스레터를 게시할 수 있었고, 연결된 그룹의 다른 구성원이 답신을 보낼 수 있었다. 유스넷은 급속도로 성장했다. 처음에 연결된 컴퓨터는 3대에 불과했고, 그 후에는 150대, 8년 만에 11,000개의 연결이 구성되었다(Rosenzweig, 1998). 유스넷이 성장함에 따라 점점 더 많은 사람들이 네트워크형 컴퓨팅에 관심을 가지게 되었다. 많은 사람들이 ARPA 넷에 접속하거나 '해킹'하려고 했다. 결국에 미국 대학생이 유스넷과 ARPA 넷을 연결했다. ARPA 넷이 군사 연구를 공유하는 데 더 이상 안전하지 않음을 알게 된 미국 국방부는 MILNET이라고 불리는 별도의 넷을 구축했고 ARPA 넷은 보다 널리 사용할 수 있게 되었다. 이렇게 됨으로써 널리 사용 가능한 컴퓨팅 네트워크라는 개념이 전 세계적으로 확대되기 시작했다. 이제 인터넷은 전 세계 거의 모든 지역에서 받아들여진다. 예를 들어, 세계 인터넷 사용자 통계에 따르면, 2016년 6월 현재 세계 인터넷 사용자 중 50%가 아시아에 위치해 있다(www.internetworldstats.com/stats.htm). 불과 50년 전에 진공관 앰프가 사람들 간의 점 대 점 통신을 가능하게 하는 주요 시스템으로 사용되었다는 점을 고려할 때 이는 인류 문화 노력에 따른 위대한 업적이다. 디지털 시대에 성장하는 유아에게 놀이와 학습은 전 세계 통신과 정보 공유 및 탐험을 변혁시킨 인터넷이라고 불리는 이 새로운 기술 인프라와의 접촉 및 활용을 필연적으로 포함하는 형태가 될 것이다. 디지털 시대의 진화를 이해하기 위한 다음의 중요한 역사적인 점은 월드와이드웹이 어떻게 탄생하게 되었는지에 관한 이야기이다.

월드와이드웹

세계화된 컴퓨터 네트워킹(달리 '인터넷'으로 알려져 있음)의 출현으로 1989년에 월드와이드웹이 탄생했다. Tim Berners-Lee가 발명한 월드와이드웹은 인터넷에 사용자 친화적인 인터페이스를 제공해 컴퓨터 프로그래밍 배경이 없는 사람들이 네트워크에 게시된 자료 및 정보에 쉽게 접근할 수 있도록 했다. Tim Berners-Lee는 'CERN' [4)]에서 소프트웨어 엔지니어로 일했다. 그는 CERN에서 일하는 사람들이 서로 정보를 공유하는 것이 어렵다는 점에 주목했다. 그는 '제약을 받지 않는 방법으로 서로 연결된 인간이 읽을 수 있는 정보'(Berners-Lee, 1989)를 설명하는 데 1950년대에 Ted Nelson이 고안한 새로운 용어인 '하이퍼 텍스트'를 사용했다. 하이퍼 텍스트를 사용하면 CERN에서 많은 형태의 정보가 서로 연결될 수 있고 다양한 용어를 사용해 검색할 수 있게 되었다. 사람들이 그들의 임무를 수행하기 위해 특정한 정보를 알고 있는 무언가 의존할 필요가 더 이상 없기 때문에 이는 생산성 증가를 가져왔다. 사람들은 하이퍼 텍스트를 사용해 네트워크에서 정보를 검색할 수 있다.

역자 주 4) 유럽입자물리연구소(Conseil Européenne pour la Recherche Nucleaire)

Berners-Lee(1989)는 하이퍼 텍스트에 대한 자신의 아이디어를 *정보 관리: 제안서(Information Management: A Proposal)*에 기록해 CERN 상사에게 제출했다. Shockley가 발명한 샌드위치 트랜지스터, 브랜의 네트워킹 개념과 마찬가지로 Berners-Lee의 제안서 또한 관심을 거의 받지 못했다. 그의 상관은 제안서 표지에 '흥미롭지만, 명확하지 않음'이라는 논평을 남겼다. 그 제안서는 CERN의 공식 프로젝트로 선택받지 못했다. 하지만, Berners-Lee의 상관은 그의 아이디어를 계속 개발할 수 있도록 약간의 시간과 자원을 제공했다. 1990년대 말에 Berners-Lee는 월드 와이드 웹을 작동시킬 세 가지 기본적인 코드를 만들었다. 세 가지 기본적인 코드는 다음과 같다. 1) HyperText Markup Language(HTML)−인터넷에서 유저를 위해 언어의 형식을 지정하는 코딩 언어, 2) Uniform Resource Identifier(URI)−웹에 위치한 모든 자원에 할당되는 고유한 주소, 3) Hypertext Transfer Protocol(HTTP)−웹에 게시된 정보 검색 시 사용한다.

이러한 세 가지 코드를 바탕으로 Berners-Lee는 인류 역사상 처음으로 웹 페이지를 만들어 게시했다. 이 페이지는 월드와이드웹에서 지금도 이용할 수 있으며 현재 http://info.cern.ch/hypertext/WWW/TheProject.html에 게시되어 있다. 월드 와이드 앱에 대한 관심은 급속도로 증가했다. 사회 각계각층 모든 사람들이 월드와이드웹 사용과 적용에 관심이 있었다. 기업들은 새로운 고객에 접근할 가능성을 보았고 고등 교육 분야는 연구와 자원을 공유하기 위해 월드와이드웹의 가능성을 재빠르게 활용하기 시작했다. Berners-Lee는 전 세계 사람들에게 공개될 자원을 실현하기 위해 헌신했다. 참여의 사회적 가치를 공유하는 다른 사람들처럼 그도 많은 사람들의 지속적인 기여를 통해서만 월드와이드웹이 실현될 수 있다고 믿었고 웹을 기업화하는 것에 반대했다. 그는 웹을 작동시키는 코딩을 사람들이 로열티 없이 영원히 사용할 수 있도록 하는 데 노력을 기울였다. 1994년에 Berners-Lee는 CERN을 떠나 매사추세츠 공과대학(MIT)으로 옮겼다. 그리고 MIT에서 W3C로 알려진 월드와이드웹 컨소시엄을 만들었다. W3C는 웹에 대한 공개 표준을 유지하는 데 헌신하는 그룹으로 현재에도 계속 활동하고 있다.

월드와이드웹의 영향에 관한 생각은 앞에서 기술한 기술 변화에 관한 세 가지 관점의 영향을 받았다. 기술결정론 관점에서 월드와이드웹은 기존의 통신 패턴, 사고 및 정보 공유 방식을 변형시킨 것으로 기술할 수 있다. 정보를 저장하고 검색할 수 있는 월드와이드웹의 기능에 대한 실체적 관점에서 보면 종이에 기반을 둔 의사소통에서 이메일 통신으로의 이동, 온라인 쇼핑과 기업 ID 제출과 같은 다양한 사회적 관행을 형성하는 기술적 혁신으로 기술할 수 있다. 하지만, 월드와이드웹이 오픈 소스 기술이 되도록 하려는 Berners-Lee의 헌신은 기술에 대한 보다 비판적이고 가치에 기반을 둔 관점을 반영한다. 여기서 Berners-Lee가 월드와이드웹에 부여한 가치는 다른 사람들의 정보에 사람들이 접속한다는 자유이다. 이를 통해 사람들은 결과적으로 협력할 수 있다. 월드와이드웹이 '개인은 정보 액세스 방법을 바꾸고 조직은 기업 전략을 바꾸도록 하는' '힘'이 있는 새로운 기술로 다소 결정주의처럼 묘사되는 경우가 많지만(Moon & Kim, 2001, p. 217), 이 책에서는 인터넷의 발명 이후 Berners-Lee가 월드와이드웹을 창조할 수 있는 지침을 제공한 문화적 지식 기반을 부정하거나 간과할 수 없다고 주장한다. 만약 부정하거나 간과한다면, 디지털 시대 유아 놀이 및 학습에 대한 사고를 기술에 대해 결정론적 관점으로 제한할 것이다. 이는 디지털 기술을 적용하는 데 있어서의 우리의 목적(디지털 기술을 언제,

왜 사용할지 결정)과 문화비평 관점에서 고려할 때 특정한 기술적 관행의 가치에 대한 선택에서 인간의 힘을 부정하는 것이다.

웹 1.0에서 참여 미디어까지

Berners-Lee가 발명한 첫 번째 버전의 웹은 웹 1.0이라고 한다. 웹 1.0은 월드와이드웹의 '읽기 전용' 세대로 간주된다. 웹이 처음 개발되었을 때 다른 사람들이 읽을 수 있는 정보만 게시할 수 있었기 때문이다. 1세대 웹은 비디오, 사진, 오디오를 호스트할 수 있는 기능이 아직 없었다. 또한, 1세대 웹은 다른 사람들이 게시한 정보에 댓글을 달 수 없었다. 웹 1.0은 말 그대로 '읽기 전용' 경험만을 제공했다. 웹 1.0에서 두 번째 세대의 웹으로의 변화는 웹 1.0을 산업에서 채택하면서 시작되었다. 산업이 제품을 노출시킬 수 있는 대상의 수를 늘릴 수 있는 웹의 가능성에 관심을 갖게 된 것이 이유였다. 웹이 읽기 전용이었기 때문에 대부분의 기업이 할 수 있는 일은 상품을 온라인에서 홍보하고 택배 서비스로 이러한 홍보를 결합하는 것이었다.

이 초기 모델에 기반을 둔 가장 유명한 기업 Pets.com은 1988년에 설립되었다. Pets.com은 '반려동물은 운전할 수 없으니까!Because pets can't drive!'라는 잘 알려진 모토에 따라 사료와 애완용품을 집까지 배달해 준다고 약속했다. Pets.com은 웹에 기반을 둔 비즈니스로 구성되는 새롭고 담대한 세계에서 이를 혁신적인 이니셔티브라고 생각한 투자자들로부터 받은 대규모 투자를 바탕으로 성장했다. 거래소에 등록된 식료품 배달 기업과 같은 다른 새로운 '스타트업' 온라인 기업에 돈이 흘러 들어 갔다. 사람들이 새로운 'dot.com' 열풍을 누리기 위해 뛰어들면서 이러한 상장 기업들의 가치는 하룻밤 사이에 두 배로 뛰어올랐다. 이러한 기업의 상당수가 목표를 달성하는 데 실패했다. 온라인으로의 성급한 이동에 철저한 계획 수립이 뒷받침되지 않았다. 예를 들어, 무거운 사료를 가정까지 배달하는 Pets.com의 배달 비용이 처음에 고객이 지불할 수 있는 타당한 비용을 능가할 수는 없다. Pets.com이 온라인에서 대단한 관심을 끌고 사용자 편의성을 약속했지만, 이러한 특징이 자체 서비스를 제공하는 데 소요되는 경비를 상쇄하지는 못했다. 2000년 Pets.com은 다른 많은 기업들과 함께 'dot.com 거품' 붕괴의 피해자가 되었다. 당시 일부 분석가들은 dot.com 기업의 실패가 웹이 기존의 사회적, 문화적, 경제적, 교육적 및 정부 관행에 거의 영향을 미치지 않을 것이라는 증거라고 주장했다(Abelson, 2000).

하지만, 이러한 초기의 실패는 웹 진화에 원동력을 제공하는 문화적 혁신이 계속되면서 극복되었다. 웹 사용과 관련된 기술적 진화와 텔레비전 또는 라디오와 같은 기존의 '대중' 또는 전통적인 '방송' 매체와 함께 존재하는 새로운 통신 수단으로서 웹의 개념화 모두에서 혁신이 이루어졌다. 통신 관점에서 웹은 게시 장소에서 사용자 요구를 충족하는 장소로 변화했다. Tim O'Reilly(2005)는 자신의 기업 O'Reilly Media Group에서 주최한 콘퍼런스 중에 웹 2.0의 개념을 처음으로 제안했고, dot.com 거품 붕괴에서 성공적으로 살아남은 기업은 실패한 기업과 다른 특징이 있다고 주장했다. 그의 주장에 따르면, 성공적인 dot.com 기업은 사람들의 요구를 충족해 사람들을 사이트로 끌어들이는 데 초점을 맞추었다. 이러한 기업은 그들의 사이트를 방문하는 사람들이 많아질수록 광고를 위해 싫어도 들어야 하는 청중captive audience 관점에서 다른 서비스를 더 많이 제공해야 함을 이해하고 있었다. 예를 들어, Google과 같은 성공적인 기업은 인터넷 사용자들에게 '무료' 검색 엔진

서비스를 제공했다. 서비스에 대한 소프트웨어 업그레이드는 백그라운드에서 수행되었고 사용자들은 서비스를 사용하기 위해 새로운 소프트웨어를 다운로드하거나 Google 운영을 관리할 필요가 없었다. Google은 그저 거기에 있었고 사람들이 선택한 정보를 인터넷에서 검색할 수 있도록 했다(O'Reilly, 2005). 점점 더 많은 사람들이 Google에서 제공하는 서비스를 사용함에 따라 Google은 사용자 점유율을 활용해 광고 수입을 벌어들일 수 있었다. O'Reilly의 주장은 웹 1.0에서 웹 2.0으로의 이동을 뒷받침하는 첫 번째 아이디어 중 하나가 읽기 전용 게시가 아니라 *서비스 제공*이라는 의미였다. 흥미롭게도 이러한 서비스 제공 개념은 '기술 그 자체는 사회적 변화를 유발할 수 없다. 기술이 적용되는 목적과 방법이 기술의 진화를 규정짓는다'는 Williams(1958)의 주장과도 일맥상통한다.

컴퓨터 프로그래밍에서의 기술 발전은 '읽기 전용' 공간이 아니라 '서비스 중심'으로 웹을 보는 사고의 변화를 반영했다. 웹 활용은 수동적인 경험이 아니라 *대화식* 경험으로 간주되었다. 이러한 발전에는 Really Simple Syndication(RSS) 피드 및 Permalinks의 발명이 포함되었다(O'Reilly, 2005). 웹 1.0의 경우 사이트 방문객들이 자신이 없을 때 업데이트된 정보가 무엇인지 알 길이 없었기 때문에 RSS 피드가 중요했다. 사용자는 사이트로 돌아가 변경된 것이 있는지를 확인하는 의식적인 의사결정을 해야 했다. RSS 피드는 웹 사이트가 웹 사이트에 수행된 변경 사항에 대해 정기적인 사용자의 이메일 계정으로 정보를 '푸시' 또는 '피드'할 수 있음을 의미했다. RSS 피드는 웹 블로그에 대한 변경 또는 업데이트를 로그의 독자들에게 발표해 해당 사이트에 대한 사용자 참여 빈도를 높이는 웹 블로그를 탄생시켰다. Permalinks는 웹 2.0 진화에서 그 다음으로 중요한 발전이다. '영구적인 링크permanent links'

의 줄임말인 Permalinks를 사용해 블로거들은 웹 블로그의 콘텐츠를 다른 블로거의 콘텐츠와 연결할 수 있었다. 이러한 연결이 가능해지자 블로그 사용자 간의 대화와 통신이 급속하게 증가했다.

얼마 지나지 않아 웹 2.0은 미디어 학자들의 관심을 사로잡았다. 미디어 학계는 전통적으로 다양한 정치체계(공산주의, 사회주의, 민주주의)에 사는 사람들의 사회적, 정치적 삶에서 대중매체와 전통적인 방송매체의 역할에 관심을 기울였다. 미디어 학계에서 핵심 원리 중 하나는 참여 미디어 개념이었다. 참여 미디어는 대중매체가 홍보하는 아이디어 또는 정보에 대해 반박하기 위해 미디어를 활용하는 사람들의 역할을 의미했다. 일반적으로 대중 또는 방송 매체는 라디오, 텔레비전 또는 인쇄물로 정의되며, 이를 통해 정보, 엔터테인먼트, 의견 및/또는 정치적 메시지가 하나의 지배적인 매체 형태(예, 라디오)에서 주요 '대중'에게 전송된다. 미디어에 관한 주요 사상가인 Enzenberger(1970)는 미디어가 대중 정보 전달을 위한 수단뿐만이 아니라 사회에서 시민들의 전적인 참여를 이끌어 낼 수 있어야 한다고 주장했다. '참여 미디어' 개념은 웹 2.0 사고로 미디어 학계를 이끌었다. 서비스 제공 및 사용자가 생성한 콘텐츠를 게시할 수 있는 기능과 같은 웹 2.0 관행은 텔레비전 또는 라디오로는 불가능했던 방법으로 참여 미디어를 실현할 수단으로 간주되었다. 컴퓨터를 가지고 있고 인터넷에 접속할 수 있는 사람이라면 그들 자신만의 블로그를 생성하고, 다른 사람이 만든 블로그에 게시하거나 하나 이상의 블로그를 연결할 수 있었다. 그들은 사실 그들만의 미디어 제작에 '참여'할 수 있었다.

웹 2.0이 텔레비전, 라디오 및 신문과 같은 보다 전통적인 미디어와 함께 미디어 환경에 뿌리내리게 되면서 미디어 학자들은 참여 미디어가 아니라 '새로운' 형태로서 웹 미디어의 가능성에 대해 이야기하기 시작했다. 이는 새로운 웹 미디어가 텍스트, 오디오, 사진 및 비디오를 조합해 스스로 창조하고, 온라인에 스스로 게시하도록 사람들을 참여시키기 때문이다. 이러한 관점에서 미디어는 참여적인 것이라기보다는 '새로운' 것에 가까웠다. 사람들은 자신들만의 디지털 미디어 표현을 창조할 수 있다. 하지만, 공유 링크와 댓글을 생성하는 방식으로 다른 사람들과 쉽게 의사소통할 수 있는 새로운 미디어의 기능이 미디어 연구에 대한 사고를 낳았다. 따라서 '새로운 미디어'라는 아이디어는 '집단 지성'이라는 개념과 합쳐진다. 유명한 미디어 학자인 Henry Jenkins(2006)가 제안한 집단 지성은 새로운 미디어 개념과 관련이 있었다. 집단 지성이 '네트워크로 연결된' 공동체 내에서 사람들의 활동을 가능하게 해 '그들 개개인의 총합보다 클 뿐만 아니라 지속적인 참여를 통해 성장, 진화 및 집단적으로 학습하는 지식 체계'를 개발하기 때문이다(Flew, 2014, p. 79). 웹 기반 집단 지성의 예에는 Wikipedia 및 유튜브가 포함된다.

집단 지성은 소셜 미디어에 대한 문화적 레퍼토리를 제공했다. 사람들이 서로 간에 연결을 생성할 수 있는 기술적 역량(예, 영구적인 링크를 사용)이 실현되면서 사회적 참여를 주로 서비스 기능으로 제공하는 새로운 사이트가 생겼다. 사회적 참여는 시간과 거리를 넘어 많은 사람들이 접근 가능하고 검색 가능한 정보를 호스팅하겠다는 웹의 원래 목표와는 극명한 대조를 이룬다. '읽기-전용' 데이터를 호스팅하는 대신 웹은 자신이 기록한 작품, 비디오 영상 및 사진을 게시하는 방법으로 자신들만의 콘텐츠를 생성하는 사람들까지 포용하도록 진화했다. 개인화된 디지털 콘텐츠에 댓글을 달고 추가로 공유함으로써 사회적 네트워킹이 가능해졌고, 그에 따라 페이스북과 같은 유명한 소셜 미디어가 탄생하게 되었다. 웹 1.0과 웹 2.0 사이의 세대 간 차이는 읽기 전용 버전의 웹이 아이들이 학습하는 *내용*에서 아이들이 학습하는 *방법*으로의 변화를 위해 관심을 끌었다는 교육 연구가 나와 있다(Lankshear & Knobel, 2006). 디지털 미디어가 스스로 창조되고 널리 공유될 수 있기 때문에 디지털 시대에 아이들의 학습 요구가 다시 한 번 고려의 대상이 되었다(예, Burnett & Merchant, 2015).

소셜 서비스에 대한 관심은 액세스 가능한 정보를 만들고 네트워크로 연결하겠다는 웹 1.0의 원래 목표와 극명하게 대조된다. 소셜 미디어 사이트를 통해 사람들은 자신이 기록한 작품, 비디오 영상 및 사진을 게시하는 방법으로 자신들만의 콘텐츠를 생성할 수 있게 되었다. 개인화된 디지털 콘텐츠에 댓글을 달고 추가로 공유함으로써 사회적 네트워킹이 가능해졌고, 그에 따라 페이스북과 같은 유명한 소셜 미디어가 탄생하게 되었다. 웹 1.0과 웹 2.0은 질적으로 다른 디지털 관행과 목적으로 특징지어졌다. 웹 1.0은 읽기 전용 정보 저장소로 간주된 반면 웹 2.0은 집단적으로 생성한 여러 형태의 콘텐츠를 소비 및 공유하기 위한 유명한 장소가 되었다(Greenhow, Robelia, & Hughes, 2009). 즉각적으로 생성 및 공유되는 콘텐츠는 언론, 라디오 및 영화를 통해 상업적으로 수행되는 '비공식적인' 공공 지침 프로그램과 비슷한 특징을 가지는 것으로 간주할 수 있다. 이는 처음에 '공식적' 또는 국가 교육 프로그램과 경쟁 관계에 있는 것으로 McLuhan(1951)이 확인했다. 교육계에서 집단적으로 생성된 여러 가지 방식의 콘텐츠를 공유할 수 있는 역량은 소셜 미디어를 소비하고 소셜 미디어에 기여하는 아이들의 요구를 충족시키기 위한 '새로운 학습' 및 '새로운 문해 능력' 요구에 반영되었다(The New London Group, 1996). 하지만, 아마도 전통적인 문해 능력에 대한 발달적 위상 때문에 교육가들이 유아들의 삶에서 늘어나는 소셜 미디어의 존재를 활용하는 데 도움이 되는 놀이에 기반을 둔 학습 운동은 일어나지 않았다(Edwards *et al.*, 2015).

확산 가능한 미디어

웹 2.0을 통한 소셜 미디어의 증가는 일부 저자들이 '새로운 뉴미디어의 확산'이라고 묘사하는 것으로 여겨진다(Levinson, 2019). '새로운 뉴미디어'는 '수렴'의 개념을 포괄한다(Lash, 2007). 수렴은 특정 미디어에 접속하고 이를 활용하기 위해 사용하는 기술과 미디어 자체의 경계가 점차 흐려진다는 아이디어를 반영한다. 예를 들어, 스마트폰은 사진을 촬영하고 비디오 영상을 기록하는 데 사용되는 동시에 게시, 공유 및 댓글 달기를 위해 소셜 미디어에 즉각적으로 액세스할 수 있게 해준다. Edwards(2013)는 수렴을 확대되는 유아 디지털 놀이의 특징으로 간주했고, 게임하기 위한 기술의 사용과 디지털 미디어를 활용하기 위한 테크놀로지 사용을 구별하는 것이 날로 해석하기 어려워지고 있다고 주장했다. 일반적으로 수렴의 결과는 일상생활에서 테크놀로지와 디지털 미디어의 편재(유비쿼터스)이다. Jenkins(2006)가 처음으로 트랜스미디어의 관점에서 유비쿼터스 테크놀로지와 디지털 미디어의 영향을 묘사했다. 트랜스미디어는 일상적으로 사람들이 이용 가능한 여러 가지 형태의 미디어를 말한다. 여기에는 텔레비전, 라디오, 온라인 비디오, 전통적인 텍스트와 디지털 텍스트가 포함된다. 트랜스미디어 스토리텔링은 미디어 소비에서 유아를 포함한 현대 소비자들을 참여시키기 위해 자주 사용하는 전략이다. Edwards(2014)의 연구에 따르면, 유아는 온라인 비디오, 텔레비전, 책, 게임 및 앱을 포함하는 미디어에서 진흙탕으로 뛰어드는 페파 피그(Peppa Pig)의 이야기를 따라갈 수 있다.

따라서 '새로운 뉴미디어'는 소셜 미디어 사용을 통해 발현되는 수렴과 집단 지성 사이의 변증법적 관계를 압축한다.

최근에 Jenkins, Ford, & Green(2013)은 확산 가능 미디어라는 개념을 제시했다. 확산 가능 미디어는 소셜 미디어 사이트의 '좋아요'와 '공유'라는 일반적인 기능과 사람들이 공유된 미디어를 개발, 생성 및 '매시업' 할 수 있는 기능을 개념화한다. Jenkins 등은 확산 가능 미디어라는 개념이 최근에 웹에서 가장 많이 언급되었다고 주장한다. 확산 가능 미디어가 온라인과 오프라인에서 수행된 많은 대화와 여러 플랫폼 전반에서 사람들의 정보 사용을 따라가기 때문이다. 문화적, 비판적 관점에서 볼 때 확산 가능 미디어는 본질적으로 나쁜 것도 좋은 것도 아니다. 그보다 Jenkins 등과 마찬가지로 이 책에서는 확산 가능 미디어가 이용 가능한 기술의 사용에 따른 문화적 관행의 발현이라고 주장한다. 진화하는 웹 기술은 특정 목적에 따라 사람들에 의해 발전되고, 조정되고, 함께 선택되어 왔다. Jenkins 등은 사람들이 항상 스크랩북, 재방송 라디오 방송 및/또는 배포되는 신문 스크랩을 통해 미디어를 공유해 왔다고 주장한다. 하지만, 이러한 측면에서 테크놀로지가 주로 기여하는 바는 시간과 공간을 넘어 미디어 공유를 크게 앞당기는 정도에 있다.

Jenkins 등이 일상생활에서 확산 가능 미디어의 편재를 인정하기는 했지만, 다른 비평가들은 확산 가능 미디어가 개인적, 시민적, 문화적 참여와 성장에 미치는 영향에 관심을 기울인다. 예를 들어, 현재 연구자들은 정체성 형성, 사생활 문제, 정치적 참여, '고 펀드 미Go fund me'와 같은 플랫폼을 통한 모금까지, 확산 가능 미디어의 역할에 관한 질문을 적극적으로 다룬다(Baym & Boyd, 2012). 이 목록에서 첫 번째와 두 번째 문제는 유아들의 삶과 가장 큰 관련이 있다. 유아들의 영상과 경험이 부모들에 의해 때로는 교육자에 의해 소셜 미디어에 공유되기 때문이다(Feeney & Freeman, 2015).

확산 가능 미디어와 관련해 디지털 시대에 중요한 고려 사항은 사람들이 일상적으로 미디어 활동에 노출되는 방법과 대상을 결정짓는 알고리즘의 역할이다. Beer(2009)는 알고리즘이 사람들이 확산 가능 미디어와 상호 작용하는 동안 노출되는 정보의 흐름을 어떻게 규정짓는지를 설명한다. 일반적으로 '당신을 위한 추천'으로 제공되는 알고리즘은 사용자가 거의 알아차리지 못하는 서비스를 제공하는 기술이 단계별로 따르는 지침이다. 페이스북을 이용하는 성인의 경우, 이는 친척이 가는 헬스장 게시물에 한두 번 좋아요를 클릭한 후 헬스장 광고가 갑자기 표시되는 것일 수 있다. 유아들에게는 인기 있는 만들기 프로그램 '미스터 메이커Mister Maker' 에피소드를 여러 번 시청한 후 비슷한 동영상이 추천되는 것일 수 있다. Beer(2009)는 확산 가능 미디어가 사실 사람들을 점진적으로 온라인에 노출시키고 알아차리지 못하는 사이에 사람들의 세계관과 지식을 규정짓는 방식으로 우리의 일상생활에 스며들고 있다고 주장한다. 그는 소셜 미디어 및 알고리즘에 대한 자신의 연구조차도 아이러니하게 이러한 과정에 의해 어떻게 규정되는지를 보고하고 자신의 연구를 위해 수행한 문헌 조사가 알고리즘에 의존하고 있고 인용한 책들조차도 Amazon의 '당신을 위한 추천' 목록에 표시된 것이라고 지적했다. 웹 2.0은 Beer(2009)에 따르면 디지털에서 혹은 사람들에 의해 지식이 사용되고, 도용되고, 재구성되는 방법을 고려해야 한다.

> 웹 2.0 기술이 사용자들의 삶 속에 존재하는 기술을 클로즈업한다는 점은 분명하다. 웹 2.0을 정의하는 참여와 협력이

> 라는 행위는 정보를 생성하는데, 민감하고 사적인 정보가 정렬 및 좋아요 같은 알고리즘 프로세스에서 수집되고 사용된다. 데이터가 '우리를 찾아오는 것(Lash, 2007)처럼, 우리가 조우하고 결과적으로 세계를 경험하고 보는 것은 알고리즘 정렬과 필터링을 통해 규정된다.
>
> (*p. 998*)

확산 가능 소셜 미디어는 디지털 시대의 유아 놀이 및 학습에서 새로운 요구 사항을 제안한다. 첫째, 확산 가능 미디어는 실제로 활용된다. 호주 연구에 따르면, 생후부터 5세까지의 유아는 디지털 미디어에 접속하는 데 일반적으로 터치스크린을 사용한다(Nansen, 2015). 이러한 사용 중에서 유튜브 키즈YouTube Kids와 같이 유아들을 대상으로 하는 소셜 미디어가 지배적일 가능성이 있다. 어렸을 때부터 소비가 알고리즘에 의해 규정될 가능성이 있다. 둘째, 확산 가능 미디어의 구조를 이해하는 데 있어 아이들을 참여시키는 학습과 확산 가능 미디어가 사람들의 미디어 경험을 규정짓는 방법에 대한 우려이다. 모든 사람들이 동일한 미디어를 경험하는 것은 아니다. 유아들의 경우 확산 가능 미디어 활용과 미디어 구조에 대한 학습이 사회적 의사소통을 가능하게 하는 상호 연결된 네트워크로서 인터넷과 월드와이드웹의 개념화를 추정한다. 유아기에 새로운 놀이와 학습이 알고리즘의 개념을 즉각적으로 다루지 않을 수 있지만, 이후 소셜 미디어 학습을 위한 토대로서 유아들이 인터넷을 이해하는 방법과 대상 용이화에 점점 더 많은 관심을 기울여야 한다. 인터넷 개념에 대한 유아의 교육학적 발달에 대한 연구는 여전히 제한적이다. Chaudron(2015)은 유아들이 온라인에 있을 때 '거의 자각하지 못한다'고 주장한다. Edwards

외(2016)는 Vygotsky(1987)의 연구를 따라, 유아들이 일상적인 인터넷 개념, 예를 들어, 자신과 가족 구성원들이 인터넷을 사용하는 목적 등을 이해할 수 있음을 보여 주었다. 그들은 유아교육 환경에서 놀이에 기반을 둔 과학 교육처럼, 일상적인 인터넷에 대한 유아들의 개념이 Vygotsky(1987)가 '성숙한 개념'이라고 묘사하는 것으로의 발전을 용이하게 할 수 있다고 주장한다. 아이들이 학문적 설명 또는 특정 현상과 관련해 일상의 개념을 이해하도록 지원하기 때문에 성숙한 개념은 권장된다. 디지털 시대에 이는 아이들이 사회적 목적의 네트워크로 연결된 테크놀로지의 속성을 이해하도록 지원하기 때문에 인터넷에 대한 유아들의 놀이 기반 학습 기회와 관련이 있다.

시맨틱 웹과 사물인터넷

웹 2.0 다음에는 시맨틱 웹과 사물인터넷(IoT)에 관한 논의이다. 시맨틱 웹과 사물인터넷 모두 일상생활 활동에 지속적인 기술과 정보의 통합을 이야기한다. 시맨틱 웹은 연결된 데이터가 나열되고 공유된 데이터보다 더 강력하다는 아이디어에 근거를 둔다. 웹 2.0은 게시 및 공유된 데이터를 사용해 작동한다. 인터넷상의 컴퓨터는 HTTPHypertext Transfer Protocol을 사용해 서로 통신한다. HTTP는 언어 구문과 같다. HTTP는 컴퓨터가 사람들에 의해 게시 및 공유된 장소를 이해하도록 컴퓨터를 돕는다. 하지만, 시맨틱 웹은 컴퓨터가 웹에 게시된 정보의 *콘텐츠*를 이해하도록 돕는다. 시맨틱 웹은 의미를 이해하기 위해 노력하는 것이다. 현재 검색 엔진은 단어와 구에 따라 반응하는 반면, 시맨틱 웹은 의미의 형태로 데이터 간의 관계를 형성하고 표시하는 데 방향이 맞춰져 있다.

컴퓨터가 의미의 측면에서 데이터를 연결할 수 있으면, 컴퓨터는 사람들이 사용할 더 큰 데이터베이스를 생성할 수 있다. 예를 들어, Google에서 '테크놀로지와 유아'라는 용어를 검색하면 처음 3개의 결과물로 기술 및 유아에 대한 미국유아교육협회(NAEYC)의 입장 전문이 표시된다. 이 정보는 유용하지만, Beer(2009)가 기술한 것처럼, 사람들이 '유아와 테크놀로지'라는 주제에 대한 다른 사고방식을 인식하지 못하는 방식으로 사람들의 지식 생태계를 규정짓는 데 영향을 미친다. 하지만, 시맨틱 웹을 사용하면 이러한 용어 검색 시 제3세계와 선진국의 유아 테크놀로지 사용과 관련해 연결된 데이터를 제공할 수 있다. 연결된 데이터는 게시된 데이터보다 더 강력한 것으로 간주되는데, 사람들의 검색 프로세스를 통해 시작할 수 있는 것을 넘어 탐색할 수 있도록 새로운 관계를 형성하기 때문이다. 이렇게 하면 '유아 및 테크놀로지'라는 주제는 미국유아교육협회의 입장 전문을 포함하는 것이 아니라 제3세계와 선진국에서 테크놀로지 사용이 어떻게 이루어지고 있는지에 대한 통찰력을 제공한다. 하지만, 테크놀로지로 형성된 지식 생태계에 산다는 것은 시맨틱 웹에 의해 반드시 중복되는 것만이 아니라 이용 가능한 지식이 잠재적으로 더 큰 깊이와 일관성으로 생성됨을 의미한다. 디지털 시대에 비판적 지식 기술의 필요성은 웹 2.0인지 시맨틱 웹인지의 여부와 관계없이 기술과 정보 및 데이터와 관련된 사고의 수단 진화에 부합하며, 이를 유아들에게 어떻게 가르치고, 유아들이 어떻게 학습하고, 어떻게 발전하는가에 대한 질문을 삭제한다. 다시 말해 초기에 인터넷에 대한 유아의 개념 발달과 관련이 있다.

사물인터넷은 한때 완전히 아날로그였던 것을 디지털이 점차 포괄하게 된 것을 의미한다. 사물인터넷은 Radio Frequency ID(RFID) 칩이라 불리는 기술을 사용해 작동한다. RFID 칩은 인터넷 주소와 같은 것으로 이를 인터넷에 연결하는 신호를 방출한다. 기술적으로 RFID는 말 그대로 어떤 사물에 부착할 수 있을 정도로 작고 휴대성이 뛰어나다. 이는 냉난방장치, 옷, 장난감, 자동차와 같이 일상생활에서 공통적으로 물건 즉, '사물'이 모두 인터넷에 연결되어 사물인터넷이 될 수 있음을 의미한다. Plowman(2015)은 유아의 테크놀로지 활용에서 사물인터넷이 미치는 영향에 관심을 가진 첫 번째 유아교육 학자들 중 한 명이다. 그녀는 장난감과 같이 일반적으로 사용되는 유아의 물건에 사물인터넷이 포함되면 온라인이든 오프라인이든 유아의 기술 활용에 대한 '일차원적인' 설명을 재고해야 한다고 주장했다. 대신 Plowman은 '행동, 사람 및 사물 간의 관계에 대해 다르게 생각하도록 경계선 없이 보다 유연하고, 보다 새롭고, 여러 확장이 가능한 이해'(p. 191)를 권장한다. Plowman은 한발 더 나아가 사물인터넷의 출현이 항상 공유되지만, 구별되고 개별적인 행위자와 멀리 떨어진 것이 아니라 소재 기술의 작용으로 인해 위치하고, 구현되고, 영향을 받았을 가능성이 있는 문화적 맥락에 대한 인식을 촉진한다고 주장한다. 문화적 맥락을 특정 순간의 관계 속에 다양한 실이 짜여진 것으로 가장 잘 묘사할 수 있다는 Cole(1996)의 주장이 여기서 훨씬 더 많은 것을 제안한다.

이러한 유연한 개념은 사물인터넷에 대한 사고를 보다 광의적으로 나타내며, 디지털과 비디지털 사이의 경계가 점점 더 거의 존재하지 않게 된다고 간주한다. 정보가 일상생활 속으로 스며든다는 Beer(2009)의 아이디어처럼, 인터넷 철학자인 Floridi(2007)는 사물인터넷이 새로운 정보 생태계에 기여하는 방법을 설명한다. 새로운 정보 생태계에서 사람들은 항상 여러 가지 목적으로 데이터를 생성하고, 데이터에 연결되고, 데이터를 사용한다. 이러한 목적은 매일의 임무를 완료하기 위한 '로봇'(예, 식기세척기) 사용부터 새로운 디지털 연구를 생성하기 위해 온라인 검색 엔진을 통한 정보 검색 및 추출과 같이 인지적으로 복잡한 일에 이르기까지 다양하다. Manches, Duncan, Plowman, & Sabeti(2015)는 사물인터넷 장난감이 유아의 물리적 도구를 디지털에 통합하는 방식으로 디즈니 인피니티Disney Infinity와 스카이랜더스Skylanders 캐릭터를 화면 속에서 살아나게 한 방법을 설명한다. Floridi(2007)는 이러한 새로운 정보 생태계를 '인포스피어'라고 부르며, 인포스피어가 현실의 속성으로 출현했거나 세계에 대해 사람들이 가지고 있는 존재론적인 관점이 디지털화된 정보에 대한 즉각적인 접속을 통해 점진적으로 재형성된다고 주장한다. Floridi(2007)에 따르면, 환경의 '재존재론화'는 사람들이 이제 사이보그가 되는 것처럼 인포그가 될 가능성이 있다는 의미이다.

> 내가 염두에 두고 있는 것은 대리인이 된다는 것이 의미하는 바에 대한 개념에서 더 조용하고, 덜 감각적이지만, 매우 중요하고 심오한 변화이다. 우리는 모두 연결된 정보 *유기체*(인포그)가 되어 가고 있다. 이는 우리 몸의 비현실적인 변혁이 아니라 보다 현실적인 환경과 우리 자신의 재존재론화를 통해서 일어나고 있다.
>
> (*p. 62*)

따라서 시맨틱 웹과 사물인터넷 모두 디지털 시대에서 유아가 성장하는 세계의 속성에 영향을 미친다. 일상생활 속으로 스며드는 정보, 대리 역할을 하는 테크놀로지, 연결된 데이터를 생성하고 접속을 제공하는 시맨틱 웹과 사물인터넷 속에서 삶의 경험 모두 유아의 *테크놀로*

*지 사용*만을 다루는 기술, 개인 및 문화적 맥락 간의 새로운 정보 및 지식 패턴이, 유아의 삶과 문화적 요구에서 날로 충분하지 않을 것임을 의미한다. 대신 유아교육 분야에서 사회의 기술과 유아의 기술 활용에 대한 새로운 사고방식이 교육자, 연구자, 정책입안자 및 정책결정자 모두에게 필요하다. 이러한 발전 기술이 적용되는 방법이나 무언가를 위해 적용될 수 있는 것이 아니라 디지털 시대의 일상생활에 필요한 기술과 이해의 발전에 초점을 맞추어야 한다는 것이 이 책의 주장이다. 이 책에서 주장하는 이러한 새로운 이해는 네트워크로 연결된 기술과 유아기에 월드와이드웹의 사회적 차원에 대한 유아의 개념화 발달을 의미한다. 과거에는 유아에 대한 이러한 이해가 필요하지 않았지만, 현재 이러한 이해는 확산 가능 미디어 및/또는 사물인터넷을 활용할 가능성이 높은 세계에 참여하기 위해서는 매우 중요하다.

나가며

이 장을 마무리하면서 디지털 시대 유아의 놀이와 학습을 상호 연결된 테크놀로지의 광의적인 문화적 사용과 적용에서 살펴본다. 상호 연결된 테크놀로지는 정보 저장, 검색, 표시 및 공유할 수 있는 중요한 기능과 더불어 사람들 사이의 분산된 통신을 가능하게 한다. 사물인터넷은 유아의 가족, 공동체, 교육 환경 경험 속에서 유아들의 일상생활 전반에서 컴퓨터에서 사물, 행동으로 정보의 집합, 보관, 분석을 확대한다. 시맨틱 웹은 개인과 지식 간의 관계와 앎과 학습 행위에 관한 질문을 제기한다. 이러한 혁신은 디지털 시대 유아 학습에 대한 사고가, 기술과의 조우가 '무엇을, 언제, 어떻게, 어떤 결과'를 가져오느냐 하는 것에서, 디지털 시대에 유아가 정보에 기반하여 참여하기 위해 필요한 네트워크로 연결된 지식 구축을 위해 맥락, 역할, 활용 형태 및 테크놀로지 사용을 고려하는 디지털 시대에 대한 보다 문화 중심적이고 비판적인 테크놀로지 활용으로 전환되어야 함을 의미한다.

참고문헌

Abelson, R. (2000, 8 November). Technology; pets.com, sock puppet's home, will close. *New York Times*. Retrieved from www.nytimes.com/2000/11/08/business/technology-petscom-sock-puppet-s-home-will-close.html.

Baran, P. (1962). *On distributed communications networks*. Santa Monica, CA: RAND Corporation.

Baym, N. K., & Boyd, D. (2012). Socially mediated publicness: an introduction. *Journal of Broadcasting & Electronic Media, 56*(3), 320–329. doi: 10.1080/08838151.2012.705200.

Beer, D. (2009). Power through the algorithm? Participatory web cultures and the technological unconscious. *New Media & Society, 11*, 985–1002. doi: 10.1177/1461444809336551.

Berners-Lee, T. (1989). Hypertext and CERN. Retrieved from www.w3.org/Administration/HTandCERN.txt.

Burnett, C., & Merchant, G. (2015). The challenge of 21st century literacies. *Journal of Adolescent and Adult Literacy, 59*(3), 271–274.

Chaudron, S. (2015). Young children (0–8) and digital technology: a qualitative exploratory study across seven countries. Luxembourg: Publications Office of the European Union. Retrieved from http://publications.jrc.ec.europa.eu/repository/handle/JRC93239.

Cole, M. (1996). *Cultural psychology: a once and future discipline*. Cambridge, MA: Harvard University Press.

Edwards, S. (2013). Digital play in the early years: a contextual response to the problem of integrating digital technologies and play-based learning in the early childhood curriculum. *European Early Childhood Education Research Journal, 21*(2), 199–212.

Edwards, S. (2014). Towards contemporary play: sociocultural theory and the digital-consumerist context. *Journal of Early Childhood Research, 12*(3), 219–233.

Edwards, S., Nuttall, J., Lee, S., Wood, L., Mantilla, A., & Grieshaber, S. (2015). Digital play: what do teachers see? In S. Bulfin, N. Johnson, & C. Bigum (Eds.), *Critical perspectives on education and technology* (pp. 69–84). New York, NY: Palgrave Macmillan.

Edwards, S., Nolan, A., Henderson, M., Mantilla, A., Plowman, L., & Skouteris, H. (2016). Young children's everyday concepts about the internet: implications for cyber-safety education in the early years. *British Journal of Educational Technology*. doi: 10.1111/bjet.12529.

Enzenberger, H. (1970). Constituents of a theory of the media. *New Left Review, 64*, 13–36.

Feeney, S., & Freeman, N. K. (2015). Smartphones and social media: ethical implications for educators. *YC Young Children, 70*(1), 98–101.

Flew, T. (2014). *New media* (4th edn). Oxford: Oxford University Press.

Floridi, L. (2007). A look into the future impact of ICT on our lives. *The Information Society, 23*(1), 59–64.

Greenhow, C., Robelia, B., & Hughes, J. E. (2009). Learning, teaching, and scholarship in a digital age Web 2.0 and classroom research: what path should we take now? *Educational researcher, 38*(4), 246–259.

Hauben, M., & Hauben, R. (1998). Netizens: on the history and impact of Usenet and the Internet. *First Monday, 3*(7).

Jenkins, H. (2006). *Convergence culture: where old and new media collide*. New York, NY: New York University Press.

Jenkins, H., Ford, S., & Green, J. (2013). *Spreadable media: creating value and meaning in a networked culture*. New York, NY: New York University Press.

Lankshear, C., & Knobel, M. (2006). Researching new literacies: Web 2.0 practices and insider perspectives. *E-Learning, 4*(3), 224–240.

Lash, S. (2007). 'New new media ontology'. Presentation at Toward a Social Science of Web 2.0, National Science Learning Centre, York, UK, 5 September.

Levinson, P. (2009). *New new media*. Boston: Allyn & Bacon.

Manches, A., Duncan, P., Plowman, L., & Sabeti, S. (2015). Three questions about the Internet of things and children. *Tech Trends, 59*(1), 76–78.

Masuda, Y. (1980). *The information society as post-industrial society*. Tokyo: Institute for the Information Society.

McLuhan, M. (1951). *The mechanical bride: folklore of industrial man*. Boston: Beacon Press.

Moon, J., & Kim, Y. (2001). Extending the TAM for a World Wide Web context. *Information and Management, 38*, 217–230.

Nansen, B. (2015). Accidental, assisted, automated: an emerging repertoire of infant mobile media techniques. *M/C Journal, 18*(5).

O'Reilly, T. (2005, 30 September). *What is Web 2.0? Design patterns and business models for the next generation of software*. Retrieved from www.oreilly.com/pub/a//web2/archive/what-is-web-20.html.

Plowman, L. (2015). Rethinking context: digital technologies and children's everyday lives. *Children's Geographies, 14*(2), 190–202.

Rosenzweig, R. (1998). Wizards, bureaucrats, warriors and hackers: writing the history of the internet. *The American Historical Review, 103*(5), 1530–1552.

The New London Group (1996). A pedagogy of multiliteracies: designing social futures. *Harvard Educational Review, 66*(1), 60–93. doi: 10.17763/haer.66.1.17370n67v22j160u.

Vygotsky, L. S. (1987). Problems of general psychology. In R. Rieber, A. Carton, & N. Minick (Eds.), *The collected works of L. S. Vygotsky* (Vol. 1). New York, NY: Plenum Press.

Williams, R. (1958). Culture is ordinary. In J. Higgins (Ed.) (2001), *The Raymond Williams reader* (pp. 10–25). Oxford: Blackwell.

제2부
놀이와 학습

제2부는 유년기 연구와 이론에서 중점적 유아의 경험–놀이와 학습, 두 영역에 관한 것이다. 이 책에서 계속된 문화비평 관점으로 학습에 관한 사고방식을 살펴본다. 현재 맥락에서 학습에 대해 이해하기, 또 테크놀로지가 학습에 부른 결과에 대한 개념을 짚어 본다. 교육자와 정책입안자, 그리고 부모가 유아의 삶에서 디지털 자원과 활동이 서야 할 자리를 논할 때 자주 테크놀로지의 무한 잠재력을 거론한다. 제4장은 이 잠재력 의존에 대한 도전으로 시작한다. 학습과학은 맥락에서 배우기와 문제 관련 학습을 강조하며 다학문적 접근을 한다. 이 학습과학 접근 방식으로 디지털 시대 놀이와 학습을 이해하도록 제안한다. 제5장은 디지털 놀이 개념의 등장에 대한 것이다. 디지털 놀이라는 새로운 생각에 주목하기 전에 먼저 디지털 테크놀로지를 가지고 놀기에 여러모로 전통 놀이 개념을 적용하는 것을 시도한다. 아동 디지털 놀이의 문화적 의미를 집중 조명하고 유아의 일상 경험에서 디지털과 비디지털 놀이의 융합을 관찰한다.

4
학습과 테크놀로지

들어가며

아동의 학습에 변화를 불러올, 자주 언급된 바 있는 테크놀로지의 '잠재성'을 비판적 관점에서 접근하는 것으로 본 장을 시작한다. 특히 Alan Kay의 작업으로 알려진 학습과학이 디지털 시대 유아 학습을 이해하기 위한 틀을 제시하기 위하여 가져 온 가치의 이해와 고려에 앞서 테크놀로지 잠재력을 향한 결정론적 예비교육에 반대하는 대비책으로 우리는 문화비평 관점을 추구한다.

디지털 잠재력에 관한 가정

디지털 시대 유아의 학습은 유아 학습이 새롭고 더욱 효과적으로 일어나기 위한 테크놀로지의 잠재력에 관한 가정들과 종종 연관되어 왔다. 테크놀로지와 학습 사이의 가정된 관계는 원인과 결과의 기술결정론적 개념을 논리적으로 반영하는 듯하다. 여기서 테크놀로지 그 자체는 아동의 학습을 예고할 수 있는 태생적 힘을 지니고 있는 것으로 보고서에 자주 묘사되어 왔다. 예를 보자.

> Vernadakis, Avergerrinos, Tsitskri, & Zachopoulou(2005)는 이전 연구들을 살펴보며 유아교육 현장에서 컴퓨터 조력지도(CAI)는 테크놀로지에 더욱 접촉 가능해지므로 인해 긍정적이다. CAI는 유아가 자연스럽게 배우는 방식을 지지하는 그림과 소리를 제공한다. 이런 학습 과정에 속하는 것은 직접적으로 동기와 결부된다. Haugland(1999) 연구는 유치원과 학령 아동이 컴퓨터를 사용하였을 때 동기가 배가됨을 보여 준 바 있다.
>
> (*Couse & Chen, 2010, p. 76*)

Flewitt, Messer, & Kucirkova(2015) 연구도 마찬가지이다.

> 음운 인식, 단어 학습, 독해, 언어 발달 등 교육과 학습에서 새로운 테크놀로지가 가지는 잠재력에 대한 증거들을 모으는 실증적인 연구들이 시작되었다.
>
> (*Burnett, 2010; Burnett 외(2012)를 언급한 Flewitt 외의 연구, 2015, p. 4*)

유아의 학습을 강화하는 데 있어서 테크놀로지가 가진 잠재력에 주목하는 것은 매력적이다. 첫째, 테크놀로지의 잠재력은 연구자들, 교사들, 정책입안자들이 디지털 시대의 필요성에 대응하는 한 가지 방법이 될 수 있다. 테크놀로지가 유아 학습을 강화할 수 있는 잠재력을 가지고 있다는 믿음이 있으면, 조기에 테크놀로지를 제공하는 것에 대한 정당성을 부여할 수 있다. 이러한 정당성은 유아교육 환경에서 테크놀로지의 역할에 대한 강한 반대(예, House, 2011)에 맞서는 과정에서 특히 중요할 수 있다. 그러한 반대의 예는 일반적으로 이후 제7장에서 살펴보게 될 도덕적 공황과 같은 영역에서 나타난다. 둘째, 유아는 테크놀로지에 매력을 느낀다. Stephen, McPake, Plowman, & Berch-Heyman(2008)에서는 테크놀로지가 아이들에게 아주 큰 매력을 가진다는 것을 보여 준다. 어린아이들은 종종 테크놀로지를 사용하면서 어른들이나, 자신보다 나이가 많은 아이들, 형제자매들을 관찰하고, 아주 당연하게도 테크놀로지와 어울리고 싶어 한다. 만약에 어른들이 '학습잠재력'이라는 측면에서 아이들에게 테크놀로지와 함께 어울리고 그것을 즐겁게 사용하는 것을 정당화할 수 있다면, 학습에 있어서 테크놀로지의 역할에 대한 교육학적인 근거를 수립하는 것이 보다 쉬워질 것이다. 셋째, 어른들은 테크놀로지를 이용해서 학습잠재력의 구현이라는 측면에서 아이들이 친숙하고 편안하게 여길 수 있는 디지털 콘텐츠를 만들어 낼 수 있다. 글이나 숫자 교육과 같은 전통적인 콘텐츠 영역에서도 아이들의 학습을 도와줄 수 있는 게임과 앱들이 개발되어 있는데, 그 안의 기능들은 크기, 모양, 수량, 색깔, 글자 인식과 같은 것들로서 테크놀로지를 통해서 아이들의 학습을 도와준다고 했을 때 일반적으로 생각할 수 있는 것들이다.

하지만 우리는 테크놀로지가 잠재력을 가졌다는 관점을 유아들에게는 곧바로 적용하는 것은 어려움이 있다고 생각한다. 이는 잠재력에 방점을 두어서 학습에 대한 책임을 테크놀로지에 전가하기 때문이다. 앞의 장에서 논의했듯이, 라디오에서부터 텔레비전, 그리고 이제는 디지털 미디어에 이르기까지 테크놀로지의 혁신은 학습에 있어서 좋은 것도 나쁜 것도 아니었다. 테크놀로지는 역사와 문화적 상황에 놓여 있었으며, 상황이라는 것은 사람들의 활동에 의해서 만들어진다. 문화적 상황을 적절하게 이해하려 하지 않고, 학습에 대한 책임을 테크놀로지에게 전부 떠맡기자는 주장은 유아교육에서 계속해서 반복되는 논리이다. 이 논리에서는 듣기 자료, 데스크톱 컴퓨터, 디지털 카메라, 또는 가장 최근에는 아이패드를 이용함으로써 유아의 교육이 바뀌게 될 것(Bebell & Pedulla, 2015)이라는 테크놀로지적인 가능성에 대해서 이야기를 한다. 유아교육에 있어서의 테크놀로지에 관한 문헌들을 종합적으로 검토한 연구에서 Bolstad(2004)는 이러한 테크놀로지의 잠재력이라는 생각에 대한 인식이 점차 확대되었다는 것을 확인했다. 그녀는 유아의 교육환경에서 테크놀로지가 활용되어 나타난 결과에 대한 실증적인 근거에 기반을 둔 문헌들보다는, 테크놀로지의 잠재력이 조기교육을 변형시킬 수 있다고 주장하는 문헌이 더 많다는 것을 발견했다. 10년 후인 2014년에 랜드연구소RAND Corporation에서 펴낸 보고서에서도 그러한 잠재력에 대한 주장이 여전히 제기되고 있다(Daughetty, Dossani, Johnson, & Oguz, 2014). RAND의 보고서는 테크놀로지의 잠재력이 학습에 기여를 '할 수 있다' 또는 '가능하다'는 기본적인 인식을 기반으로, 유아시절은 학습 테크놀로지를 발전시키는 데 있어서 중요한 시기이기도 하면서, 또한 테크놀로지 문해력을 강화하기에도 좋은 시기라고 주장한다. Turvey & Pachler(2016)는 교육환경에 학습 테크놀로지를 연계시키는 것에서 나타나는 분명하고도 자명한 이득이 있다는 주장을 문제점으로 인식하고, 그러한 테크놀로지가 이미 존재하는 교육업무에 심각하게 지장을 줄 수도 있다는 사실을 알리지 않은 채 '솔루션'의 형태로 학교에 판매되면서 생겨난다고 주장한다.

또한 학습에 대한 책임을 테크놀로지가 갖게 되면 아이들이 대화나 생각의 다른 패턴들을 인식하려 하는 대신에 게임과 앱을 사용하게 될 텐데, 그렇게 되면 이미 지식의 형태르 존재하는 가치관을 받아들이는 형태의 학습이 이루어질 것이다. 시맨틱 웹이나 사물인터넷도 마찬가지이다. 아이들이 교육환경에서 (그리고 가정에서) 접하게 되는 디지털 게임 콘텐츠의 상당수는 기존의 교육재료들로 경험하게 되는 것과 동일한 인지과정을 연습하고 연장하는 것들이다. 이런 게임들을 수행하면서, 아이들은 분류하고, 이름을 붙이고, 셈하고, 짝을 맞추고, 범주를 나눈다. 모두 중요한 과정들이지만, 일상 속에서 친숙한 의사소통 능력의 범위 내에서 테크놀로지와 디지털 미디어를 사용한다고 해서 아이들의 능력이 더 확장되는 것은 아니며, 테크놀로지가 관여한다고 해서 지식이 표현되는 방식에 대해서 생각해 본다거나 비판적인 능력을 만들어 내는 데에도 도움을 주지 않는다[예를 들면, 알고리즘에 의해 생성된 지식이 일상생활 속에 침투해 들어간다는 Beer(2009)의 개념이 있다].

나아가, 어쩌면 보다 중요할 수도 있는데, 학습에 대한 책임을 테크놀로지에게 지우자는 논의는 교육학적인 관점에서의 우려가 배제되는 측면이 있다. 교사와 행정가, 연구원, 그리고 정책 입안자들이 테크놀로지의 잠재력에 초점을 맞추는 이유 중의 하나는, 그렇게 하면 유아가 학습하는 방식을 이해해야 하는 수고를 덜어줄 수 있다는 데 있다. 이는 아이들과 어른들이 주어진 환경에서 테크놀로지를 이용해서 무엇을 어떻게 배워야 하는지보다는, 테크놀로지 자체가 주목의 대상이 되고 있기 때문이다. Edwards(2015)가 밝히고 있듯이, 테크놀로지를 접목해서 유아를 교육하는 새로운 교육학적 사고에 대한 필요성은 지난 수십 년 동안 유아관련 문헌에서 계속해서 우려되었다. 1970년대 말과 1980년대 초에 Kay & Goldberg(1977), 그리고 Papert(1980)의 연구에서는 유아가 테크놀로지로 학습할 수 있는 수단으로 컴퓨터 프로그래밍을 장려하기도 했다. 하지만 테크놀로지를 학습하는 것에 그치지 않고 컴퓨터 프로그래밍까지 활용한다면, 단언컨대 모양, 숫자, 글자에 대한 동일 개념의 기존 앱과는 다른 독특한 문제해결 활동을 하게 될 것이다. 1993년에는 Cuban(1993) 역시 아동의 교육을 보조하는 테크놀로지 안에 교육학적인 발달에 대한 고려가 결여되어 있다고 이야기한다.

Stephen & Plowman(2008)이 조기교육 환경에서 아이들이 디지털 테크놀로지를 접하게 될 때에 적절한 상호지도가 필요하다는 2008년의 예외적인 연구를 제외하면, 테크놀로지를 활용한 교육이라는 새로운 교육학적 분야에서는 거의 아무런 진전이 없었다. 자주 언급되는 *디지털 비기닝스Digital Beginnings*라는 보고서에서 Marsh를 비롯한 연구진들은 교육현장이 당면한 주요한 문제는 유아교육 환경에서 유아에게 컴퓨터와 디지털 미디어를 어떻게 사용할지에 대한 새로운 교육학적인 지식의 개발에 진전이 없는 것이라고 주장했다. 몇 년 뒤에도 변한 것은 거의 없었다. 호주에서는 Nicola Yelland(2011)가 테크놀로지를 활용한 유아학습에 대한 이해가 더 발전하지 않은 데 대해서 통탄을 했다. 한편, 미국에서는 디지털 시대에 대한 교사준비위원회에서 보고서(Barron *et al.*, 2011)가 하나 발간되었는데, 디지털 시대의 유아교육 교사들이 직면하고 있는 가장 시급한 과제는 바로 테크놀로지를 이용한 유아교육이라고 주장했다. 2012년에는, 유아교육을 위한 미국유아교육협회(NAEYC)가 내놓은 유년시절의 테크놀로지와 디지털 미디어에 관한 대차대조표를 보면, 테크놀로지를 활용한 유아학습 연구가 시급히 필요하다는 점을 보여 주고 있다. 그렇다면 학습강화에 대한 테크놀로지의 잠재력에 대한 결정론적인 관점이나, 또는 그것의 사용을 전적으로 거부하는 도덕적 공황이라는 입장은 제외하고, 연구자와 교육자, 그리고 정책입안자들은 디지털 시대 유아 학습 요구를 어떻게 이해하면 되는가?

테크놀로지에 대한 비판적 관점

교육과 사회에서의 테크놀로지에 관한 지도적 사상가인 Neil Selwyn은 기술결정론이라는 함정에 빠지지 않기 위해서는 테크놀로지와 학습에 관한 비판적인 관점이 필요하다고 말한다. 그는 테크놀로지라는 것은 '특정한 사회경제적 맥락이라는 배경 안에서 그 혁신을 이루어내는 것'이라는 비판적인 시각을 가지고 있다(Selwyn, 2010, p. 69). 그의 책을 통해서 우리는 테크놀로지 혁신을 문화 역사적인 측면에서 좀 더 바라볼 수 있다. 즉, 지식의 역할과 디지털 시대의 발전에 영향을 주는 사회경제적 맥락의 범위에 대해서 생각해 보게 되는데, 그중에는 산업주의에서 탈산업주의로의 이행, 인터넷의 발명에 있어서 냉전과 1960년대 반문화 운동의 영향, 이어진 세대의 닷컴 열풍과 웹 1.0에서부터 시맨틱 웹, 그리고 사물인터넷에 이르기까지의 '여러 버전'의 인터넷에 대해서 사고를 하게 된다. 이렇게까지 폭넓게 문화역사적인 연관성을 살펴보는 일은, 유아교육에 있어서의 테크놀로지에 관해서 다루는 텍스트에서는 일반적으로 고려하지는 않는 것들이다. 그러나 우리는 오늘날의 어린 학습자들이 자라나고 있는 디지털 시대가 어떻게, 왜 도래하게 되었는지를 연구자들과 교사들, 정책입안자들이 이해하는 데 있어서 폭넓은 사례들을 살펴보는 것이 매우 중요하다고 계속해서 주장하고 있다. 이는 현재의 환경은 언제나 과거의 행위들에 의해서 전해진 것이기 때문이다. 우리가 디지털의 시대가 어떤 시기들을 거쳐서 나타났는지를 알지 못하고 이해하지 못한다면, 디지털의 시대 유아 학습에 대해 고려해 보는 일이 왜 필요한지에 대해서도 알 수 없다. 예를 들면, 제3장에서 우리는 네트워크 테크놀로지의 기반에 대해서 이해하는 것이 디지털 시대의 유아에게 새로운 학습 요구 사항이 되었다고 언급했다. 오늘날의 어린아이들이 네트워크 컴퓨팅의 역사적인 혁신에 기댄 유튜브키즈와 같은 소셜미디어를 어떤 방식으로 접하고, 디즈니 인피니티와 스카이랜더스와 같은 사물인터넷 장난감을 어떻게 가지고 노는지를 이해하게 되면, 유아가 무엇을 어떻게 학습하고, 또 어른들은 아이들의 학습에 어떤 도움을 주어야 하는지에 대해서 이러한 테크놀로지들이 가진 의미를 비판적으로 생각해볼 수 있게 될 것이다.

Selwyn(2010)은 테크놀로지와 학습에 있어서 비판적인 관점을 갖기 위해서는 교육 테크놀로지에만 머무르지 말고 다른 분야의 문헌과 연구들을 깊이 들여다보아야 한다고 말한다. 사실, 그는 폭넓은 관점이 있어야 비판적 판단이 가능하다고 말하는데, 그렇게 하면 테크놀로지의 효용에 대해서도 인정할 수가 있고, 또 그가 '실제 상태'에 관한 질문이라고 부르는 것에도 집중해서 볼 수 있기 때문이다. Selwyn에게 실제 상태에 관한 질문이란, 학습에서의 변화를 일으키는 테크놀로지의 잠재력에 대한 것을 넘어서서, 대신에 사회경제적인 맥락에서 테크놀로지로 인해서 실제로 어떤 일들이 벌어지고 있는지를 생각해보는 것이다. 이런 방법으로, 연구자들, 공무원들, 교육자들은 어린아이들과 그 가족들, 그리고 교사들이 경험하는 역사적으로 형성된 '매일매일'이라는 맥락에서 테크놀로지의 역할에 대해서 보다 주의 깊게 집중할 수 있게 된다. 이 방법은 일상에서 테크놀로지가 어떻게 사용되는지를 살펴볼 것을 요청하는데, 이는 디지털 시대에서의 사회경제적인 기회와 도전과제들을 보다 잘 이해하기 위해서이며, 이 방법은 이 책을 뒷받침하는 문화적이며 비판적인 관점의 중심을 이룬다.

2015년 Edwards, Nuttall, Mantilla, Wood, 그리고 Griehaber는 테크놀로지 교육에 관한 Selwyn의 비판적인 관점을 유아교육에 있어서의 공통적인 문제에 적용을 했다. 그 문제란 전통적인 놀이 기반의 학습법과 테크놀로지적인 방법이 접목된 것에서 발생하는 것이었다. '실제 상태'에 관한 질문이라는 개념을 이용해서, 그들은 디지털 시대라는 커다란 맥락 안에서 그리고 자신들의 교실이라는 보다 국부적인 맥락 안에서 유아교육 교사들이 무엇을 놀이라고 인식하는지에 대해서 거의 관심을 기울이지 않았다고 주장한다. 세 명의 교사와 다섯 명의 취학 전 아동으로 이루어진 그룹과 가까이에서 연구한 그들은, 어린아이들에게 대표적인 '농장'과 '기차' 놀이 세트를 가지고 놀 수 있는 기회를 제공했는데, 전통적인 놀이 세트에서부터 디지털 놀이 세트에 이르기까지 연속적인 것들이 제공되었다(Marsh, 2010). 첫 번째 활동에서, 아이들은 특정한 브랜드가 없는 전통적인 농장과 기차 세트를 가지고 놀도록 했다. 그렇게 선정된 세트를 가지고 노는 아이들의 놀이는 비디오로 녹화되었다. 다음으로 아이들은 페파피그와 토마스와 친구들과 같은 브랜드가 있는 놀이기구를 가지고 놀도록 했다. 이번에도 놀이는 녹화되었다. 마지막으로, 아이들은 아이패드에 있는 페파피그와 토마스와 친구들 앱을 가지고 놀도록 했다. 역시 이번에도 아이들의 놀이는 녹화되었다. 이후에 각 활동에 대한 아이들의 놀이 영상을 자극회상 비디오 인터뷰 자리에서 교사들에게 각각 보여 주었다. 그리고 세 명의 교사 모두를 포함하는 표적집단 면접이 실시되었는데, 이 인터뷰에서는 세 명의 교사가 각 활동 영상을 보면서 보인 각자의 반응에 대해서도 반성적 사고를 한다. 연구결과, 교사들은 브랜드가 있는 놀이세트나 아이패드를 이용한 놀이보다 브랜드가 없는 농장과 기차 세트를 가지고 노는 것이 학습에 있어서 보다 가치가 있다고 생각한다는 것을 보여 주고 있다.

이 연구에 참여한 교사들은 브랜드 제품이나 디지털 기기를 이용한 놀이가 학습에 있어서 유용한 것이라고 생각하는 데 애를 먹었다.

반면 아이들이 후자의 두 활동에 참여하는 것에 있어서 아주 높은 참여도를 보인다는 것을 교사들은 알 수 있었다. 비록 교사들이 '그렇지만 그게 놀이인가요?'라고 묻긴 했지만 말이다. 이 연구보고서에서 Edwards를 비롯한 연구진들은 실제 상태에 초점을 맞춘다는 것은 디지털 놀이에 대한 교사들의 관점과 유아교육에서 테크놀로지를 사용하는 것에 대해 지속적인 관심을 갖기보다는 교사들이 교실 안에서 무엇을 '교육적인 놀이'라고 평가하고 있는지에 대해서 이해하는 것을 의미한다고 말한다. 어린아이들의 학습을 지원할 수 있는 테크놀로지의 잠재성을 장려하거나(예, Lee & O'Rouke, 2006), 교육학적인 관점에서 그러한 잠재력의 성취에 실패했음을 기술한(예, Blackwell, Lauricella, & Wartella, 2014) 기존의 연구들과는 대조적으로, Edwards를 비롯한 연구진들의 이 연구(2015)는 문제(테크놀로지가 수반되는 놀이를 통한 학습에서 놀이를 어떻게 구성해야 하는가 하는 질문에 대해서 교사들이 이해해야 하는 것)의 본질에 관한 새로운 통찰력을 제공해주었다. 그보다 앞서 동일한 주제를 탐구했던 Edwards, Nuttall, Mantilla, & Wood(2015)는 유아교육에 있어서 교사가 테크놀로지를 사용하는 데 있어서 얼마나 전문적으로 발달되어 있는가는 그다지 중요한 문제가 아니라고 주장했다. 한편 그들은 디지털을 이용한 놀이를 놀이의 범주에 포함하지 않았는데, 테크놀로지를 커리큘럼 안으로 통합하는 데 있어서 그다지 설득력을 가지지는 못하는 것 같다. Nuttall을 비롯한 연구진(2015)은 이런 상황이 나타나는 것은 실험에 참가했던 교사들이 놀이에 관한 전통적인 관점과 정의에 빠져 있기 때문이라고 주장하는데, 이러한 인식은 디지털 시대에 아이들의 새로운 참여활동이라는 측면에 비추어 볼 때 더 이상 큰 의미를 갖지 못한다고 한다(2015). 현실세계의 물건들을 활용하는 활동이 가치 있는 놀이라는 그들의 교육학적인 신념으로 인해서, '매력적인' 게임이나 활동으로 보일 수도 있는 것들을 받아들이지 못한다고 말한다. 그러한 활동들을 그들은 교육적인 환경보다는 집에서 즐기는 여가활동으로 보는 경향이 있다는 것이다. 이러한 차이는 교사들이 만화, 디지털 미디어, 특정한 상표 브랜드가 연관되는 기능들이 포함된 디지털 게임이나 앱들을 활용할 때 보다 더 두드러지며, 교육환경에서 놀이의 재료로 적절한 것이 무엇인가에 대한 보다 폭넓은 논쟁과 연관되는 반응이기도 하다(Cook, 2014).

Caldwell(2000)은 또한 사회와 교육에서 테크놀로지를 보다 더 잘 이해하는 데 있어서 핵심이 되는, 테크놀로지가 가지는 일상의 맥락에 집중해서 기술하고 있다. Caldwell은 새로운 테크놀로지가 그 인기 정점에 이르기 전에 '조그만 파장'만 일으켜도 주의를 사로잡는 경향이 너무 많다고 말한다. 연구자들과 교육학자들은 가장 최신의 테크놀로지(또는 보다 시기적으로 최신 '앱')가 교육과정을 '바꿀' 수 있는 잠재력을 가졌다고 보는 경향이 있을 것이다. Caldwell은 연구자들과 교사들이 관심을 가져야 하는 것은 조그만 파장이나 절정의 파동이 아니라고 말한다. 대신에 Caldwell은 이후의 파장, 또는 어떤 테크놀로지의 명성이 사그라진 시점에 관심을 가지는데, 그러한 혁신이 우리들의 '일상생활에 어떻게 자리를 잡았는지'를 볼 수 있다는 것이다. Caldwell(2000)과 Selwyn(2010)의 연구를 따라가면서, 우리는 이 책에서 디지털 시대의 문화 역사적 진화와 연관 지어서 '실제 상태'와 '매일매일'에 집중함으로써 디지털 시대에 어린아이들의 놀이와 학습에 대한 이해와 비판적인 반응을 위한 적절한 기틀을 마련할 수 있다고 생각한다. 디지털 시대 유아의 놀이와 학습에 관한 '실제 상태'에 대해서 우리의 이해를 도와줄 한 가지 요소는 바로 학습과학Learning Sciences이라고 하는 것이다.

학습과학 살펴보기

학습과학이란 학습과 교육에 관한 현대의 생각을 설명하는 연구와 이론 철학 사상을 모두 아우르는 개념이다. Sawyer(2005)는 학습과학이란 산업화 시대에 생겨난 구시대의 모델인 가르침 위주 교육이 새로운 디지털 시대에서 여전히 운용되면서 생기는 문제에 대한 반응을 대변한다고 말한다. 이 책의 제2장에서 논의했듯이, 산업화 시대는 상품의 대량생산에 의해서 주도되었다. 그러한 시기에 생활하고 일하여 대량생산이라는 목표를 달성하기 위해서 반복적인 업무와 시간표에 의해서 관리하는 것이 필요했다. 조금 엄격하게 말해서, 당시 교육의 역할은 그러한 생산 활동에 참여하기에 충분한 수준의 문해력과 산술능력을 갖게 하는 것이었다. 생산이라는 개념을 모방하면서, 산업화된 교육은 Kalantzis & Cope(2005)를 비롯한 설계학습 프로젝트그룹Learning by Design Project Group의 표현처럼, 학습을 '생산'하는 '가르침주의'의 경향이 있었다. 한 명의 교사가 동일한 연령의 많은 아이들을 동일한 교재로 동일한 시간에 가르치는 것이다(p. 17). 가르침주의 교육은 현재 도래한 디지털 시대에 있어서는 분명히 교육학적인 한계에 다다랐다. 제2장에서 논의한 바와 같이, Masuda(1980)의 사회 테크놀로지 이론에서는 지식 생산의 증가로 인해서 여러 테크놀로지들이 결합된 혁신이 일어나게 되고, 의사소통과 경제적 참여에 있어서 사회적 패턴의 변화가 이어질 것이라고 설명을 하고 있다. Bell(1976)은 이를 '지식사회'라고 불렀는데, 미래에는 사회와 노동의 참여에서 중요한 것은 단지 테크놀로지뿐만이 아니라 지식이 될 것이라고 보았다. 예를 들면, Mills(2011)는 현재의 초등학생 나이의 아이들에게 필요한 문해력 훈련에 대한 조사에서 다음과 같이 적고 있다.

> 이러한 학생들이 참여해야 하는 현재와 앞으로 다가올 사회에 대한 훈련으로는 책 읽기, 광고를 비판적으로 보기, (스캐너, 프린터, 음성메일 등의) 기계 사용하기, 대중교통 정보 해석하기, 메모하기, 지도 보기와 방향 찾기, 그리고 인터넷으로 거래하기 등이 포함된다. 마찬가지로, 문자메시지 주고받기, 문서편집 프로그램 다루기, 이메일 주고받기, 디지털로 대화 이어가기, 인터넷 탐색, 웹사이트 평가하기, 디지털 사진 다루기, 슬라이드쇼 프레젠테이션, 컴퓨터 프로그래밍, 웹사이트 디자인 등이 문해력의 다양한 형태를 이룰 것이다. (*p. 3*)

테크놀로지에서의 혁신과 연관되어 사회적 참여와 의사소통에의 참여 방법에서 일어나는 변화들에 연구자들이 점점 더 의식하게 되면서, 디지털 시대에 아이들이 접하고 있는 새롭게 나타나고 있는 학습환경의 복잡한 속성에 대한 관심이 점점 더 커지고 있다. 학습에 관한 한 가지 접근방식에 의존하는 단선적 이론으로는 이러한 복잡성을 상대하는 데 있어서는 비효율적인 것으로 여기게 되었다. 이러한 다중적인 테크놀로지와 동시적인 형태의 의사소통으로부터 아이들이 어떻게 학습하는지에 대해 설명하지 못했던 것이다. 그러면서 문해력 학습과 연관된 문헌들에서 처음 시작된 학제간 연구가 대안적인 관점으로 각광을 받기 시작했다. 학제간 연구란 어떤 해결책을 찾는 데 있어서 하나 또는 그 이상의 기존의 지식체계를 문제현상에 적용하는 것을 말한다(Choi & Park, 2008).

Brooker & Edwards(2010)는 이러한 흐름으로 유아교육 환경에서 유아의 놀이에 관한 다수의 연구와 이론들을 점검한다. 『놀이하기

(Engaging Play)』라고 제목이 붙은 놀이에 관한 연구들을 모은 책의 서문에서, 그들은 지식 생산에 있어서 단선적 이론체계로 보는 것과 학제간 지식으로 볼 때의 차이를 이해하기 위해서, Nowotny, Scott, & Gibbons(2001)가 정의한 1유형 지식과 2유형 지식이라는 개념을 사용했다. 1유형 지식은 같은 영역에서 만들어져서 계속해서 그 영역 안에서 지식을 만들어 나가는 지식 생성의 형태라고 Nowotny를 비롯한 연구진들은 설명한다. 반면에 2유형 지식은 '다른 맥락'이나 주어진 시간에 자신들이 현재 마주한 문제적 상황에 반응하는 것을 말한다. 2유형 지식은 주어진 상황을 이해하고 어떻게 관여해서 처리해야 하는지를 알아내기 위해서 다양한 관점의 지식을 끌어들인다. 1유형과 2유형의 지식은 서로 완전히 배타적일 필요는 없다. 그보다는 2유형 지식이 사용되고 적용되는데 1유형 지식이 밑거름이 되며, 사실 2유형 지식의 적용에서 얻어진 판단은 1유형 지식 안에서 진취적인 사고와 혁신을 위한 동력이 될 수 있다. Brooker & Edwards(2010)를 보면, 테크놀로지의 변화의 배경에 맞서서 유아교육 환경에서 놀이와 놀이기반 학습에 대한 색다른 관점과 연관 지을 수 있는 기반으로서 2유형의 지식이 활용될 수 있음을 시사하는 사례가 여러 차례 등장하고 있다.

학습과학은 2유형의 지식에 관한 사고방식을 대변한다. 그 안에는 다양한 이론적 관점과 철학적 관점과 지식분야들이 포함되어 있다. 포함된 분야들을 살펴보면, 구성주의, 사회문화학, 인지과학, 사회학, 컴퓨터과학, 신경과학과 심리학 등이 있다(Sawyer, 2005). 학습과학의 기본적인 내용들 중에서 가장 많이 언급되는 핵심내용은 디지털 시대의 학습과 관련한 현대적 사고의 핵심적인 아이디어들을 가리키고 있다(Bransford, Brown, & Cocking, 2000). 이러한 아이디어들은, 새로운 지식을 형성하는 데 기여했던 이미 존재하고 있는 지식의 역할과 학습에 대한 문화적인 이해의 틀을 형성하는 데 있어서 공동체적 맥락의 중요성, 그리고 학습에 있어서 활동의 역할과 같은 사람들에 의해 만들어진 지식의 사회적, 문화적, 역사적 형성에 관한 이해에 기반을 두고 있다. 간단히 설명하자면, 학습과학에 포함되는 기본 아이디어는 다음과 같다.

1. 학습자에게 이미 존재하는 지식을 기반으로 쌓아 올린다.
2. 활동학습과 관찰학습을 포함하는 다양한 형태의 학습과정에 학습자를 참여시킨다.
3. 학습이란 이해의 증진을 목표로 삼아야 한다.
4. 공동체와의 연계를 통해서 학습의 문화적인 연관성을 만들어 낸다.

(*Bransford et al.*, *2000*)

학습에 관한 여러 학문적 관점으로부터 도출된 학습과학의 기본적인 아이디어들은 유아교육에 있어서 전혀 새로운 영역은 아니다. 학문으로서 유아교육은 여러 측면에서 학제적인 특징들을 항상 보여 왔다. 역사적으로 플라톤의 초기사상들에서부터 루소의 업적을 통해서 이후에 심리분석이론과 발달심리학의 공헌에 이르기까지 다양한 관심을 끌어모았다(Bergen, 2014). 이런 다양한 범위의 생각이 모여서 유아들의 학습에 관한 '현재의' 거대한 관점을 형성했다. 『놀이와 학습에 관한 지침서(*The SAGE handbook of play and learning*)』라는 책의 서문에서 Brooker, Blaise, & Edwards(2014)는 유아교육에 대한 관점을 형성했던 이론적 사상들과 연구에 관해서 이렇게 쓰고 있다.

> 유아기에 관한 연구를 읽어 보면, 철학, 심리학, 역사학, 진화생물학, 인류학, 사회학에서 나오는 개념과 주장들을 마주하게 된다. 이러한 학문들은 각자의 전통과 논점의 흐름을 가지고 있다. 그들 각각은 인식론과 존재론적인 차원에서 다양한 입장을 견지하고 있으며, 그 말은 그러한 이론들에서는 때로는 놀이와 학습을 상호보완적인 것으로, 또 때로는 완전히 상반되는 방식으로 이해하고 있다는 것이다. 유아교육에 있어서 놀이와 학습에 대해 이해를 한다는 것은 유아교육에 관여하고 그 관점을 형성했던 그러한 사상들의 넓이와 깊이를 인식한다는 것이다.
>
> (*p. 1*)

다양한 학문으로부터 관점을 취하는 것은, 디지털 시대와 같은 복잡한 '다른 맥락'을 이해하기 위하여 서로 다른 영역들의 식견과 지식을 요약하고, 이해하고, 적용해야 한다는 것이다(Nowotny *et al.*, 2001). 학습과학의 관점에서는, 이렇게 다양한 학문적 입장이라는 것은 사람들이 학습하는 방법에서 그러한 수많은 연구들이 의미하는 것은 무엇일까를 생각해 보는 것이다(Bransford *et al.*, 2000). 유아교육에 있어서도, 유아의 학습을 이해하기 위해서는 그러한 다양한 이론적 관점과 연구와 철학적인 방향들에 관심을 가져야 한다는 것을 시사한다. 사람들의 학습방법에 대한 네 가지의 기본적인 생각을 통해서 학습과학이 제시하는 것을 어린아이들의 교육과 관련된 이들이 낯설게 느껴서는 안 된다. 아이들이 이미 가지고 있는 지식의 기반 위에다 공동체적인 맥락 안에서 지식을 사회적이면서도 능동적으로 구축한다는 것은 유아교육 분야에 있어서 오랫동안 이어져 오는 하나의 전통이다. 그렇다면 대체 디지털 시대 유아 놀이와 학습에 대한 정보원으로서 학습과학이 유아교육에 무엇을 제공해야 하는 것인가?

이 물음에 대한 대답은 21세기의 지식맥락에서 학습과학의 역할에 대해서 오랫동안 신중하게 제기해 온 Kalantzis & Cope(2014)의 주장 안에 있다. 그들은 '과학'이라는 단어에 집중해야 한다고 말한다. 일반적으로 과학이란 물리학, 화학, 생물학과 같은 '어려운' 과학이라고 여겨진다. 그 반대의 생각으로 나타난 것이 예술, 종교, 음악, 문학, 언어와 같은 '인문학'이라는 것이다. Kalantzis & Cope(2014)는 '어려운' 과학이라는 의미로 사용되는 '과학'이라는 단어의 어원에 주목한다. 그들이 설명하는 과학이라는 용어는 '아는 것'을 의미하는 라틴어의 '스키엔스(sciens)'라는 말에서 유래되었다. 이를 학습과학에 적용하자면, 과학은 이제 '어려운' 과학을 의미하는 것이 아니다. 다만 알기 위한 하나의 방법인 것이다. 그러므로 학습과학은 학습이라는 것을 아는 것에 초점을 맞추어야 한다고 말한다.

> 우리가 제안하고자 하는 과학의 주된 목표는 집중의 강도를 말하는 것이다. 과학은 집중적이고, 체계적이고, 계획적이고, 성찰적이고, 목적적이고, 교육을 받을 수 있고, 전문가 집단에 의한 검증이라는 개방성을 가지고 있다.
>
> (*Kalantzis* & *Cope*, *2014*, *p. 105*)

'아는 것으로서의 과학'이라는 개념에 대한 이러한 생각은 디지털의 시대 유아교육에 대한 대안적인 형태의 사고를 가능하게 한다. 유아가 테크놀로지를 활용하는 것에 대해서 도덕적인 공황을 걱정하거나 유아의 학습에 미치는 테크놀로지의 영향을 추정하는 것을 벗어나서,

Selwyn(2010)과 Caldwell(2000)이 제안했던 것처럼, 보다 '비판적'이거나 '유보적' 입장을 가질 수 있다. 학습과학은 디지털 시대의 아이들의 학습에 대해서 '성찰적이며 유목적적'인 방식으로 접근해야 함을 상기시킨다(Kalantzis & Cope, 2014). 디지털 시대의 어린아이들의 교육에 대해서 생각을 할 때, 지난 시절의 낭만적인 학습방식에 의존하는 것이 현세대의 학습요구를 맞추는 데 있어서 반드시 유용하지는 않을 것이다. 사실 교육자들이 자신의 교육학적인 역할에 대해서 무기력과 불확실함을 갖게 될 수도 있다. 대신에, 학습에 대한 '스키엔스' 또는 '아는 것'이라는 개념을 갖는 것이 보다 생산적일 수 있는데, 왜냐하면 테크놀로지적인 것과 교육학적인 것 사이에서 균형적인 시각을 이끌어주기 때문이다. 이런 방식으로, 디지털 시대 유아교육은 테크놀로지가 학습에 있어서 본성적으로 '좋은 것'이거나 '나쁜 것'이라는 이분법적인 상황에 놓이지 않는다. 대신에, '스키엔스'는 유아의 교육에 대해서 우리가 아는 것에 관심을 갖는 방식으로 우리에게 균형 잡힌 시각을 주어서, 교육에서 테크놀로지가 갖는 연관성에 다시 관심을 기울이고 그렇게 해서 가치 있는 결과가 나올 수 있도록 사고하게 해준다.

Alan Kay, 그는 학습과학자의 원조인가?

이렇게 우리는 학습과 테크놀로지 사이에서의 균형에 대해서 생각하게 되었고, 이제 또 다른 문제를 던지고자 한다. 제2장에서 소개했던 컴퓨터 과학자인 Alan Kay는 다이나북(DynaBook)이라는 개념을 통해서 터치스크린 테크놀로지에 대한 개념적 근거를 만들어 냈는데, 그의 이러한 아이디어는 이후 2010년에 아이패드의 개발로 구현되었다. Alan Kay는 경력사항으로는 컴퓨터 과학자라는 설명이 붙는다. 우리의 질문은 이것이다. 만약에 Alan Kay를 일개 컴퓨터 과학자가 아닌 유아 교육 영역에 심오한 영향을 끼친 최초 학습과학자들 중 한 명이라고 여긴다면, 디지털 시대 교육에 관한 이해가 어떻게 바뀌게 될 것인가 하는 것이다. 우리가 이런 질문을 던지는 이유는, 그가 다이나북을 디자인하면서 했던 생각이 단지 '잠재력'에 주목해서가 아니었기 때문이다. 대신에 그는 학습과 테크놀로지의 변증법적 관계라는 방향을 설정해두고 있었다. 이러한 방향성의 결과로, 그의 다이나북 디자인은 많은 탈산업화된 사회의 일상 속으로 들어가서 아주 어린아이들이 쉽게 테크놀로지를 사용할 수 있는 수많은 종류의 넘쳐나는 태블릿 테크놀로지에 기초를 두었다. 제6장에서 살펴보게 될 텐데, 현재 태블릿 기기들은 에스토니아, 남아프리카, 태국, 중국과 같은 다양한 나라들에까지 넘쳐나게 되었다. 미국에서 0~8세의 아이들이 집에서 태블릿 컴퓨터에 접속한 비율은 2011년의 8퍼센트에서 2013년에는 40퍼센트로 증가했다(Common Sense Media, 2013). 영국에서는 2016년에 3세에서 4세 사이의 아이들 중에서 절반 이상이 집에서 태블릿 컴퓨터를 사용했다(Ofcom, 2016). 아이들이 '개인적으로 휴대하는 정보의 조종자'(Kay, 1972, p. 1)가 되는 것을 전제로 했던 다이나북은, 그전까지 영아에게는 불가능했던 학습과 디지털 사이에 새로운 관계를 만들어 냈다.

Alan Kay(Alesso & Smith, 2008)는 컴퓨터 과학 문헌에서 폭넓게 인용되고 잘 알려져 있지만, 디지털 테크놀로지를 유아의 학습에 적용하는 방법에 대한 유아연구 문헌에서는 그의 업적이 그리 높게 평가되고 있지 않다. 하지만 1970년대에 디지털 시대에 대한 그의 관심은 학습과 테크놀로지 사이의 변증법에 굳건하게 고정되어 있었다. 다양한 학제와 '학습에 관해서 아는 것'이라는 학습과학의 원칙과도 일치하는데, 그는 학습과 창의성, 인류학과 심리학, 철학, 예술과 디자인, 테크놀로지와 미디어, 과학과 수학, 정치학, 경제학과 컴퓨터 등의 분야를 비롯하여 많은 교육방법들에 관해서 두루 읽었다. 이러한 독서편력으로부터, 그는 학습자로서의 아동이라는 특정한 관점으로 아동의 테크놀로지 사용에 대해서도 생각하게 되었다. 그전의 주류인 전달자적인 교육이라는 개념과는 반대로, Kay(1972)는 아이들을 이렇게 이해하였다. '명사가 아닌 동사, 소품이라기보다는 배우, 아이들은 덩치만 큰 비둘기나 쥐가 아니다. 아이들은 주위 상황을 다루기 위해서 그 환경을 이해하는 모델을 수립하려고 애쓰고 있다'(p. 1). 이처럼, Kay는 학습과 테크놀로지가 서로 연관되어 있다고 이해했다. 당시에 사회에서 테크놀로지에 대해 가지고 있던 관심은, 테크놀로지를 '학습기계'로 사용하는 것에만 한정되어 있었다. 일반적으로 학습기계는 아이들에게 '사실'을 가르치는 전달자적인 입장을 채택하고 있었다. Kay는 이러한 접근이 테크놀로지의 역량을 낭비하는 것으로 보았다(1972). 그는 학습기계를 '상자 안에서 전달되는 정보라는 것은 의도는 좋지만, 테크놀로지가 가진 재능은 발휘하지 못하고 있다'(p. 1)고 보았다.

학습에 관심을 갖게 되었다는 것은, Kay가 테크놀로지를 자기목적성을 가진 것으로 이해했다는 것을 의미한다. 심리학자인 Omar Khayyam Moore(1966)가 아동의 학습에서 환경의 역할에 대해 쓴 저작에서 영향을 받은 Kay는, 자신의 다이나북이 그 자체로 학습을 위한 흥미로운 공간이 되어야 한다고 생각했다. 이러한 견해는 테크놀로지가 학습에 대한 책임을 지는(또는 아마도 아동에게 내용을 '가르치는') 것과 같은 테크놀로지의 잠재성을 강조하는 입장과는 대조를 이룬다. 흥미로운 공간으로서 다이나북을 이해한다는 것은 Kay가 당시에 떠오르고 있는 테크놀로지의 변화들을 학습자로서의 아동이라는 그의 견해와 연관시킬 수 있었다는 것을 의미한다. 그는 그래픽 사용자 인터페이스(GUI) 디자인이 발전하게 되면 다이나북에서 사용되고 있는 상징적 표상들이 가능하게 될 것이라고 보았다. 그가 읽었던 유아의 상징적 표상에 관한 Piaget & Inhelder(1969)의 연구, Piaget(1974)의 연구, Bruner(1966, 1971)의 연구를 떠올리면서, Kay는 다이나북에서 그래픽 사용자 인터페이스 디자인을 다음과 같이 적용할 것임을 주장했다. '기기를 소유한 사람으로부터 동떨어지지 않은 언어적인 개념을 사용하는 그런 언어가 채택될 것이다. 그 소유자는 언제 어디에서든 자기 자신의 문서와 프로그램을 가지고 다니며 편집할 수 있게 될 것이다'(Kay, 1976, p. 6). 유아에게 있어서, 이는 아직 글을 깨우치지 못한 유아가 어른의 도움 없이도 혼자서 동작시킬 수 있는 아이콘과 이미지 기반의 그래픽 사용자 인터페이스 환경에 접하게 된다는 것을 의미했다. 이 사례를 통해서, 우리는 학습과 테크놀로지가 서로에게 끊임없이 상호발전할 수 있게 해주는 새로운 변증법적인 관계를 만들기 위해 당시의 테크놀로지의 발전과 더불어 Kay의 '스키엔스' 또는 '학습에 관해서 아는 것'이 어떻게 통합된 것인지 알 수 있다. 그전까지, 아동에게 컴퓨터란 학습을 '생산해 내는' 기계로 여겨졌다. Kay가 학습에 관한 지식을 갖고 있었다는 것은 그가 정보를 디지털화하는 테크놀로지가 가진 역량과 유아가 어떻게 학습하는지에 대한 그의 이해하는 것 사이에서 균형 잡힌 시각을 가질 수 있다는 것을 의미한다.

다이나북의 인터페이스 디자인에 대한 견해와 함께, 그는 아동이 스스로의 지식적 기초를 형성하기 위해서는 테크놀로지를 활용하는 기호적 표현들에 참여할 수 있어야 한다고 생각했다. Kay는 Papert(1970)의 로고(LOGO)라는 프로그래밍 언어에 관한 아이디어에서 영향을 받았는데, Papert(1980)는 '컴퓨터가 아이를 프로그래밍해야 하는가, 아니면 아이가 컴퓨터를 프로그러밍해야 하는가?'라는 질문을 던졌다

(p. 19). 다시 한 번, 테크놀로지는 학습을 지원하는 잠재력만 부여받은 것이 아니었다. 그것은 아이 스스로의 학습 활동과 연관되어 균형을 맞추고 있었다. 다이나북에서는 테크놀로지를 '한 차원 높은 매개체'의 한 형태로 보았던 것처럼, 테크놀로지는 학습자가 필요로 하는 정보들과 연관된 모든 정보와 지침들에 접근할 수 있다. 테크놀로지에 대한 Kay의 이런 관점은, Montessori(1972), Vygotsky(1986), 그리고 Bruner(1966)의 연구에서 영향을 받았다. 그는 학습을 발견의 측면에서 이해했으며, '한 차원 높은 매개체'가 아이들의 생각과 개념의 발견을 이끌어낼 수 있다고 생각했다. 하지만 Vygotsky(1986)의 연구를 살펴보면서, Kay는 그러한 발견이 보다 지적인 다른 누군가의 지도를 받아야만 한다는 사실을 분명히 알게 되었다. 아동이 독립적으로 알아내야만 하는 것은 교육의 내용이 아니라, 그 안에 들어 있는 여러 생각 사이를 최종적으로 연결 짓는 것이어야 한다고 생각했다. 그는 다음과 같이 썼다.

> 사람이 처음부터 좋은 아이디어를 내는 것은 매우 어렵다. 그러므로 어떤 형태의 지도가 필요하다. 하지만 학습자가 그 내용 사이의 최종적인 연관성을 찾아내려 노력한다면, 그것이 가장 좋은 학습이다. 그러므로 발견의 과정이 필요하다.
>
> (*Kay, 2013, p. 8*)

학습을 이러한 관점에서 보면, 테크놀로지는 아이들에게 내용을 전달하는 학습기계로서 더 이상 효율적인 수단이 되지 못한다. 또한 테크놀로지가 혼자서 아이들에게 모든 것을 할 수 있는 '잠재성'을 가졌다(이것은 학습의 성취라는 측면에서 긍정적이거나, 또는 도덕적 공황이나 이전 세대의 학습에 관한 낭만적인 개념에서 보자면 부정적일 수도 있다)고 볼 수도 없다. 반대로, Kay는 아동의 활동을 증폭시키는 것으로서 테크놀로지에 대해서 말하기 시작한다. 다시 한 번, 역사, 테크놀로지, 미디어, 심리학 등 여러 방면을 두루 읽으면서, 그는 글쓰기의 역사에 대해서 돌이켜보고 15세기 초반에는 인쇄술의 발명이 새로운 테크놀로지로 여겨졌다는 것을 생각해 보았다. 그는 글쓰기와 인쇄물의 대량출판은 사람들이 정보를 접하게 되는 방법을 증가시키거나 '증폭'시켰으며, 그렇게 해서 새로운 지식을 만들어 낼 수 있는 기회를 더 갖게 해주었다고 말한다. Kay는 새로운 테크놀로지들(손으로 글을 쓰는 것이든, 인쇄술이든, 컴퓨터든)을 '우리가 이미 가진 것을 대체하는 것이라기보다는 그것에 더해지거나 곱해지는 증폭기'로 여겨져야 한다고 주장한다(2013, p. 1). Kay에 따르면, 테크놀로지를 증폭기로 여기게 되면 시간과 공간을 넘어서 정보가 고류되는 범위가 증가되는 편익이 있다고 한다. 인쇄언어와 같은 테크놀로지는, 이미 존재하는 구술언어에 '더해지거나' 또는 '곱해지는' 효과가 되는데, 왜냐하면 그것이 시간과 공간을 넘어서 영향을 미치는 범우가 증가하기 때문이다. 시간과 공간에서의 확장된 범위는 사람들 사이에서의 지식 창출을 효율적으로 만들어 준다. 이런 식으로, 모든 사람들은 '어떤 것의 의미와 관련성에 관해서 더 생각'하게 된다(Kay, 2013, p. 1).

Kay를 학습과학의 선구자로 여기게 되면, 우리는 디지털 시대 유아의 학습이 어떤 의미를 가져야 하는지에 대해서 보다 신중하게 생각해 볼 수 있다. 새로운 테크놀로지는 학습에 있어서 좋은 것도 나쁜 것도 아니다. 하지만 그전에 있었던 테크놀로지와는 질적으로 다른 것은 분명하다. 디지털 시대 유아의 학습은 학습이 테크놀로지의 혁신에 영향을 주고 테크놀로지에서의 혁신은 지식의 가능성을 증폭시키는 것이 함께 이루어지면서 발전하는 과정이다. 이러한 아이디어는 모든 문화는 일정기간 동안 그들의 요구에 부응하는 도구와 관습을 만들어 낸다는 문화 역사적 이론에서의 주장(Davydov, 1982)을 연상시킨다. 시간이 흐르면서 문화적 도구와 관습들이 사람들에 의해서 만들어지면서, 그러한 도구와 관습들은 아이들을 위한 새로운 문화적 윤리학이나 발달에 있어서의 틈새를 만들어 낸다. 디지털 시대의 학습에 대해서 생각할 때 이 점을 기억하는 것이 중요한데, 왜냐하면 유아는 자신들의 목표를 성취하기 위해서 전해져 오는 다양한 방법들과 보다 최근의 테크놀로지들을 사용하고 있는 공동체 안에서 태어나서 자라나기 때문이다. 이러한 생각은 현대 문화 역사 이론가인 van Oers(2008)가 간결하게 정리했는데, 그 역시도 Kay처럼 Vygotsky의 아이디어를 끌어들여서 학습에 관한 자신의 생각을 이렇게 말하고 있다.

> 서로 다른 문화와 서로 다른 세대에서 아이들과 학생들이 생겨나며, 그 아이들은 서로 다른 형태의 행위(활동)들에 참여하게 되는데, 그러한 활동들은 교육자가 가진 세계관, 인식론적 믿음, 아이들과 미래사회에 대한 생각에 의존하고 있다.
>
> (*p. 7*)

학습과 테크놀로지를 변증법적으로 보는 관점은 학습과 테크놀로지가 지속적으로 발전하는 관계에 기여하는 증폭과정을 강조한다. van Oers(2008)가 묘사하고 있듯이, '학습 그 자체의 과정'(p. 7)이 변하고 있다. 지금까지 이 책에서 우리는 지식의 변화가 테크놀로지의 혁신에 어떻게 기여하는지, 그리고 반대로 테크놀로지에서의 혁신이 질적으로 새로운 형태의 학습과 교류의 기회를 어떻게 아이들에게 만들어내는지를 설명했다. 예를 들면, 제2장에서 설명했던 고체물리학에서의 지식기반이 발전하면서 트랜지스터가 등장하게 되었고, 그리고 정보를 디지털화할 수 있는 마이크로프로세서로 이어졌다. 마이크로프로세서와 같은 테크놀로지가 개발되면서, 저장용량이 급격히 늘어났고, 개인용 컴퓨터를 통해서 정보의 검색이 실현되었다. 정보의 저장은 정보의 네트워크화에 대한 필요성으로 이어졌고, 그렇게 해서 인터넷이 등장했다. 인터넷을 통한 새로운 형태의 공유는 교류의 가능성이 증가했고, 그 결과로 월드와이드웹(www)이라는 것이 만들어질 수 있었다. 월드와이드웹에 이어서 우리는 이제 사물인터넷과 시맨틱 웹이라는 인지기능을 갖춘 컴퓨터라는 진보를 이루어내고 있다. 이러한 테크놀로지 지식에서의 진보는 현재 매일매일의 일상에서 어른들과 아이들이 경험을 변화시키고 있으며, 커뮤니케이션과 정보공유라는 현상을 증폭시키는데, 이로 인해서 디지털 시대의 새로운 학습방식을 위한 기반이 마련되었다. 이러한 새로운 학습은 일반적으로 여러 측면을 가진 것으로, 의사소통에 초점을 맞춘 것으로, 그리고 문제 지향으로 설명된다(Kalantzis & Cope, 2012).

이 책에서 우리는 이러한 '새로운' 학습을 예전의 학습방식보다 더 좋거나 나쁜 것으로 보지 않는다. 대신 제2장에서 주장했듯이, 학습이라는 것은 우리가 위치하고 있는 시대의 문화 역사적인 활동들과 연관을 갖는다. Kay와 마찬가지로, 우리는 테크놀로지가 저절로 예전의 학습방식을 대체하지는 않을 것이라고 이해하고 있다. 테크놀로지에 의해 가능하게 된 정보공유와 커뮤니케이션의 증폭이 새로운 학습과 함께 발전할 것이다. 디지털 리터러시(문해력)에 관한 이론가인 Lankshear & Knobel(2012)이 다음과 같이 설명하고 있듯이 말이다.

> 새로운 리터러시는 수십 년 동안 이어질 것으로 보이는 사회적, 문화적, 제도적, 경제적, 지적인 변화하는 역사적 시기라는 측면에서 볼 때 가장 잘 이해된다. 이 중 어떤 것들은 이미 지나쳐오기도 했다. 우리는 새로운 리터러시에 대해서 역사에 비추어 추측하고, 사회의 패러다임이 발전하는 것으로 여겨왔다. 이러한 관점에서 보면, 그렇게 발전한 사회의 방식들이 충분히 안착이 되고 보편적인 것으로 인식되면, 우리가 현재 새로운 리터러시라고 알고 있는 그런 현상들은 새로운 것들에 의해 사라질 것이다.
>
> (*p. 45–46*)

그러므로 디지털 시대의 학습에 대해서 우리는 유아가 테크놀로지를 어디에서 어떻게 누구와 함께 사용하는지에 대해서 주의를 기울일 필요가 있다. 이 책의 제3부에서 우리는 디지털 시대 유아가 사용하고 있는 테크놀로지, 유아가 디지털 기기를 사용하는 곳, 디지털의 시대 가족들의 생활이 향하고 있는 방향에 대해서 실증적인 근거에 대하여 보다 심도 있게 살펴볼 것이다. 하지만, 우리는 앞으로도 이 책 제2부에서 유아교육의 연구와 학문, 그리고 실제 상태 적용에 있어서 또 다른 중요한 주제(디지털 시대 유아의 놀이와 디지털 놀이라는 개념의 등장)에 관한 논의를 계속할 것이다.

참고문헌

Alesso, H.P. & Smith, C.F. (2008). Connections: patterns of discovery. John Wiley and Sons. Hoboken, New Jersey.

Barron, B., Cayton-Hodges, G., Bofferding, L., Copple, C., Darling-Hammond, L., & Levine, M. (2011). *Take a giant step: a blueprint for teaching children in a digital age*. The Joan Ganz Cooney Centre at Sesame Workshop and Stanford University.

Bebell, D., & Pedulla, J. (2015). A quantitative investigation into the impacts of 1 : 1 iPads on early learner's ELA and math achievement. *Journal of Information Technology Education: Innovations in Practice, 14*, 191–215. Retrieved from www.jite.org/documents/Vol.14/JITEv14IIPp191-215Bebell1720.pdf.

Beer, D. (2009). Power through the algorithm? Participatory web cultures and the technological unconscious. *New Media & Society, 11*, 985–1002. doi: 10.1177/1461444809336551.

Bell, D. (1976). The coming of the post-industrial society. *The Educational Forum, 40*(4), 574–579.

Bergen, D. (2014). Foundations of play theory. In L. Brooker, M. Blaise, and S. Edwards (Eds.), *The SAGE handbook of play and learning in early childhood* (pp. 9–20). London: SAGE.

Blackwell, C., Lauricella, A., & Wartella, E. (2014). Factors influencing digital technology use in early childhood education. *Computers and Education*, 77, 82–90.

Bolstad, R. (2004). *The role and potential of ICT in early childhood education: a review of New Zealand and international literature*. Wellington: New Zealand Council for Educational Research.

Bransford, J. D., Brown, A. L., & Cocking, R. R. (2000). *How people learn: brain, mind, experience, and school*. Washington, D.C.: National Academy Press.

Brooker, E., & Edwards, S. (2010). *Engaging play*. Maidenhead: Open University Press.

Brooker, L., Blaise, M., & Edwards, S. (2014). Introduction. In L. Brooker, M. Blaise, & S. Edwards (Eds.), *The SAGE handbook of play and learning in early childhood*. London: SAGE.

Bruner, J. S. (1966). *Toward a theory of instruction*. Cambridge, MA: Harvard University Press.

Bruner, J. S. (1971). 'The Process of Education' revisited. *The Phi Delta Kappan, 53*(1), 18–21.

Burnett, C. (2010). Technology and literacy in early childhood educational settings: a review of research. *Journal of Early Childhood Literacy, 10*(3), 247–270.

Caldwell, J. T. (2000). *Electronic media and technoculture*. New Brunswick, NJ: Rutgers University Press.

Choi, B., & Pak, A. (2008). Multidisciplinarity, interdisciplinarity and transdisciplinarity in health research, services, education and policy: discipline, inter-discipline distance and selection of discipline. *Clinical and Investigative Medicine, 31*(1), 41–48.

Common Sense Media (2013). *Zero to eight: children's media use in America 2013*. Retrieved from www.commonsensemedia.org/research/zero-to-eight-childrens-media-use-in-america-2013.

Cook, D. T. (2014). Whose play? Children, play and consumption. In L. Brooker, M. Blaise, & S. Edwards (Eds.), *The SAGE handbook of play and learning in early childhood*. London: SAGE.

Couse, L. J., & Chen, D. W. (2010). A tablet computer for young children? Exploring its viability for early childhood education. *Journal of Research on Technology in Education, 43*(1), 75–96. doi: 10.1080/15391523.2010.10782562.

Cuban, L. (1993). Computers meet classroom: classroom wins. *Teachers College Record, 9*(5), 185–219.

Daugherty, L., Dossani, R., Johnson, E.-E., & Oguz, M. (2014). *Using early childhood education to bridge the digital divide*. Santa Monica, CA: RAND Corporation. Retrieved from www.rand.org/pubs/perspectives/PE119.html.

Davydov, V. (1982). Translated by S. Kerr. The influence of L. S. Vygotsky on education, theory, research and practice. *Educational Researcher, 24*(3), 12–21.

Edwards, S. (2015). New concepts of play and the problem of technology, digital media and popular-culture integration with play-based learning in early childhood education. *Technology, Pedagogy and Education, 25*(4), 513–532.

Edwards, S., Nuttall, J., Mantilla, A., Wood, E., & Grieshaber, S. (2015). Digital play: what do early childhood teachers see? In S. Bulfin, N. F. Johnson, & C. Bigum (Eds.), *Critical perspectives on early childhood education* (pp. 66–84). Palgrave Macmillan's Digital Education and Learning Series. New York, NY: Palgrave Macmillan.

Flewitt, R., Messer, D., & Kucirkova, N. (2015). New directions for early literacy in a digital age: the iPad. *Journal of Early Childhood Literacy, 15*(3), 289–310. doi: 10.1177/1468798414533560.

House, R. (2011). The inappropriateness of ICT in early childhood: arguments from philosophy, pedagogy and developmental research. In S. Suggate & E. Reese (Eds.), *Contemporary debates in childhood education and development* (pp. 105–121). New York, NY: Routledge.

Kalantzis, M., & Cope, B. (2012). *New learning: elements of a science of education.* Cambridge, UK: Cambridge University Press.

Kalantzis, M., & Cope, B. (2014). Education is the new philosophy to make a metadisciplinary claim for the Learning Sciences. In A. D. Reid (Ed.), *A companion to research in education* (pp. 101–115). Dordrecht, Netherlands: Springer.

Kalantzis, M., Cope, B., & the Learning by Design Project Group (2005). *Learning by design.* Melbourne: Victorian Schools Innovation Commission.

Kay, A. C. (1972, August). A personal computer for children of all ages. In *Proceedings of the ACM annual conference – Volume 1* (pp. 1–11). ACM.

Kay, A. (2013). The future of reading depends on the future of learning difficult to learn things. In B. Junge, Z. Berzina, W. Scheiffele, W. Westerveld, & C. Zwick (Eds.), *The digital turn: design in the era of interactive technologies.* Chicago: University of Chicago Press.

Kay, A., & Goldberg, A. (1977). Personal dynamic media. *Computer, 10*(3), 31–41.

Lankshear, C., & Knobel, M. (2012). New literacies: technologies and values. *Revista Teknokultura, 9*(1), 45–69.

Lee, L., & O'Rourke, M. (2006). Information and communication technologies: transforming views of literacies in early childhood settings. *Early Years, 26*(1), 49–62.

Marsh, J. (2010). Young children's play in online virtual worlds. *Journal of Early Childhood Research, 8*(1), 23–39.

Marsh, J., Brooks, G., Hughes, J., Ritchie, L., Roberts, S., & Wright, K. (2005). *Digital beginnings: young children's use of popular culture, media and new technologies.* Sheffield: Literacy Research Centre, University of Sheffield.

Masuda, Y. (1980). *The information society as post-industrial society.* Tokyo: Institute for the Information Society.

Mills, K. A. (2011). *The Multiliteracies Classroom.* New Perspectives on Language and Education, Vol. 21. Multilingual Matters. Bristol: Channel View Publications.

Montessori, M. (1972). *The secret of childhood.* New York, NY: Ballantine Books.

Moore, O. K. (1966). Autotelic responsive environments and exceptional children. In *Experience Structure & Adaptability* (pp. 169–216). Berlin and Heidelberg: Springer.

NAEYC (2012). Technology and interactive media as tools in early childhood programs serving children from birth through age 8. A joint position statement issued by the NAEYC and the Fred Rogers Center for Early Learning and Children's Media at Saint Vincent College. Retrieved from www.naeyc.org/files/naeyc/PS_technology_WEB.pdf.

Nowotny, H., Scott, P., & Gibbons, M. (2001). *Rethinking science: knowledge and the public in an age of uncertainty*. Cambridge, MA: Policy Press.

Nuttall, J., Edwards, S., Mantilla, A., Grieshaber, S., & Wood, E. (2015). The role of motive objects in early childhood teacher development concerning children's digital play and play-based learning in early childhood curricula. *Professional Development in Education, 41*(2), 222–235.

Ofcom (2016, 16 November). Children and parents: media use and attitudes report 2016. Retrieved from www.ofcom.org.uk/__data/assets/pdf_file/0034/93976/Children-Parents-Media-Use-Attitudes-Report-2016.pdf.

Papert, S. (1970). *Logo book notes*. A1 Laboratory: MIT.

Papert, S. (1980). *Mindstorms: children, computers, and powerful ideas* (2nd edn). New York, NY: Basic Books, Inc.

Piaget, J. (1974). *Understanding causality*. (Trans. D. & M. Miles). New York, NY: W. W. Norton.

Piaget, J., & Inhelder, B. (1969). *The psychology of the child* (Vol. 5001). New York, NY: Basic Books.

Rosin, H. (2013, April). The touch-screen generation. *The Atlantic*. Retrieved from www.theatlantic.com/magazine/archive/2013/04/the-touch-screen-generation/309250/.

Sawyer, R. (2005). The new science of learning. In K. Sawyer (Ed.), *The Cambridge handbook of the Learning Sciences* (pp. 1–16). Cambridge, MA: Cambridge University Press.

Selwyn, N. (2010). Looking beyond learning: notes towards the critical study of educational technology. *Journal of Computer Assisted Learning, 26*, 65–73.

Stephen, C., McPake, J., Plowman, L., & Berch-Heyman, S. (2008). Learning from the children: exploring preschool children's encounters with ICT at home. *Journal of Early Childhood Research, 6*(2), 99–117.

Stephen, C., & Plowman, L. (2008). Enhancing learning with information and communication technologies in pre-school. *Early Child Development and Care, 178*(6), 637–654.

Turvey, K., & Pachler, N. (2016). Problem spaces: a framework and questions for critical engagement with learning technologies in formal educational contexts. In N. Rushby & D. W. Surry (Eds.), *Wiley handbook of learning technology* (pp. 113–130). Chichester: Wiley-Blackwell.

van Oers, B. (2008). Learning and learning theory from a cultural-historical point of view. In B. van Oers, W. Wardekker, E. Elbers, & R. van der Veer (Eds.), *The transformation of learning: advances in cultural-historical theory* (pp. 3–15). Cambridge, UK: Cambridge University Press.

Vygotsky, L. (1986). *Thought and language*, Revised Edition. Cambridge, MA: MIT Press.

Yelland, N. (2011). Reconceptualising play and learning in the lives of young children. *Australasian Journal of Early Childhood, 36*(2), 4–12.

5
디지털 놀이

들어가며

디지털 놀이는 유아교육에 있어서 급성장하고 있는 연구 분야이다. 2010년에 아이패드가 출시되기 이전에는 디지털 놀이라는 개념에 대한 관심이 거의 존재하지 않았다. 대신에 연구자들이 관심을 가졌던 것은 아이들의 학습과 발달에 있어서 테크놀로지의 영향에 관한 것이었다(예, Gee, 2003; Levin, 2000; Shaffer, 2007). 이런 연구들은 대부분 데스크톱 컴퓨터와 같은 테크놀로지를 사용했을 때 아동의 인지와 사회성 발달 사이의 관계를 조사해보는 것이었다. 1980년대 초 유아 발달에 적합한 소프트웨어의 사용에 대한 관심이 엄청나게 집중되었다(Shade, 1991). 이러한 관심은 당시에 구조적 관점에서 기인한 유아교육에 관한 지침(NAEYC, 1986)인 발달에 적합한 실제(DAP)의 인기에서 기인한 것이었다. 유아를 대상으로 한 컴퓨터의 활용에 주목한 발달에 적합한 실제의 지침은(Donohue, 2015, 사례 참조), 아동에게 사용되는 테크놀로지가 '발달적 적합성'을 고려한 방식으로 사용된다면 교육적인 유용성이 있다는 주장을 전달하고 있었다(Haugland, 1999).

기술적 관점에서 '발달적 적합성'이란 유아가 자유롭고 탐구적이라고 규정된 소프트웨어를 사용하도록 하는 것이었다. 수학과 문해 교육에 반복적이고 실질적인 활동을 유발하기로 설정된 소프트웨어는 보통은 못마땅한 것으로 선전했다(Davis & Shade, 1999).

이 시기의 자유롭고 탐구적인 소프트웨어 활용을 강조하는 견해가 놀이에 대한 구성주의의 주장과 어우러진다는 것은 흥미롭다. 마치 그런 견해가 발달에 관한 기존의 관점에 내재되어 있던 것처럼 보인다. 기존에는 놀이를 학습의 핵심으로 보는 Piaget의 관점으로 규정했는데, 아동은 놀이를 통해서 자신들의 세계에 대한 지식을 구축한다고 여겼다(Kamii & Ewing, 1996). 이러한 구성주의의 강조점을 바탕으로, 생산적인 놀이의 기준은 아동이 문제를 해결하고 세계에 대해 자신이 표상할 수 있는 기회에 끊임없이 참여하게 할 수 있느냐는 것이었다. 유아에게 적합한 소프트웨어를 권장하기 위해서 놀이에 대한 구성주의 사상을 적용했다는 것은, 우리가 지금 생각하는 것이 '디지털 놀이'에 대한 초기형태의 생각이었다는 것을 말해준다. 유아가 테크놀로지를 사용하게 하는 것이 발달에 도움이 된다는 것이 일반적인 생각이긴 하지만 말이다. 이 장에서 우리는 유아교육에서의 놀이에 대한 이해의 발전이 발달학적인 관점에서 놀이의 사회문화적인 설명방식에 대해서 어떻게 새로운 관점을 이끌어냈는지를 살펴볼 것이다. 다음으로 우리는 놀이에 대한 사회문화적인 생각이 현대사회에서 유아의 생활에서 차지하는 테크놀로지 측면을 어떻게 강조하고 있는지를 살펴볼 것이다. 우리는 그러한 강조점이 기존의 놀이에 관한 이론을 유아가 테크놀로지와 상호작용하는 것에 적용함으로써 디지털 놀이에 대한 가장 초기의 관점들을 이끌어냈다고 생각한다. 우리는 놀이에 대한 이론이 테크놀로지와 함께 발전하는 것으로 볼 수 있는지에 대해서 테크놀로지에 대한 비판적인 관점에 대해서도 논의를 할 텐데, 디지털 놀이를 기존의 놀이와 테크놀로지를 통합하고 조합한 새로운 형태의 활동이라고 보는 새로운 생각에 대해서 따져볼 것이다.

놀이에 대한 이해방식의 발전

1990년대 말로 향하면서, 유아교육에 있어서 놀이 자체와 놀이의 역할에 대한 이해가 인지적인 구성주의 관점에서 후기발달주의의 관점으로 이동하기 시작했다(Grieshaber & Cannella, 2001). 후기 발달주의적 관점은 아이들의 놀이를 문화적인 규범으로 보는 단계적이며 구성주의적이었던 당시의 보편적인 생각에 도전했다. 이 당시 2유형 지식이나 지식에 대한 맥락적인 견해가 반영된 다양한 생각으로 인해서 유아 놀이가 사회문화적 맥락 안에서 어떤 의미를 갖는지에 대해서 보다 잘 이해할 수 있게 되었다. '맥락'에 대한 강조는 발달에 있어서 우위를 점하고 있던 구성주의적인 이론에 대한 우려에서 비롯되었는데, 구성주의 관점은 유아가 어떻게 왜 놀이를 하는지에 대해서 추정만을 하고 있었기 때문에 보편적으로 받아들이기에는 매우 부적절한 것으로 점점 더 여겨지고 있었다. 이 시기에 나타난 사상들에는 비판적 재개념주의적 관점(Soto & Swadener, 2002), 페미니즘적 관점(Blaise, 2009), 사회문화적인 관점(Fleer, 2003) 등이 있다.

미국에서는 새로운 재개념주의라는 이론적 움직임이 나타났고, 모든 어린아이들에게 발달에 적합한 실제(DAP)를 적용하는 것이 타당한지에 대한 비판적 시각이 아이들의 사회적, 문화적, 경제적, 성별적 경험 등의 측면에서 제기되었다(Cannella, 2000). 그와 함께, 레지오 에

밀리아에 의한 혁신적인 교육법이 국제적인 관심을 끌게 되었다. 후기 발달주의적인 관점과 마찬가지로, 이러한 혁신적 방식에서도 Bruner, Vygotsky, Dewey, 그리고 아동기의 사회학(James, Jenks, & Prout, 1998과 이후 Qvortrup, Corsaro, Honig, & Valentine, 2009의 사례들 참조) 분야의 학자들을 비롯하여 다양한 이론적 사상들을 강조하면서, 유아를 자신의 생활에서 능동적이며 스스로 의미를 만들어 내는 존재로 보고 있다. 유아 놀이에 있어서 다양한 이론적 관점을 점점 더 받아들이는 상황에서, 유아의 생활이 가지는 문화적 복잡성을 이론화하고 보다 잘 이해하기 위한 중요한 이론적 틀로서 특히 사회문화적인 이론이 나타나게 되었다. 이런 틀에서는 유아의 다양한 경험들이 학습에 미치는 영향을 사회적, 문화적, 경제적인 관점에서 보다 잘 이해하고 설명하는 방식으로서 문화적인 매개체, 학습자의 활동성, 문화적 맥락, 사회적 상호관계, 유아의 놀이가 갖는 견인력 등에 여러 사상들이 관심을 갖고 있다.

테크놀로지가 사회적, 문화적, 경제적 활동에서 보다 변증법적인 위치를 가지며 디지털 시대가 발전해 나가게 되면서, 이러한 사회문화적인 이론들이 유아의 테크놀로지 사용에 대한 생각과 이론화 작업에 점점 더 많이 소개되었다. 우리는 이제 유아의 디지털 테크놀로지를 활용한 놀이에 관한 이론들이 어떻게 수렴되는지를 살펴보기에 앞서, 놀이에 대한 Vygotsky의 생각을 아주 짤막하게 요약해 보자.

Vygotsky의 놀이에 대한 생각

놀이에 대한 사회문화적인 시각은 놀이를 유년기의 주도적인 활동으로 본다. 주도적인 활동이라는 것을 Vygotsky는 아이의 '주된' 활동이라고 생각하지 않았다. 그보다는 놀이를 하나의 중심적인 심리기능에서 다른 심리기능으로 이끄는 것이라고 생각했다(Edwards, 2011). 중심적인 심리기능이란 아이들이 자신이 속한 사회적이며 문화적인 세계에 관여할 수 있도록 해주는 주된 수단을 말하는 것이다. 유년기의 중심적인 심리기능에는 감각운동과 지각, 감정과 기억이 포함된다. 이러한 기능들을 이끄는 주도적인 활동들로는 관련짓기, 실험하기, 그리고 놀이가 있다. 유아와 영아에게 있어서, '관련짓기'라는 주도적인 활동은 감각운동과 지각 사이의 연결고리를 만들어 준다. 그보다 조금 더 나이가 많은 아이들에게는 실험하기가 지각과 감정 사이의 관계를 이어 준다. 취학 전 아이들과 저학년 아이들에게는 놀이가 감정과 기억을 연결시키는 주도적인 활동이다. 각각의 주도적인 활동에 있어서 핵심적인 것은 주도적인 활동이 작동하게끔 하는 바탕이 되거나 영향을 미치는 새로운 심리기능이다(Kravtsova, 2006). 놀이에 있어서 새로운 심리기능이라는 것은 상상하는 것이다. 사회문화적인 관점에서는 모든 새로운 심리기능들은 발달상 사회적 상황인 '행동하면서 상상하는 것'으로부터 나온다고 본다. 주도적인 활동들에 대한 아주 중요한 생각은 아이가 어떤 주도적인 활동에 숙달함으로써 새로운 사회적 발달상황으로 진입하게 된다는 것이다(Dunken & Tarulli, 2003). 각각의 새로운 사회적 발달상황은 그로부터 이어지는 다른 주도적인 활동들을 장려하는 새로운 심리기능을 형성하는 데 있어서 필수적이다.

상상에 관한 Vygotsky(2004)의 생각은 아주 흥미롭다. 그는 상상이라는 것은 아이의 발달에 있어 사회적 상황인 '행동하면서 상상하기'로부터 유발되는 새로운 심리기능이라고 보았다. 이는 Vygotsky가 상상하기를 환상이나 상상의 가상놀이로 보지 않았다는 것을 의미한다. 대신에, 심리기능으로서의 상상하기는 사회적이며 문화적인 세계와 연결 짓는 한 가지의 방법이다. 그러므로 상상하기는 아이들로 하여금 자신이 속한 현실과 연결할 수 있도록 해준다. Vygotsky(2004)는 상상하기를 통해서 아이들이 현실과 연결 짓는 네 가지의 주요한 '방식'을 다음과 같이 규정한다. 첫째, 현실이 상상적인 행위 그 자체를 만들 수 있는 재료를 제공한다. 둘째, 그렇게 얻은 재료들을 보다 폭넓은 용도로 사용할 수 있는 상상력을 이끌어낸다. 예를 들면, 낡은 시트를 이용해서 연못을 만드는 것이 있다. 여기에서, 시트의 용도는 첫 번째 방식이고, 연못을 만드는 것은 두 번째 방식이다. 셋째, 상상적인 활동에서 솔직한 감정을 경험한다. 시트를 연못으로 만든 행동에서 아이는 정말로 물속에서 '물장구치는' 것과 같은 즐거움을 느꼈을 수도 있다. 그리고 마지막은 그러한 상상적인 활동은 다시 처음에 주어진 현실에 영향을 미친다. 아이는 자기가 만든 그 연못으로 다른 아이를 초대해서 같이 헤엄을 칠 수도 있다. '현실'에서 그 연못은 이제 시트가 아니라 정말로 연못이 된 것이며, 아이 자신과 다른 아이에게 기쁨을 선사하는 새로운 현실을 구성하게 된 것이다.

유년기 놀이 과정에서 중요한 것은 아이들이 주도적인 활동을 통해 어느 정도 확장할 수 있느냐 하는 숙련의 문제이다. 행동하면서 상상하는 것이 발달에 있어서 사회적 상황일 뿐만 아니라, 종합적인 개념화를 위한 사회적 상황이라고 생각할 수 있다(Vygotsky, 2005). 종합적인 개념화는 학습이라는 심리기능에 있어서 필수적인 주의 기울이기라는 새로운 심리기능을 뒷받침한다. 그러므로, 놀이라는 것은 학습에 근간이 되면서, 동시에 '현실'을 그 아이의 놀이라는 문화적 표현이자 행위 안으로 이동하는 상상력으로서 아이의 생활 세계와 연결된다.

아동기 놀이의 역할에 대해 논의하면서, Vygotsky(1976)는 또한 성숙한 놀이의 역할에 대해서도 견해를 표명했다. 성숙한 놀이는 아이가 그 사물이 가진 의미를 대체할 수 있을 때 나타난다. 이 과정에 대해서 Vygotsky(1976)는 전형적인 예를 제시하는데, 아이가 막대기를 가지고 말이라고 여기는 것이다. 여기에서 막대기라는 사물의 의미는 말이라는 의미로 대체되었다. 성숙한 놀이는 아이들에게 중요한데, 왜냐하면 사물의 의미를 대체할 수 있는 능력은 개념발달의 직전 신호이기 때문이다. 특히나 문해력과 산술능력에 영향을 미친다. 예를 들면, 막대기를 말이라고 표현할 수 있다는 것을 이해했다면, 다른 상징이 말을 표현할 수도 있다는 것을 이해했다는 것이다. Vygotsky의 이론은 근접발달영역(ZPD)에서의 놀이의 역할을 포함하고 있다. Chaiklin(2003)은 근접발달영역이라는 것이 종종 아이가 혼자서 성취할 수 있는 것과 어른의 도움을 통해서 성취할 수 있는 것 사이의 차이점으로 설명된다고 말한다. 하지만 Vygotsky는 근접발달영역 역시 그가 '성숙한 개념'이라고 부르는 것을 아이가 구성하는 것과 연관 지어 말한다. 성숙한 개념이란 일상적인 개념과 과학적인 개념들이 혼합된 결과물이다. Vygotsky는 아이가 일상생활에서 경험하는 어떤 것을 일상적인 개념이라고 설명한다. 예를 들어서, 어떤 아이는 아이패드를 사용하는 것을 '인터넷'이라는 것으로, 그리고 유튜브 키즈의 동영상을 시청하는 것을 '온라인'으로 보는 일상적인 개념을 가지고 있는 경우가 있을 것이다. 거기에 대응하는 과학적인 개념은 동영상 데이터와 같은 데이터를 가진 네트워크로 연결된 일련의 테크놀로지들의 집합체라는 것이다. 이 아이가 나중에 유튜브에서 동영상을 시청한다는 것이 디지털 데이터들을 서로 연결하는 테크놀로지들에 의해서 이루어진다는 것을 이해하게 되었을 때, 비로소 성숙한 개념이 구성된다. Vygotsky(1987)는 근접발달영역이라는 것이 이 아이의 일상적인 개념과 과학적인 개념 사이의 차이를 표현할 수 있다고 생각했다. 그는 어른들이 이러한 아동의 이해에 있어서 근접한 혹은 '가장 가까운' 영역의 양쪽 끝을 연결하는 일에 아동을 참여시켜야 한다고 주장했다. 이것이 핵심적인 교육 활동이라는 것이다. 이러한 사고방식에서는, 놀이 역시도 가치 있는 것으로 여겼는데, 왜냐하면 아이들이 놀이 이외의 활동에서 얻을 수 있는 것을 놀이 안에서 경험하거나 해볼 수 있기 때문이다. 예를 들면, 놀이를 하면서 아이는 네트워크 테크놀로지나 컴퓨터가 서로 간에 '데이터'를 공유하는 과정을 상상하면서 흉내 내어 볼 수 있다. 따라서 이 아이는 놀이를 통해서 인터넷이라는 과학적인 개념을 경험하게 되는 것이다.

디지털 놀이

이 책의 도입부에서 우리는 디지털 시대 유아에 대한 연구와 사고가 유아교육에 있어서 어떻게 해서 오랫동안 '틈새' 영역이었는지에 대해서 설명했다. 이는 유아에게 이른 시기에 테크놀로지를 접하게 하는 것이 학습에 있어서 적절한가와 그 잠재적인 영향에 대해서 사회적으로 여전히 보다 폭넓게 논쟁이 계속되고 있기 때문이었다. 실제로, 테크놀로지라는 것이 아이들 일상에서의 문화적이며 사회적인 경험의 일부이기 때문이 아니라, 테크놀로지라는 것이 학습에 있어서 가지는 긍정적인 역할이 분명하기 때문에 테크놀로지를 높이 평가해야 한다거나 투자할 만한 가치가 있다고 주장할 수 있다. 그러므로 이러한 틈새 영역의 연구에서는 데스크톱 컴퓨터와 소프트웨어와 같은 테크놀로지를 사용하는 것이 발달에 미치는 영향이나 유아의 발달에 있어서 초기형태 프로그래밍의 역할과 같은 것에만 집중했었다. 예를 들면, Clements(1987)

가 수행한 문헌들에 대한 종합적인 검토 내용을 보면, 테크놀로지를 일찍부터 접하게 하는 주장을 하는 문헌들에서 다루고 있는 주제들은 성 평등, 컴퓨터 사용 연령, 발달에 있어서의 적절성, 사회적 정서적 발달, 인지적 상호작용, 태도, 언어발달, 글쓰기, 수학, 문제해결 같은 것들이었다. 놀이나 아이들이 디지털 테크놀로지를 활용하는 데 있어서 놀이의 역할 같은 것에 대한 주제는 보이지 않았다. 그러므로 디지털 시대의 초기에는(디지털 시대라는 것은 1952년에 트랜지스터의 발명된 때부터 시작된 것이라는 점을 상기하면) 유아의 테크놀로지 사용에 대한 사고에 있어서 후기 발달주의나 Vygotsky의 연구들은 당시에는 그다지 영향력을 갖지 않았다. 그보다는 디지털 놀이라는 개념은 유아의 학습에 영향을 줄 수 있는 형태의 테크놀로지적인 활동을 의미하는 것으로 여겨졌다. 예를 들어서, 자주 인용되는 Haugland & Shade(1988) 연구에서는 아이들의 놀이에서 탐구와 실험이 담당하는 역할을 활용이 자유롭고 아이들이 실험에 참여할 수 있는 것으로 규정하면서 구성주의적인 사고를 끌어들이고 있다. 아동 중심의, 테크놀로지 활동에서의 아동 통제로 대변되는 것이 중요하게 부각되었다(p. 37).

하지만, 우리가 이 책의 도입부에서 역시 논의했듯이, 2010년에 출시된 아이패드는 유아교육에서의 테크놀로지의 역할에 있어서 거대한 변화를 일으켰다. 아이들을 위해서 마우스나 키보드와 같은 입력장치들을 제거하고 터치스크린 방식을 적용한 이 기기는, 아이들의 테크놀로지를 접하는 활동을 단기간에 아주 빠른 속도로 끌어 올렸다(이러한 증가세에 대해서는 제6장에서 보다 자세히 논의할 것이다). 이 시기부터 유아의 테크놀로지 사용에 대한 출판 문헌과 연구들에서 놀이이론과 디지털의 개념이 서로 융합되어서 나타나기 시작했다(예, Verenkina & Kervin, 2011). 이는 실질적인 측면에서 테크놀로지가 어린아이들의 일상적인 경험과 빠르게 결합되면서 연구자들과 교사들이 아이들이 이러한 디지털 환경을 어떻게 사용하고 의미를 만들어 내는지, 그리고 유아교육 환경에서 그러한 활동의 역할에 미치는 영향에 대해서 이해하기 위해서 분투하고 있었기 때문이다. 이러한 이해방식이 발전하면서, '디지털 놀이'라는 개념이 유아교육에서 점차 자리를 차지하기 시작했다.

'디지털 놀이'라는 용어는 게임연구 분야에서 처음으로 사용되었다. Kline, Dyer-Witheford, & De Peuter(2003)는 디지털 놀이라는 개념을 21세기 초기의 테크놀로지와 문화, 마케팅 사이에서의 상호작용과 관련하여 설명하는데, 디지털 놀이는 '종속화된 세계 시장에서 테크놀로지와 문화적인 영향력, 마케팅의 영향력이 융합되어 나타난 것'이라고 주장한다(Kline *et al.*, 2003, p. 23). 그들은 비디오게임과 컴퓨터 게임을 포함하여 상호작용하는 게임 산업이 영화나 그 관련 상품을 통해서 문화 마케팅과 급속도로 네트워크가 형성되었다고 말한다. '인포스피어'와 같은 것의 탄생을 독려한 테크놀로지적인 발전을 설명하는 배경적인 주장에 대해서, 그들은 디지털 시대에는 디지털 놀이가 모든 연령의 사람들이 참여하고 관계하는 새로운 형태의 사회적이며 문화적인 상호작용이라고 주장한다. Kline을 비롯한 연구진(2003)이 말하는 디지털 놀이에 대한 설명은 특히 게임과 문해력 연구에서는 폭넓은 관심을 얻었지만, 유아교육 영역에서는 널리 받아들여지지 않았다.

디지털 시대 유아가 자라며 사회적이고 문화적인 맥락이 바뀌는 것에 주목하면서 유아교육에 있어서 디지털 놀이에 대한 연관성에 대한 관심이 처음으로 나타나기 시작했다. 아이패드가 출시되기 전이었던 1990년대 후반부터 2000년대 초기 사이에는, 유아교육 환경에서 유아가 테크놀로지를 활용할 필요에 대한 관심이 점점 증가하고 있었다(Burnett, 2010). 이러한 연구의 상당수는 테크놀로지가 점점 더 유아의 일상생활의 일부로 받아들여지고 있다는 사실이 점점 더 인정되는 사회맥락적인 관점에 기초해서 유아의 교육환경에 테크놀로지를 접목시킬 것을 정당화하고 있었다. 이러한 정당화의 근거가 되는 심리이론이 사실상 사회문화적인 것이었음에도 불구하고, 이러한 연구들에서는 테크놀로지에 대해서 이미 확정된 이론적 입장을 견지하고 있었다는 점이 흥미롭다. 이 책의 도입부에서 우리가 언급한 바와 같이, 테크놀로지와 디지털 놀이에 대한 유아교육 분야의 연구에서 테크놀로지 이론은 그다지 강력한 근거가 되지 못하고 있다[Gibbons(2010)의 연구는 주목할 만한 예외로 한다]. 우리는 또한 우리 스스로가 테크놀로지에 대해서 어떤 확정된 이론적 입장이 있어서 언제나 그것에 근거해서 연구를 하지는 않는다는 것을 언급했다. 당시에 접할 수 있는 연구들을 충분히 검토하는 것은, 그 안에 들어 있는 사회맥락적인 그리고/또는 사회문화적인 관점들을 습득하는 것이어서, 테크놀로지가 사회를 변화시키고 있으며 그렇기 때문에 유아의 생활에서도 그 역할을 키워가고 있다는 상당히 결정론적인 방향에 대한 근거를 갖게 되는 경향이 있다. 그 결과, 유아 학습 환경에서 테크놀로지를 접목시켜야 한다는 주장을 하는 연구자들이 늘어나게 되었다[Parette, Quesenberry, & Blum(2010)의 연구를 사례로 참조].

테크놀로지의 측면에서 취해진 이론적 입장이라는 것을 고려하지 않더라도, 2000년대 초기부터 나타나기 시작하는 가정에서 아이들의 테크놀로지 활용에 대한 연구들에서는 일반적으로 학습과학, 특히 사회문화적인 관점에서 나오는 학습에 대한 잘 알려진 원칙들이 반영되어 있다. 예를 들면, Plowman, McPake, & Stephen(2008)은 아이들이 가정에서 테크놀로지적인 기술들을 단순히 '습득'한 것이 아니라, 이러한 기술들은 사실상 유아와 가족 중의 어른들과 형제들 사이에서 함께 형성되고 조력을 받은 것이라는 사실을 발견했다. 이러한 습득과정은 테크놀로지 용품들에 대한 직접적인 지도, 모형제작, 실험, 관찰, 놀이 등이 포함되어 있었다.

Zevenbergen(2007)은 '디지털 놀이'의 개념이 변화하고 있음을 가리키는 또 다른 중요한 논문을 발표했다. Bourdieu의 아비투스 개념을 사용해서, 그녀는 유아들의 테크놀로지 사용이 증가하는 것은 일상생활에서 피할 수 없는 현실로 받아들여야 한다는 사실상 기술결정론적 주장을 선보였다. 그녀는 이러한 새로운 일상생활로 인해서 아이들이 '디지털 원주민'으로 묘사되는 현실에서 유아들에게 새로운 '아비투스'를 만들어 주었다고 제안한다. 디지털 원주민들이 그들의 집에서 테크놀로지를 사용하고 있기 때문에 유아교육 환경에서 발달과정에 특정한 결과를 초래할 수도 있는 테크놀로지를 제공하는 것을 재고할 필요가 있음을 의미하는 것이었다. 그대신 Zevenbergen(2007)은 유아교육 환경에서 테크놀로지의 사용을 보다 잘 알려주는 놀이에 대한 '재개념화된' 관점을 주장한다(p. 20). 디지털 테크놀로지와 대중문화, 21세기의 문해력과 유아의 놀이에 대한 주요 연구자인 Jackie Marsh는 2010년에 가상 세계에 대한 참여라는 관점에서 본 놀이에 관한 글을 발표했다. Marsh(2010)는 Sutton-Smith(1997)와 Pellegrini(1991)와 같은 학자들을 언급하며 놀이를 맥락으로 의미가 있는 것으로 규정하였다. 유아의 가상세계 놀이에 대한 자신의 연구에서 발견한 근거들을 바탕으로 놀이의 유형을 분류하고 있다. 그 유형은 '상상놀이, 소꿉놀이, 순서가 정해진 놀이, 규칙이 있는 게임, 거친 몸싸움 놀이'이다(p. 30). 유아의 생활에서 테크놀로지의 역할에 대한 대부분의 사회맥락적인 설명들과는 다른, 놀이에 대한 기존의 연구들과 설명들을 융합한 그녀의 견해는 주목을 받기 시작했다.

Verenikina & Kervin(2011)은 아이패드를 활용하는 유아에게 '디지털 놀이'라는 개념을 처음으로 사용한 연구자들에 속한다. 이 논문에서는 놀이에 대한 기존의 이론들을 계속해서 사용하면서 앱을 활용하는 유아들에게 적용해서 놀이에 대한 개념을 만들어 내고 있다. Vygotsky(1976), Singer & Singer(1990), 그리고 Piaget(1953)에 의거하여 Verenikina & Kervin(2011)이 놀이를 '유아의 즉흥적이고 자발적이며 스스로 통제하는 활동이며, 목적이 있을 필요가 없는 것'으로 규정했다(p. 6). 그러므로 이러한 정의에 따라서 분류하자면 디지털 놀이는 아이패드에 있는 앱으로 유아가 행하는 활동이나 참여의 형태로 이해할 수 있다. 디지털 놀이라는 개념을 처음 만들어 냈던 사람들은 이 분야에서 중요했기 때문에, 이러한 초기의 연구와 사고들의 상당수가 가지고 있던 한계가 디지털 영역에서의 주류적인 놀이 이론에도 영향을 미치게 되었다. 이러한 한계는 사실 유아들이 테크놀로지를 사용하는 방식과 관련되는 테크놀로지 이론에 대한 관심과 주의가 결여되어 있었기 때문일 수 있다. 우리가 앞서 지적했듯이, 테크놀로지의 사용에 대한 사회맥락적인 설명에 맞서서 놀이에 대한 기존의 이론들에 의존하게 되면 유아의 테크놀로지를 사용한 놀이를 이해하는 데 있어서 기술결정론적인 정당화로 향하는 경향이 있다. 이러한 입장에서는, 주어진 테크놀로지는 '빠르게 발전'하고 있으며 아이들은 그것을 자연스럽게 사용하는 '디지털 원주민'으로 묘사하고 있는데, 놀이에 대한 전통적이며 기존에 존재하는 이론들로 아이들의 디지털 테크놀로지 활용을 설명하는 데에만 집중하고 있다. 이러한 접근은 디지털 놀이의 유형을 범주화하는 시도에서도 계속되어 오고 있다. 예를 들어서, Marsh, Plowman, Yamada-Rice, Bishop, & Scott(2016)은 본래 디지털 놀이라는 것을 감안하지 않고 고안된 놀이의 분류체계에 '초월적인 놀이'라는 항목을 추가하면 테크놀로지를 활용한 놀이를 분석하는 데도 유용한 도구가 될 수 있다고 주장한다.

하지만, 테크놀로지에 대한 보다 비판적인 관점에서는 Selwyn(2010)이 실제 상태의 점검이라고 말했던 바와 같이, 이러한 결과가 나타나는 데 있어서 테크놀로지의 역사적인 진화와 인간의 목적, 그리고 사회적 필요성에 대해서 이해하려고 시도한다. 비판적인 관점으로 실제 상태에 주의를 기울인다는 것은 놀이에 관한 전통적인 생각이 아이들의 디지털 참여활동에 관해서 생각해보는 것에 있어서의 '제약요소'로 여길 필요가 없다는 것을 의미한다. 제4장에서 소개했던 Edwards, Nuttall, Mantilla, Wood, & Grieshaber(2015)의 연구에 따르면, 유아교사들의 생각에 유아가 테크놀로지를 가지고 노는 방법과 이유에 관한 기존의 놀이이론들은 사실상 실제 상태(Selwyn, 2010)의 일부분이다. 왜냐하면 교사들이 활용할 수 있는(연구자들도 마찬가지) 디지털 놀이에 대한 다른 이론들이 사실상 없기 때문에, 아이들이 디지털 테크놀로지를 이용하여 노는 것을 이해하려 할 때에 그들이 기존의 놀이이론들을 꺼내드는 것은 놀라운 것이 아니다. 예를 들면, Verenikina & Kervin(2011)은 앱을 이용한 아이들의 디지털 놀이를 분석하는 데 있어서 기존의 놀이이론들을 적용했다. 마찬가지로, Marsh(2010) 역시도 가상 세계에 참여하는 아이들에게서 관찰된 여러 유형의 놀이에 대해 분석하면서 놀이에 관한 기존의 생각을 사용했다.

하지만 우리가 제4장에서 언급한 바와 같이, 디지털 시대 유아의 놀이와 학습에 대한 문화적 관점에서는 도구와 지식 사이의 변증법적인 관계를 강조하고 있다. 테크놀로지 도구들이 만들어져서 보급되면, 지식 역시도 발전하는 것이다. 기술이 발전하면, 이번에는 테크놀로지 도구들이 다시 만들어진다. 우리는 이 책 전반에 걸쳐서 Einstein의 양자역학에 관한 생각(Einstein, 1907)과 이후 마이크로프로세서의 발명으로 이어지는 관계를 묘사함으로써, Vygotsky, Piaget, Montessori의 생각이 Alan Kay의 다이나북(Kay, 1972)에 미친 영향과 그로부터 아이패드의 탄생으로까지 이어지는 관계를 설명함으로써 이러한 변증법적인 관계를 보여 주고 있다. 이러한 변증법적인 입장을 견지한다면, 놀이에 대한 관점이 그러한 관점이 나온 그 시대적 맥락에만 머물러 있을 이유가 없다. 다른 분야에서의 지식들과 마찬가지로, 놀이에 대한 지식 역시 진화하는 것이며, 디지털 놀이에 대한 새로운 생각도 얼마든지 가능할 수 있음을 의미한다.

디지털 놀이에 대한 새로운 생각

디지털 시대의 이전에는 놀이에 있어서 디지털적인 관점이 당연히 필요가 없었다. 놀이라는 것은 '자유롭게 선택하고 비문자적'(Rubin, Fein, & Vandenberg, 1983)과 같이 다양하게 생각되었으며, 역할놀이나 가상놀이, 또는 전반적으로 돈을 써서 하는 놀이와 같은 여러 다른 형태가 있다고 여겨졌다. 트랜지스터 텔레비전, 라디오가 발명되지도 않았고 온라인 디지털 콘텐츠가 존재하지 않았던 시절에는, 전통적인 놀이라는 것이 디지털과는 전혀 관계가 없었다. 하지만 연구결과들을 보면 유아 놀이는 시대를 거치며 발전되어 온 테크놀로지의 여러 다른 형태들과 결합하면서 디지털을 놀이에 이용하기 시작한다는 것을 알 수 있다. Marsh & Bishop(2014)은 유아의 대중문화에 대한 관심에 관한 연구에서 이러한 사실을 설명하고 있다. 그들은 아이들의 이야기

서사에서 라디오의 영향이, 그리고 이후에는 텔레비전의 영향이 있음을 보여 주고 있다. 디지털 놀이에 대한 새로운 생각을 살펴보면, 초기에는 기존의 놀이 이론들을 디지털 맥락에 적용했고, 그 이후에 다시 발전을 하기 시작했다. 디지털 놀이에 대한 이러한 보다 새로운 생각으로의 전환은 '실제 상태'에 대한 보다 강한 분석과 연관되어 있다. 디지털 시대에 어린아이들과 그들의 놀이에 실제 상태에서 어떤 일들이 벌어지고 있는지를 묻는 것이다. 이러한 질문에 대한 한 가지 대답은 놀이라는 것이 더 이상 엄밀한 의미에서의 현실이나 가상의 활동을 경험하는 것이 아니라는 것이다. 그보다는, 디지털과 디지털이 아닌 것 사이의 경계가 흐려지고 있다는 점을 여러 연구들에서 지적하고 있다.

Marsh(2010)는 유아들의 디지털 활동량이 점점 더 증가하는 맥락 안에서, 전통적 놀이와 디지털 형태의 놀이를 구분하는 것이 더 이상 유용하거나 유효하지 않다고 주장한다. 그녀는 한쪽 끝에는 디지털 놀이가 있고 반대쪽 끝에는 디지털이 아닌 놀이가 있는 연속적인 활동이라는 개념이 보다 생산적인 접근이라고 설명한다. 마찬가지로, Plowman, McPake, & Stephen(2010)은 유아가 가정에서 테크놀로지를 사용하는 것을 조사한 연구를 발표했다. 이 연구에서 그들은 아이들이 전통적인 놀이와 디지털 놀이를 거의 구분하지 않았다고 말한다. 그들은 또한 아이들이 디지털이 아닌 놀이에 디지털적인 방법을 자주 활용한다는 것을 발견했다. 한 가지 사례로, 그들은 스타워즈 피규어를 가지고 노는 남자아이를 소개하고 있다. 이 아이는 자신이 직접 만들어 낸 이야기를 진행시키기에 충분한 피규어 캐릭터를 가지고 있지 않았다. 아이의 해결책은 온라인에 접속해서 자신이 필요한 캐릭터의 이미지를 찾는 것이었다. 아이는 그 캐릭터들의 사진을 프린트해서 오린 다음, 카드보드 위에 그것을 직접 붙였다. 카드보드 위에 오려붙인 피규어들은 이제 아이의 실제 피규어들 무리에 합류했고, 아이는 역할 놀이를 계속해나갈 수 있었다. 이 놀이의 특정 부분을 뽑아서 '전통적' 또는 '디지털'이라고 분류한다는 것은 쉽지 않다. 실제 피규어들을 가지고 노는 부분만 전통적인 놀이일까? 만약 그렇다면, 피규어들은 스타워즈와 같은 영화라는 디지털 매체에서 나온 것이기에 디지털이라는 몇몇 학자들의 주장(Wohlwend & Lewis, 2011)은 어떻게 받아들여야 할까? 이미지를 검색했던 것은 그러면 디지털 놀이일까? 만약에 그렇다면, 유아가 검색했던 목적이 그것을 인쇄하고 오려붙여서 '실제' 물건을 만들어 내려는 것이었다면, 그것을 어떻게 순전히 디지털 놀이라고 할 수 있을까? 탈산업사회 시기의 놀이와는 다르게, 디지털 시대의 놀이는 전혀 디지털이 아니거나 완전히 '디지털'이지 않다. 그것은 절충된 어떤 것이다.

Edwards(2014)는 Marsh(2010)의 연속체 개념을 받아들여서, 아동이 인기 캐릭터인 페파피그에 대한 관심을 드러낼 때 보이는, 디지털과 디지털이지 않은 일련의 활동들에 대해서 서술하고 있다. 그녀는 주인공인 페파피그가 남동생인 조지와 함께 바깥의 진흙탕에서 뛰어노는 것을 즐기는 에피소드에서, 페파피그를 데리고 노는 이 '놀이'가 완전히 연속적인 것일 수 있다고 설명한다. 이러한 연속체에 포함되는 놀이에는, 앱을 이용해서 페파를 점프시켜서 웅덩이 안으로 들어가거나 나오게 하고, 텔레비전으로 '진흙탕' 에피소드를 시청하고, 유튜브를 통해서 스트리밍을 할 수도 있고, 페파피그 월드에서 실제로 진흙탕 안에서 뛸 수도 있으며, 장화를 신고 집에서 자신만의 웅덩이를 만들어서 뛰어놀 수도 있다. 디지털에서 논-디지털(non-digital)로 이르는 이러한 활동들에 대한 설명은 아이들이 어떻게 서로 다른 형태의 활동들에 참여할 수 있는지를 보여 주고 있는데. 이것이 Plowman 외(2010)의 연구진이 표현했던 것과 같은 전통적인 놀이와 디지털 놀이 사이의 흐려진 경계에 대한 설명과 반드시 일치하지는 않고 있다.

이러한 문제에 대해서 Edwards는 웹-맵핑(web-mapping)이라는 개념을 만들어 냈다(Edwards, 2013). 웹-맵핑이라는 개념은 그녀가 호주 멜번의 교외지역에 있는 유아들과 그 가족들을 대상으로 진행한 연구 이후에 제시되었다. 이 연구에서 Edwards(2013)는 부모들과 그 아이들을 초대해서 아이들의 놀이에 관해서 이야기를 나누었다. 그녀는 그 가족들의 집에 아직도 전통적인 놀이가 존재하고 있는 것을 발견했다. 그들은 바깥놀이, 쌓기놀이, 소근육운동놀이, 가상놀이 같은 전통적인 놀이를 하고 있었다. 하지만 이러한 전통적인 놀이들은 거의 언제나 아이들이 디지털을 함께 활용하고 있었다. 예를 들면, 역할놀이에서 아이들은 본인들이 가장 좋아하는 영화나 텔레비전 게임에 관해 알고 있는 내용을 끄집어냈다. 바깥놀이에서는 아이들이 모래밭에서 밥 더 빌더 브랜드의 굴착기 같은 캐릭터 장난감을 이용하는 것을 볼 수 있었다. 반대로, 부모와 아이들이 디지털 놀이라고 설명하는 것들은 모두 전통적인 놀이 활동들과 연관되어 있었다. 이 가운데에는 아이패드에 있는 그림 앱이나 그리기 앱들을 이용해서 손으로 그리는 활동들도 있을 수 있다. (해리포터 레고와 같은) 영화와 관련이 있는 블록들을 이용해서 소근육 또는 쌓기놀이를 하기도 했다. 흥미롭게도 이 연구에서 일상에서의 경험들에서 의미를 만들어 내는 데 있어서 아이들이 디지털 놀이와 전통적 놀이를 어떻게 활용하고 있는지에 대해서 부모들이 설명해 주었다는 것이다. 어떤 부모는 자신의 아이가 스스로 옥토넛의 캐릭터 중 한 명이 되어 만들어 낸 이야기에 대해서 들려주었다. 그 이야기는 가족들이 최근에 차를 타고 가다가 펑크가 났던 경험을 재현하고 있었다. 스스로 만들어 낸 이야기 속에서 아이는 옥토넛이 되어 새로운 타

이어를 갖고 나타나 가족들을 구출해주고 있었다. Stephen(2017)은 다섯 살짜리 여아가 출근하는 것을 흉내 내는 놀이를 할 때, 노트북 컴퓨터를 만들어 내는 장면을 보고하고 있다. 아이는 카드 몇 장을 접어서, 위로 펼쳐진 부분은 노트북의 화면으로, 바닥에 평평한 부분은 키보드와 마우스패드라고 여기고, 자신이 만들어 낸 그 용도에 만족을 표시하면서 그 '컴퓨터'를 사용하기 시작했다. 이러한 개인적인 의미화에 대한 묘사들은, 사람들은 자신의 문화적인 상황으로부터 자신만의 의미의 관계망(web)을 변형하거나 만든다는 Edwards(2013)와 Geertz(1973)의 주장과 연관된다. Edwards는 전통적인 놀이와 직결되는 디지털 형태의 활동들을 '관계망'이라고 표현했다. 이러한 관계망에서, 디지털은 부채꼴 영역들을 형성하고, 전통적인 놀이들은 동심원들로 표현된다(그림 5.1). Edwards는 아이들이 디지털 놀이와 전통적인 놀이를 결합하여 개인적인 의미화를 하는 것은 그러한 관계망으로 '맵핑'이 될 수 있으며, 따라서 '웹–맵핑'이라는 새로운 개념을 만들어 냈다.

이어서 유아를 가르치는 교사들이 웹–맵핑을 활용하는 연구에서는, 이러한 새로운 '디지털 놀이'의 등장으로 인해서 교사들이 유아교육 틀이 안에 디지털 활용이라는 항목을 포함시키는 데 있어서 강력한 틀이 되어 주고 있다는 것을 보여 준다(Edwards, 2015). 그러한 교육과정 안에는 관찰하기, 계획표 짜기, 자신이 이야기하기 등의 경험이 있는데, 모두 전통적인 방법과 디지털적인 방법이 통합되어 있었다. 그러므로 놀이에 대한 기존의 이론을 디지털 활동에 적용하기보다는, 웹–맵핑이라는 개념은 놀이에 관한 전통적인 생각을 디지털 시대에 있어서 새로운 해석으로 발전시킬 수 있게 한다.

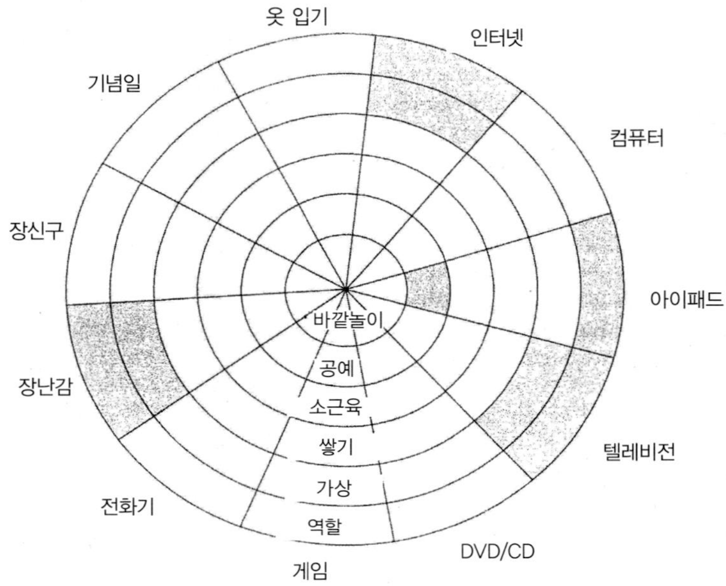

[그림 5.1] 유아가 의미화를 만들어 내는 데 있어서 전통적인 활동과 디지털 활동이 연결되는 웹-맵핑의 예(Edwards, 2013, p. 21).
출처: 피터 랭 인터내셔널 아카데믹 퍼블리셔 사의 승인을 얻어 사용

나가며

디지털 놀이는 유아교육 연구에 있어서 빠르게 발전하고 있는 분야이다. 디지털 놀이에 관한 초기의 이해에서는 유아들의 학습에 있어서 유용한 소프트웨어로 여겨지는 것이 무엇인지를 규정한 발달에 적합한 실제라는 구성주의적인 개념을 활용했다. 이후에, 디지털 테크놀로지가 유아들의 일상생활에서의 경험과 대화적인 관계를 갖는 방향으로 점차 발전하면서, 놀이에 대한 기존의 이론들은 유아들이 실제로 테크놀로지를 사용하는 방법과 점차 융합하기 시작했다. 유아들이 테크놀로지

를 활용하는 방식에 '놀이 이론'을 적용하면 아이들의 테크놀로지 활동에 대한 기술로 귀결되는데, 이는 가상놀이, 규칙을 가진 게임, 환상놀이와 같은 전통적인 놀이 방식으로 그것을 설명하는 것이었다. 이러한 기술결정론적 시각보다는, 테크놀로지를 비판적이고 실질적인 관점에서 보게 되면 디지털 시대 아동의 놀이에 관련한 실제 상태에 집중할 수 있도록 해준다. 이는 놀이이론들을 테크놀로지에 적용하지 않는 것이 아니라, 놀이에 관한 기존의 이론들을 디지털 시대에 걸맞은 디지털 놀이에 대한 보다 새로운 생각으로 진화할 수 있는 잠재성의 측면에서 생각해 보자는 것이다. 이번 장에서, 우리는 현재의 유아 활동에서 전통적인 놀이와 디지털 놀이가 어떠한 모습을 띠고 있는지에 대한 연구들을 살펴보고자 했다. 우리는 또한 이러한 형태의 놀이에서, 각각을 서로 뚜렷하게 구분하는 것이 불가능하게 점차 그 경계가 흐려지고 있다는 이야기를 소개했다. Edwards(2C13, 2015)의 연구를 들여다봄으로써, 우리는 전통적인 측면에서의 문화적인 의미화 작업과 통합된 절차로서 보다 테크놀로지 요소를 부각하고 있는 디지털 놀이에 대한 새로운 설명방식인 웹-맵핑이라는 개념을 소개했다. 우리는 디지털 시대 놀이에 대한 새로운 개념이 계속해서 진화하는 방향으로 향후 연구를 진행할 것을 제안하고자 한다.

참고문헌

Blaise, M. (2009). 'What a girl wants, what a girl needs': responding to sex, gender, and sexuality in the early childhood classroom. *Journal of Research in Childhood Education, 23*(4), 450–460.

Burnett, C. (2010). Technology and literacy in early childhood educational settings: a review of research. *Journal of Early Childhood Literacy, 10*(3), 247–270.

Cannella, G. S. (2000). Critical and feminist reconstructions of early childhood education: continuing the conversations. *Contemporary Issues in Early Childhood, 1*(2), 215–221.

Chaiklin, S. (2003). The zone of proximal development in Vygotsky's analysis of learning and instruction. *Vygotsky's educational theory in cultural context, 1*, 39–64.

Clements, D. H. (1987). Computers and young children: a review of research. *Young Children, 43*(1), 34–44.

Davis, B. C., & Shade, D. D. (1999). Integrating technology into the early childhood classroom: the case of literacy learning. *Information Technology in Childhood Education* (pp. 221–254). Retrieved from www.learntechlib.org/index.cfm/files/paper_8857.pdf?fuseaction=Reader.DownloadFullText&paper_id=8857.

Donohue, C. (2015). *Technology and digital media in the early years*. New York: Routledge.

Duncan, R., & Tarulli, D. (2003). Play as the leading activity of the preschool period: insights from Vygotsky, Leont'ev and Bakhtin. *Early Education and Development, 14*(3), 271–292.

Edwards, S. (2011). Lessons from 'a really useful engine'™: using Thomas the Tank Engine™ to examine the relationship between play as a leading activity, imagination and reality in children's contemporary play worlds. *Cambridge Journal of Education, 41*(2), 195–210.

Edwards, S. (2013). Post-industrial play: understanding the relationship between traditional and converged forms of play in the early years. In J. Marsh & A. Burke (Eds.), *Children's virtual play worlds: culture, learning, and participation* (pp. 10–26). New York: Peter Lang.

Edwards, S. (2014). Towards contemporary play: sociocultural theory and the digital-consumerist context. *Journal of Early Childhood Research, 12*(3), 219–233.

Edwards, S. (2015). New concepts of play and the problem of technology, digital media and popular-culture integration with play-based learning in early childhood education. *Technology, Pedagogy and Education, 25*(4), 513–532.

Edwards, S., Nuttall, J., Mantilla, A., Wood, E., & Grieshaber, S. (2015). Digital play: what do early childhood teachers see? In S. Bulfin, N. F. Johnson, & C. Bigum (Eds.), *Critical perspectives on early childhood education* (pp. 66–84). Palgrave Macmillan's Digital Education and Learning Series. New York, NY: Palgrave Macmillan.

Einstein, A. (1907). "Theorie der Strahlung und die Theorie der Spezifischen Wärme" [Planck's theory of radiation and the theory of specific heat]. *Annalen der Physik, 4*(22), 180–190. doi: 10.1002/andp.19063270110.

Fleer, M. (2003). Early childhood education as an evolving 'community of practice' or as lived 'social reproduction': researching the 'taken-for-granted'. *Contemporary Issues in Early Childhood, 4*(1), 64–79.

Gee, J. (2003). What Video Games Have to Teach Us About Learning and Literacy. ACM *Computers in Entertainment, 1*(1), 1–4.

Geertz, C. (1973). *The interpretation of cultures* (Vol. 5019). New York, NY: Basic Books.

Gibbons, A. (2010). Reflections concerning technology: a case for the philosophy of technology in early childhood teacher education and professional development programs. In S. Izumi-Taylor & S. Blake (Eds.), *Technology for early childhood education and socialization: developmental applications and methodologies* (pp. 1–19). Hershey, NY: IGI Global.

Grieshaber, S., & Cannella, G. (2001). From identity to identities: Increasing possibilities in early childhood education. In S. Grieshaber & G. Cannella (Eds.), *Embracing identities in early childhood education: diversity and possibilities* (pp. 3–23). New York, NY: Teachers College Press.

Haugland, S. W. (1999). What role should technology play in young children's learning? Part 1. *Young Children, 54*(6), 26–31.

Haugland, S., & Shade, D. D. (1988). Developmentally appropriate software for young children. *Young Children, 43*(4), 37–43.

James, A., Jenks, C., & Prout, A. (1998). *Theorizing childhood.* Cambridge, MA: Polity Press.

Kamii, C., & Ewing, J. K. (1996). Basing teaching on Piaget's constructivism. *Childhood Education, 72*(5), 260–264.

Kay, A. C. (1972, August). A personal computer for children of all ages. In *Proceedings of the ACM annual conference – Volume 1* (p. 1). ACM.

Kline, S., Dyer-Witheford, N., & De Peuter, G. (2003). *Digital play: the interaction of technology, culture and marketing.* Montreal: McGill-Queen's University Press.

Kravtsova, E. E. (2006). The concept of age-specific new psychological formations in contemporary developmental psychology. *Journal of Russian & East European Psychology, 44*(6), 6–18.

Lewin, C. (2000). Exploring the effects of talking book software in UK primary classrooms. *Journal of Research in Reading, 23*(2), 149–157.

Marsh, J. (2010). Young children's play in online virtual worlds. *Journal of Early Childhood Research, 8*(1), 23–39.

Marsh, J., & Bishop, J. (2014). *Changing play: play, media and commercial culture from the 1950s to the present day.* New York: Open University Press.

Marsh, J., Plowman, L., Yamada-Rice, D., Bishop, J., & Scott, F. (2016). Digital play: a new classification. *Early Years, 36*(3), 242–253.

NAEYC (1986). Position statement on developmentally appropriate practice in programs for 4–5-year-olds. *Young Children, 41*(6), 20–29.

Parette, H. P., Quesenberry, A. C., & Blum, C. (2010). Missing the boat with technology usage in early childhood settings: a 21st century view of developmentally appropriate practice. *Early Childhood Education Journal, 37*(5), 335–343.

Pellegrini, A. D. (1991). *Applied child study: a developmental approach.* Hillsdale, NJ: Erlbaum.

Piaget, J. (1953). *The origin of intelligence in the child.* London: Routledge and Kegan Paul.

Plowman, L., McPake, J., & Stephen, C. (2008). Just picking it up? Young children learning with technology at home. *Cambridge Journal of Education, 38*(3), 303–319.

Plowman, L., McPake, J., & Stephen, C. (2010). The technologisation of childhood? Young children and technology in the home. *Children & Society, 24*(1), 63–74.

Qvortrup, J., Corsaro, W. A., Honig, M. S , & Valentine, G. (2009). *The Palgrave handbook of childhood studies.* Basingstoke: Palgrave Macmillan.

Rubin, K. H., Fein, G. G., & Vandenberg B. (1983). Play. In E. M. Hetherington (Ed.), *Handbook of child psychology, Vol. 4, Socialization, personality, and social development* (4th edn). New York: Wiley.

Selwyn, N. (2010). Looking beyond learning: notes towards the critical study of educational technology. *Journal of Computer Assisted Learning, 26,* 65–73.

Shade, D. D. (1991). Developmentally appropriate software. *Early Childhood Education Journal, 18*(4), 34–36.

Shaffer, D. (2007). *How computer games help children learn.* New York: Palgrave Macmillan.

Singer, D. G., & Singer, J. L. (1990). *The house of make-believe.* Cambridge, MA: Harvard University Press.

Soto, L. D., & Swadener, B. B. (2002). Toward liberatory early childhood theory, research and praxis: decolonizing a field. *Contemporary Issues in Early Childhood, 3*(1), 38–66. doi: 10.2304/ciec.2002.3.1.8.

Stephen, C. (2017). ICT made playful. In G. Walsh, D. McMillan, & C. McGuiness (Eds.), *Playful teaching and learning* (pp. 133–147). London: SAGE.

Sutton-Smith, B. (1997). *The ambiguity of play*. Cambridge, MA: Harvard University Press.

Verenikina, I., & Kervin, L. (2011). iPads, digital play and preschoolers. *He Kupu, 2*(5). Retrieved from www.hekupu.ac.nz/Journal%20files/Issue5%20October%202011/iPads%20Digital%20Play%20and%20Preschoolers.pdf.

Vygotsky, L. (1976). Play and its role in the mental development of the child. In J. Bruner, A. Jolly, & K. Sylva (Eds.), *Play and its role in development and evolution* (pp. 537–555). New York, NY: Basic Books.

Vygotsky, L. S. (1987). Problems of general psychology. In R. Rieber, A. Carton, & N. Minick (Eds.), *The collected works of L. S. Vygotsky* (Vol. 1). New York, NY: Plenum Press.

Vygotsky, L. (2004). Imagination and creativity in childhood. *Journal of Russian and East European Psychology, 42*(1), 7–97.

Vygotsky, L. (2005). Appendix. From the notes of L. S. Vygotsky for lectures on the psychology of preschool children. *Journal of Russian and East European Psychology, 43*(2), 90–97.

Wohlwend, K. E., & Lewis, C. (2011). Critical literacy, critical engagement, and digital technology. In D. Lapp & D. Fisher (Eds.), *Handbook of teaching and researching the English language arts* (pp. 188–195). New York: Routledge.

Zevenbergen, R. (2007). Digital natives come to preschool: implications for early childhood practice. *Contemporary Issues in Early Childhood, 8*(1), 19–29.

제3부
아동과 테크놀로지

이 책 앞부분에서는 디지털 시대 문화 역사적 진보를 면밀하게 보았다. 테크놀로지의 변화를 시작으로 Masuda(1980)가 기술에서 신제품들이 부추긴 지식과 인간과의 새로운 관계를 통해 정신노동의 확대로 묘사한 것과 비평 관점을 주로 하여 디지털 시대 놀이와 학습에 대한 우리의 이해 발달을 조사했다. 이 책 뒷부분에서는 디지털 시대 유아 삶의 경험–그들 시대의 일상 문화–에 주목하려 한다. 유아는 가정에서 핵가족 또는 확대가족 속에서 많은 시간을 보낸다(Plowman, 2014; Tudge, *et al.*, 2006). '실제 상태'에서 작업한다는 것은 기술혁신의 문화 역사적 적용을 이해함을 의미한다. 유아가 가정에서 가족과 함께하는 디지털 경험에 초점을 맞추었다. 유치원에서 또는 쇼핑하거나 레저 시간을 보내는 곳에서의 디지털 경험을 부정하지 않는다. 오히려 후반부에 유아가 친구와 디지털 기기와 상호작용하는 방식을 보기 위하여 기관에서 일어나는 증거에 주목한다. 그럼에도 불구하고 나중에 보듯이 유아는 집에서 대부분 디지털 테크놀로지를 심도 있게 사용하고 있다. 사용상 목표와 기대는 지역 문화와 기기와 관련 있다.

여기 유사한 논의가 이어진다. 이 시각 디지털 시대에 자라는 유아의 평범하고 일상적인 경험, 즉 현재 문화에 관해서이다. 문화 역사적 관점에서 행동과 행위, 그리고 학습을 본다. 개인이 맺는, 역사가 가져온 사회, 경제, 정치, 문화적 상황과의 관계에서 이들은 작용한다. 우리는 디지털 테크놀로지와의 관계에 대한 비판적 관점은 디지털 시대 삶과 교육적 결정을 내리는 방식에 도움이 된다고 주창한다. 제3부 첫 장인 제6장은 유아가 테크놀로지와 접촉하는 방법에 대한 실질적 증거를 면밀하게 본다. 한 사회 내에서 디지털 격차와 여러 경험적 특징을 살펴보겠다. 제7장은 진보하는 디지털 시대에 관련하여 유아 삶에서 새로운 발달에 대한 현재 인식에 관한 것이다. 디지털 시대에 자라고 있는 유아 일상을 다르게 하는 가족과 개인의 선호와 선택을 탐색하면서 결론짓는다(제8장).

Williams(1958)가 '평범한 문화'(p. 93)라고 부르면서, 디지털 시대 유아의 놀이와 학습에 대하여 우리가 이해하고 대응하는 교육적 시작이 촉발되었다. 제9장에서 아동의 디지털 숙련에 관하여 유아교사와 연구자에게 주는 적용을 찾으며 이 책을 마치겠다.

참고문헌

Masuda, Y. (1980). *The information society as post-industrial society*. Tokyo: Institute for the Information Society.

Plowman, L. (2014). Researching young children's everyday uses of technology in the family home. *Interacting with Computers, 27*(1), 36–46.

Tudge, J. R., Doucet, F., Odero, D., Sperb, T. M., Piccinini, C. A., & Lopes, R. S. (2006). A window into different cultural worlds: young children's everyday activities in the United States, Brazil, and Kenya. *Child Development*, 77(5), 1446–1469.

Williams, R. (1958). Culture is ordinary. In J. Higgins (Ed.) (2001), *The Raymond Williams reader* (pp. 10–25). Oxford: Blackwell.

6
유아의 디지털 테크놀로지 사용

들어가며

전 세계적으로 유아의 디지털 테크놀로지 활용이 크게 늘었다는 사실은 다음과 같은 다양한 근거사례들로 분명하다. 유아를 겨냥한 테크놀로지 상품의 생산과 판매의 성장(예, Euromonitor International, 2015; Junifer Research, 2015), 각 가정에서 보유한 테크놀로지를 아동이 사용하는 것에 대한 폭넓은 보고와 관찰 사례(예, Cowan, 2016; Prigg, 2014), 취학 전 유아의 학습을 지원하기 위해서 그 나이에 적절한 게임, 이야기, 활동 등을 직접 활용할 수 있는 앱 시장의 급격한 성장(예, Gill, 2015; Vaala, Ly, & Levine, 2015) 등이다. '폭발'과 '급증' 같은 표현들이 유아들 간 디지털 테크놀로지 활용과 이들의 일상생활에서 시각적인 테크놀로지의 범위 확장 정도를 특징적으로 보여 주고 있다. 사물인터넷을 통한 디지털 상호작용은 거의 눈에 띄지 않는다는 점 때문에 그에 대한 논의가 아직 공론화되고 있지 않지만, 디지털 시대의 보다 최근의 모습들에 대해서도 얼마 지나지 않아서 비슷한 용어들로 표현이 될 것이다. 새로운 시대의 초기 단계에서는 이러한 과장법이 이해될 수 있다. 특히 Masuda(1985)의 사회적 테크놀로지의 변화이론에서 일컫는 많은 혁신들로 인해서 새롭고 복잡한 테크놀로지 시스템이 만들어진 시점에서는 더욱 그렇다. 이러한 복잡한 테크놀로지는 전 사회에 걸쳐서 새로운 행동양식을 만들어 내고 기존의 습관과 기대에 도전이 된다.

디지털 시대는 아직 100년이 채 되지 않았고, 앞으로 테크놀로지 혁신은 계속될 것이 분명하다. 그럼에도 불구하고, 우리가 이 책에서 생각을 발전시키는 것과 같이, 유아가 디지털 테크놀로지에 접촉하는 정도와 그 속성에 대해서 탐구하려는 시도는 중요할 것이다. 이번 장에서 우리는 아이들이 활용하고 있는 테크놀로지의 종류에 대한 사례, 아동이 디지털 기술과 상호작용하며 보내는 시간이 얼마나 되는지에 대해서, 그리고 그것을 가지고 무엇을 하는지에 대해서 들여다볼 것이다. 이번 장의 마지막에서는 디지털 격차라고 알려진 것에 대해서도 가늠해볼 것이다. 디지털 격차란 사회 안의 그룹 간 디지털 테크놀로지에 대한 접촉과 사용에 있어서 차이를 말하는 것인데, 특히나 성별과 사회경제적인 차이를 들여다볼 것이다.

유아와 디지털 테크놀로지의 관계: 어떤 테크놀로지들이 있는가?

아동의 디지털 테크놀로지 사용의 증가에 대한 미디어의 관심에는 두 가지 유형이 있다. 하나는 디지털 기기의 사용이 훨씬 더 어린 나이에서부터 시작되고 있다는 일반적인(때로는 부정적인) 보도 경향이고(Prigg, 2015), 또 하나는 모바일 스마트 기기에 대한 선호도가 모든 연령대에 걸쳐서 증가하고 있다는 경향이다(Common Sense Media, 2013; Ofcom, 2016)[5]. 일반적으로 스마트폰과 태블릿 컴퓨터를 가진 가정의 수는 계속 증가하고 있으며, 휴대용 기기를 통해서 디지털 미디어에 접속하는 아이들의 비중도 커지고 있다. 그런데 이러한 일반적인 내용은 각 가정에서의 디지털 테크놀로지 사용의 경향을 말하고 있는 것으로서, 정책입안자들, 교육자들, 제조사들, 사회비평가들은 놀라움을 표하거나 칭찬하며 반색할 수도 있다. 하지만 이러한 내용은 분명 사람들에 대한 설문 조사나 질문과 같은 자체의 연구에 의하여 제한적으로만 검증되었을 것이다. 이러한 내용이 각 가정과 아동의 일상 경험이라고 보아서는 안 된다.

디지털 시대에 자라나고 있는 유아의 현재 경험에 대한 근거를 얻을 수 있는 원천에는 두 가지가 있다. 하나는 정성적 연구로, 특정한 가정과 환경에서의 사례분석에 집중해서 보는 것이다. 또 하나는 정량적 연구로, 일반적으로 설문 조사 기법을 사용한다. 우리는 우선 정량적 연구에서 얻어진 데이터를 보면서 디지털 시대에 유아가 사용하는 디지털 기기에 대해서 살펴본 다음에, 정성적 연구결과를 검토해 볼 것이다.

정량적 연구는 디지털 기기를 보유한 가정에 대한 서술적인 통계와 아동의 테크놀로지 이용에 대한 부모의 설명을 통해서 일반적인 설명을 이끌어낸다. 어떤 설문 조사들에서는 유아가 디지털 테크놀로지와 관계를 맺는 것에 대한 장점이나 위험성에 대한 부모들의 견해에 대한 근거를 모으기도 한다(예, Broadcasting Standards Authority[6], 2015). 국가적 단위에서 수행되는 경우, 특정한 표본기법을 사용하는데, 이런 설문 조사에서는 사회경제적인 요소와 디지털 경험 사이의 연관 관계

역자 주 5) 영국미디어조사국. www.ofcom.org.uk

역자 주 6) 방송윤리위원회

를 알아볼 수 있는 데이터를 수집할 수 있다. 이러한 연구들에서는 전체 인구 수준에서 특정한 기간에 걸쳐서 일어난 변화들에 대한 엄밀한 자료들을 찾아볼 수 있으며, 더 탐구가 진행되어야 할 시사점이나 추세들에 대해서 알려주기도 한다. 하지만, 그러한 결과들은 그 연구에서 채택한 설문기법, 연구에 참여한 가족의 특성, 그리고 연구자가 질문하기 위해 사용한 디지털 미디어의 종류 등을 고려한다면, 한계가 있을 수밖에 없다. 대규모의 설문 조사는 부모들의 맥락에서 벗어난 기억에 의존하고 있고, 아이들이 생각하는 디지털 테크놀로지에 대해서, 아동의 다른 활동들에 대해서 그리고 아동이 일상에서 언제 즐거움을 느끼는지, 어떻게 학습의 기회가 생기는지, 언제 불만족을 느끼는지에 대해서 부모가 정확히 모른다는 점 때문에 더욱 한계를 갖곤 한다. 게다가, 일반적인 추세나 국가 간 비교를 위해서 설문 조사 데이터를 사용할 때에는, 그 나라가 가진 특수한 맥락과 그 설문조사를 후원한 곳의 이해관계에 대해서도 따져보아야 한다. 이번 장에서 우리는 영국에서 매년 실시하는 미디어에 관한 설문 조사와 미국에서 2013년에 실시한 국가 차원의 설문 조사를 주로 들여다볼 것이다. 이러한 두 개의 설문 조사를 선택한 것은 대체로 현실적인 이유 때문이다. 자료에 쉽게 접근할 수 있고, 어떠한 이해관계가 없는 기관에 의해 수행된 견실한 데이터라는 점, 그리고 우리가 이번 장에서 다루고자 하는 그런 질문들이 포함되어 있기 때문이다. 그럼에도 우리는 이것을 확정적이라기보다는 시사적인 것으로 보고자 한다. 이들 설문 조사에서 다룬 디지털 테크놀로지는 몇 개의 비교군들에 한정되어 있는데, 질문의 대상이 된 아이들의 연령대에서 접할 수 있는 것이다. 우리는 이 자료들에 대한 리뷰에서 신생아부터가 아닌 3세 이상의 유아들에 대한 데이터에 보다 더 관심을 기울일 것인데, 왜냐하면 보다 최근의 설문조사들에서 해당 연령대를 대상으로 한 근거들이 다량으로 산출되었기 때문이다. 사실, 가장 상세하면서도 광범위한 근거들은 8세 이상 아동을 대상으로 한 것만이 존재한다.

Ofcom이 영국 내에서 실시하는 미디어 활용과 태도에 대한 연례 설문 조사는, 인구의 표본을 기반으로 수행하는 국가적 차원의 정량적 연구의 사례이다. 여기에서 들여다볼 자료는 2016년에 공개된 설문 조사 데이터(Ofcom, 2016)이다. 비록 이 설문 조사가 5~15세 아이들의 미디어 활용과 태도를 주로 알아보기 위한 것이긴 하지만, 여기에는 3~4세 아이들의 디지털 경험에 대한 데이터도 포함되어 있고, 어떤 문항들에서는 5~7세 아이들을 따로 떼어 보여 주기도 한다. 3~4세 유아를 둔 부모들에게는, 가족들이 브유하고 있는 디지털 미디어와 대상 아이들이 집에서 사용하는 디지털 기기의 종류가 무엇인지, 아이들이 이러한 테크놀로지를 이용하면서 보내는 시간은 얼마나 되는지, 그리고 이런 디지털 기기와 접촉하는 동안 아이들이 접하는 콘텐츠는 무엇인지에 대한 질문이 주어졌다. 2016년의 설문 조사 결과에서 3~4세 아이를 둔 부모들의 응답에 의하면, 설문 조사에 응한 81퍼센트의 가정에서 태블릿 컴퓨터를 보유하고 있었는데, 자기 전용의 태블릿을 가진 3~4세 아이의 비율은 겨우 16퍼신트였다. 3~4세 아이를 둔 가정의 74퍼센트가 인터넷에 연결된 데스크톱 컴퓨터 또는 노트북 컴퓨터를 보유하고 있었고, 50퍼센트가 텔레비전에 연결해서 사용하는 콘솔게임기를 보유하고 있었다. 해당 연령대의 아이를 둔 가정의 85퍼센트가 일반적인 TV를 보유하고 있었고, 50퍼센트가 스마트 TV를, 96퍼센트(스마트폰 포함)가 휴대전화를 보유하고 있었다. 이러한 설문 조사와 비교할 만한 데이터를 보면, 3~4세보다는 5~7세 아동을 둔 가정에서 태블릿 컴퓨터(83퍼센트), 데스크톱 컴퓨터 또는 노트북 컴퓨터(82퍼센트),

그리고 콘솔게임기(75퍼센트)를 가진 비율이 더 높게 나타나고 있었다.

하지만 각 가정에서 기기를 보유하고 있다는 것이 취학 전 유아가 그 기기를 반드시 사용한다는 것을 의미하지는 않는다. 예를 들면, 스마트 TV를 보유한 가정의 3~4세 유아 중에서 43퍼센트만 이용했고, 데스크톱 또는 노트북을 보유한 가정에서는 24퍼센트의 유아가 그것을 사용했다. 손에 쥐고 사용하는 게임기나 TV에 연결된 콘솔게임기, 또는 교육용 게임기를 사용하는 3~4세 유아의 수는 2013~2016년 사이에 거의 변화가 없거나 조금 감소하고 있었다. 반면, 같은 시기에 그들 가정에서 아이들이 태블릿 컴퓨터를 사용하는 사례가 눈에 띄게 증가하고 있었다. 가정에서 태블릿을 사용하는 3~4세 유아의 비율은 2013년의 20퍼센트에서 2015년에 53퍼센트로, 2016년에는 55퍼센트로 증가했다. 하지만, 가정에서 태블릿을 사용하는 3~4세 유아의 비율이 늘어나긴 했지만 이 수치는 2016년에 동일 연령대의 아이를 둔 가정에서 태블릿을 보유한 비율이 증가하는 정도에는 뒤처지고 있다는 점을 Ofcom은 지적하고 있는데, 이는 새로 태블릿을 보유하게 되었다고 해서 아이들이 모두 그것을 사용하지는 않는다는 것을 나타내주고 있다. 2016년에 가정에서 태블릿을 사용하는 5~7세 아동의 비율은 67퍼센트였다.

학교에 다니기 전 유아가 태블릿에 접근하고 사용하는 비율이 증가하는 영국의 추세는 국제적으로도 유사하게 나타나고 있다. 비록 대상 연령의 범위가 다르고 대상 기기들도 다르긴 했지만, 미국에서 실시한 '*0세에서 8세까지: 미국에서 아동의 미디어 활용*'이라는 설문 조사(Common Sense Media, 2013)에서도 유사한 추세가 확연하게 나타난다. 0세부터 8세 사이 아동의 미디어 활용에 대한 이 설문 조사에서는 전체 참여자 중 75퍼센트가 가정에서 (스마트폰과 태블릿 등) 모바일 기기에 접근하고 있으며, 자신만의 태블릿을 가진 비율은 2011년의 8퍼센트에서 2013년에는 40퍼센트로 증가했다. 미국에서 2세 이하의 영아(영국의 Ofcom 조사에서는 포함되지 않은 그룹이다) 중 38퍼센트가 2013년에 모바일 기기를 사용했다. 에스토니아에서는 2014년에 온라인 설문조사에 응답한 부모의 50퍼센트가 0~3세인 자신의 아이들에게 휴대전화와 태블릿을 포함하는 부모가 가진 스마트 기기의 사용을 허락했다고 답했다(Nevski & Siibak, 2016). 이 설문조사에서 3세 이하의 (대표성은 없는) 표본 아이들은 일상생활에서 스마트폰(39퍼센트)을 태블릿(25퍼센트)보다 더 많이 사용하고 있었다. 싱가포르에서도 역시 7세 이하의 아동이 일상적으로 스마트 기기에 접근하고 있는 것으로 확인되었다(Ebbeck, Yim, Chan, & Goh, 2016). 뉴질랜드에서는, 2~5세의 유아가 다른 나라의 또래들에 비해서 스마트폰을 통한 인터넷 콘텐츠 접근 비율이 낮았고(2015년 보고된 기준으로 18퍼센트), 같은 나이의 유아들 사이에서 태블릿 사용이 증가하고 있었다. 뉴질랜드에서 평균 2~5세의 유아들은 인터넷에 접속하기 위해서 태블릿을 데스크톱 컴퓨터와 노트북 컴퓨터만큼 사용하고 있는 것으로 나타났는데(각각 30퍼센트 정도), 다섯 살 유아 50퍼센트가 노트북 또는 데스크톱을 이용해서 인터넷에 접속하고 있었고, 44퍼센트는 태블릿을 이용해서 접속하고 있었다(Broadcasting Standards Authority, 2015).

3세 이하 아이들의 디지털 사용 환경을 보다 더 알아보려면 우리는 우선 미국에서 Vanderwater를 비롯한 연구진(2007)이 수행했던 대규모의 설문 조사를 살펴봐야 한다. 왜냐하면 그들의 연구가 디지털 테크놀로지에 접근하고 사용하는 것에 대해서 각 연령별 차이에 대해 살펴본 몇 안 되는 설문 조사 중 하나이기 때문이다. 이 연구에서 텔레비전이나 비디오/DVD 플레이어 등이 거의 보편적으로 나타난 결과는 연구진들에게 놀라운 것이 아니었으나, 0~2세의 영아 중에서 자신의 침실에 텔레비전이 비치된 비율이 18퍼센트라는 건 예상치 못했던 것이었다. 0~2세 영아의 거의 절반이 비디오 콘솔게임기를 보유한 집에서 살고 있었고, 80퍼센트는 집안에 인터넷에 접속할 수 있는 컴퓨터가 있었고, 45퍼센트는 집에 고속 인터넷이 설치되어 있었다. 2013년에 실시된 0세에서 8세까지' 설문 조사에서는 2세 이하 영아 중 매일 텔레비전을 시청하는 비율이 66퍼센트로 나타났는데, 이 수치는 Vanderwater 외(2007) 연구진의 2007년 설문 조사에서의 63퍼센트와 거의 유사하다는 사실을 발견할 수 있었다. 하지만 각자의 침실에 TV가 비치되어 있는 2세 이하 영아 수는 2011년의 0세에서 8세까지'에서 조사했을 때와 비교하면 2013년에는 그 수치가 거의 절반으로 줄어들었다. DVD를 시청하는 유아들의 수는 2007년의 33퍼센트에서 2011년에는 52퍼센트로 시간이 갈수록 그 수치가 높아졌는데, 2013년이 되면 46퍼센트로 떨어진다. 이런 변화들 중 일부는 2세 이하의 아이들이 점점 더 일상적으로 컴퓨터를 사용하는 추세와 연관되어 있을 수 있다(2007년과 2011년의 데이터에서는 모두 4퍼센트였다가, 2013년에는 10퍼센트로 상승한다). 2013년이 되면, (스마트폰과 태블릿이라는) 모바일 기기들이 나이가 조금 더 많은 아동은 물론이고 유아의 일상에 있어서도 보다 중요한 새로운 활동영역으로 추가되었다. 당시에 미국에서 2세 이하의 영아 중 38퍼센트가 (스마트폰 또는 태블릿 모두를 포함하여) 모바일 기기를 규칙적으로 사용하고 있었다.

유아와 디지털 테크놀로지의 관계: 유아는 무엇을 얼마나 오랫동안 하는가?

취학 전 아이들은 나이가 더 많거나 더 적은 아이들에 비해서 부모들이 제공하는 교육 관련 앱(예, 발음교육과 셈 하기 등)을 더 많이 사용하는 것으로 나타났다(Marsh *et al.*, 2015). 하지만 연구진은 부모들이 자신의 아이를 위한 앱을 선택할 때 가장 중요하게 생각하는 요소는 재미있어야 한다는 것이었으며, 교육과 관련된 기능들은 근소한 차이로 두 번째로 중요하게 여긴다는 사실을 발견했다. Marsh 외 연구진이 수행한 설문 조사에 참여했던 가족들의 3~5세 아이들에게 가장 인기가 많은 다섯 가지 앱은 유튜브, 씨비비스(플레이타임과 스토리타임 합산), 앵그리버드, 페파의 페인트박스, 토킹톰이었다. 2016년에 실시된 Ofcom의 설문조사(Ofcom, 2016)에서는 유튜브가 3세부터 15세까지의 아이들에게 있어서 미디어 콘텐츠의 중요한 공급원이라는 사실을 알 수 있다. 이 설문 조사에 참여한 3~4세 아이들의 37퍼센트, 그리고 5~7세 아이들의 57퍼센트가 아이들 표현에 따르면 "TV 같은 콘텐츠"를 보기 위해서 주로 유튜브를 일상적으로 사용하고 있었다(Ofcom, 2016, p. 2). 앱을 활용한 이러한 활동들은 다소 차이는 있더라도 일반적으로 '오락 위주'라고 여길 수도 있지만, 우리는 이 지점이 소프트웨어를 배치해서 곧바로 학습을 이끌어내는 곳이 아니라, Kay(1972, 2013)의 연구와 Kay & Goldberg(1977)의 연구에서 말하는 학습이 일어날 수 있는 잠재적 여지의 공간이라고 이해를 하고 있다.

2013년 미국에서 유아가 태블릿을 이용한 가장 인기 있었던 활동은 게임이었고(63퍼센트), 근소한 차이로 앱 사용(50퍼센트)과 동영상 시청(47퍼센트)이 그 뒤를 잇고 있었다(Common Sense Media, 2013).

영국에서는(Ofcom, 2016) 3~4세 아이들이 게임을 하기 위해서 가장 많이 사용하는 기기가 태블릿이었다. 해당 연령대의 아이들 중 28퍼센트가 게임을 위해서 태블릿을 사용했으며, 휴대전화로 게임을 한 아이들은 15퍼센트, 그리고 손에 쥐고 사용하는 게임기 또는 'TV를 이용한' 콘솔게임을 한 아이들은 17퍼센트였다. 태블릿의 인기와 편의성이 높아지면서, 게임을 하는 용도로서의 노트북과 데스크톱 사용 비율은 2015년과 2016년 사이에 9퍼센트에서 5퍼센트로 거의 절반이 떨어졌다. 모바일 기기는 또한 유아의 학습을 보조하기 위해서 설계되어 판매되고 있는 립스터 익스플로러나 휴대용 또는 동영상 게임기와 같은 상품들과도 아주 잘 경쟁을 하고 있었다. 2016년이 되면, 텔레비전 수신기는 제외하고, 3~15세 전반의 아동 다수가 사용하는 유일한 디지털 기기가 바로 모바일 기기였다.

휴대전화 또는 태블릿을 사용한 게임의 인기가 상승한 것은 사용할 수 있는 앱들의 범위가 거대해졌다는 것과 동반되어 나타났다. Hirsh-Pasek 외(2015) 연구진들은 공개출시된 앱들이 가지는 교육적 잠재성을 측정하기 위한 프레임워크를 만드는 연구를 소개하면서 당시 애플의 앱스토어에 8만 개의 앱들이 '교육' 카테고리에 분류되어 있다(Apple, 2015, p. 4)는 사실을 언급하고 있다. 0세에서 8세까지'의 연구에서는 미국에서 아동이 사용하는 앱의 40퍼센트 이상 정도만이 교육적인 게임을 제공하고 있으며, '그저 재미를 위한' 게임을 제공하는 앱도 유사한 비율을 차지하고 있다고 말한다. 아이들이 사용하는 앱의 38퍼센트가 그림 그리기, 음악 만들기, 동영상 만들기와 같은 창의적인 활동과 연관되어 있는 것으로 설명하고 있다. 가장 최근에는 앵그리버드 개발사와 같은 게임 개발 업체들 사이에서 자사의 게임 캐릭터를 이용한 만화를 만드는 것과 자사의 게임과 연관된 교육프로그램들을 다양한 미디어를 활용하여 출시하는 것에 대한 관심이 생겨나고 있다. 이러한 발전은 유아들을 캐릭터, 이야기, 게임에 참여시킨다는 점에서 '구시대' 테크놀로지와 '새로운' 테크놀로지의 흥미로운 조합이면서, 우리가 제5장에서 논의했던 유아 놀이에 있어서 혼합적인 속성을 연상시키기도 한다.

아동과 (태블릿 컴퓨터의) 앱 사이의 관계에 대한 보다 특수한 사례들을 영국에서 Marsh 외(2015)가 수행했던 테크놀로지와 놀이(TAP) 연구에서 발견할 수 있다. 이 조사는 신생아에서부터 5세 사이의 아기를 둔 부모/보호자 2,000명에 대한 설문조사로 시작되었는데, 이들은 사회경제적, 지리적, 인종적 다양성을 고려하여 영국 전역에서 선별되었다. 이 연구의 설문조사에서 밝혀낸 내용은 아이들이 가정에서 여러 개의 디지털 테크놀로지를 접하고 있다는 것을 보여 주고 있는데, 텔레비전이나 스마트폰, 태블릿과 같은 디지털 테크놀로지 중에서 3개 이하를 가진 사람은 겨우 9퍼센트였다. 설문 조사에 응한 가정의 절반이 4개에서 10개 사이의 기기들을 사용할 수 있었다. 자신의 집이나 대가족, 또는 친구들을 통해서 태블릿을 이용한 0~5세의 유아들은 여러 다양한 활동을 했는데, 스마트폰보다는 태블릿을 이용해서 앱을 사용하는 것으로 나타났다. 아이들은 태블릿을 이용해서 동영상을 시청하고 오디오와 대중음악을 감상했는데, 이러한 활동들은 유튜브를 통해서 많이 이루어졌다. 이 설문 조사의 아이들은 그리기와 색칠 도구를 사용했고, 사진을 찍고, 동영상을 만들고, 스토리보드를 만들고, 텍스트와 오디오를 편집했다. 유아 게임 종류에는 캐릭터에 옷을 입히는 게임, 가상의 반려동물을 돌보는 게임, 자동차를 만드는 공작활동 등이 있었다. 약 60퍼센트의 부모들이 '학습 지원을 위해서' 또는 '놀이와 창의적 활동을 장려하기 위해서' 유아에게 앱을 다운로드 해줬다고 말했다. 어떤 부모들은 일종의 보상으로 새로운 앱을 다운로드 해주거나(3~5세 유아의 부모 중 37퍼센트), TV 프로그램이나 책과 같은 다른 매체를 통해서 접했던 캐릭터를 또 다른 방법으로 만나게 해주기 위해서 이용하기도 했다.

태블릿을 이용하는 유아의 숫자가 증가하고 있기는 하지만, 2013년 미국의 0세에서 8세까지 연구에서 보고되는 총 시청시간에 있어서 텔레비전 시청이 여전히 우위를 점하고 있었다. 설문조사에 응한 아이들을 살펴보면, 총 시청시간의 절반을 텔레비전을 보는 데 사용하고 있었고, 38퍼센트의 시간은 역시나 모바일 기기를 이용해서 텔레비전을 시청하고 있었다. 아이들이 시청하는 텔레비전 프로그램 콘텐츠에 있어서는, 2~4세 유아에게서는 교육적인 TV가 가장 높게 나타났던 반면, 5~8세에서는 아이들을 위한 엔터테인먼트 쇼를 가장 많이 시청하고 있었다. 2016년 영국의 Ofcom 설문조사를 보면, 방송이나 동영상을 보는 데 있어서 가장 보편적으로 이용되는 것은 텔레비전 수신기였지만, 일부에서는 TV나 동영상을 보기 위해서 대안적인 기기들로 옮겨가고 있었다. 영국에서 3~4세 유아 34퍼센트가 텔레비전 수신기가 아닌 기기를 이용해서 텔레비전 프로그램을 보고 있었으며, 32퍼센트의 유아는 텔레비전을 VOD로 보기 위해서 태블릿을 이용하고 있었고, 11퍼센트는 휴대전화를 사용하고 있었다. 국가적 차원에서 실시한 이 두 개의 설문 조사에서는 모두 편성된 TV 프로그램이 아닌 VOD를 통한 텔레비전 시청의 방향으로 추세가 흘러가고 있음을 보여 준다.

지금까지 우리는 유아의 테크놀로지 사용과 아이들이 그러한 기기를 사용해서 하는 활동들에 관한 정량적인 사례들을 살펴보았다. 하지만, 아동이 각자의 집에서 디지털 활동을 어떻게 하는지에 대해서 알고자 한다면, 아동의 경험에 있어서 또 다른 차원을 추가적으로 살펴보아야만 한다. 지금까지 빠져 있었던 그 차원은 시각적인 디지털 테크놀로지와 보내는 시간이라는 차원인데, 이를 통해서 우리의 인식이 달라질 수도 있다. 예를 들면, 2013년의 0세에서 8세까지 연구의 제목 중 하나를 보면 모바일 기기를 사용하는 아동 수는 2011년부터 2013년 사이의 2년 만에 거의 두 배가 늘었고, 같은 기간 동안 모바일 기기의 일일 사용시간 평균은 세 배가 올랐다. 하지만 이 세 배라는 것이, 아동이 모바일 기기를 하루에 5분 사용하던 것에서 15분 사용하는 것으로 늘어났다는 것을 알게 된다면, 변화의 규모보다는 이제 그 질적인 변화를 살펴봐야 한다. 같은 기간 동안, 미국에서는 일일 모바일 시청시간이 10분 늘어났고, '전통적인' 시청시간은 평균 31분이 감소했다. 미국에서 0~8세의 아이들의 일일 텔레비전 평균 시청시간은 2013년에 1시간 55분이었다.

영국에서 Ofcom이 매년 실시하는 미디어 설문 조사에서는 아동이 텔레비전을 시청하는 시간에 관한 질문들을 다른 방식으로 던지고 있는데, 시간대별로 나누어서 총 시간을 살펴보고 있다. 2016년의 조사에서, 평상시 주중에 집이나 다른 곳에서 최대 1시간까지 텔레비전을 시청한 아이들은 41퍼센트였고, 2시간까지 시청한 아이들은 33퍼센트였다. 주중에 그보다 더 오래 시청하는 이들은 적었는데, 3시간까지 시청한 이들은 13퍼센트, 4시간까지 시청한 이들은 6퍼센트였다. 주말에는 텔레비전 시청시간이 늘어나는데, 최대 1시간을 시청한 아이들은 27퍼센트였고, 두 시간까지 시청한 아이들은 30퍼센트, 최대 세 시간은 18퍼센트, 최대 네 시간은 13퍼센트였다. 미국에서의 2103년 수치와 마찬가지로, 2016년 영국의 데이터에서도 아이들이 텔레비전 수신기를 통한 시청시간이 이전보다 조금 줄어드는 추세에 있었다. 영국에서 0~5세 유아 미디어 습관에 대해 조사했던 테크놀로지와 놀이

(TAP) 연구(Marsh *et al.*, 2015)에서는 평균적으로 영국에서 해당 연령대의 유아는 주말에 태블릿을 이용해서 평일에는 하루에 1시간 19분을, 주말에는 하루에 1시간 23분을 소비하고 있었다. 영아(0~2세)가 3~5세에 비해서 태블릿과 어울리는 시간이 조금 더 많았는데, 이는 좀 더 나이가 많은 아이들은 교육환경에 있어서 영아보다 집 밖에서 보내는 시간이 더 많다는 사실로 인한 것 때문일 수 있다. Marsh 등의 연구진들은 하나의 기기를 통해서 여러 미디어에 접근한다는 것은 아이들이 태블릿을 통해서 텔레비전을 시청하고 게임을 하며, 각각의 활동에 할애하는 시간을 더 상세히 분해하는 것은 불가능하다는 것을 의미한다고 말한다. 하지만 이 연구는 하루 동안에 나타나는 태블릿 사용에서의 패턴에 대해서는 조사할 수 있었다. 태블릿은 주중에는 오후 4시에서 오후 6시 사이에 가장 많이 사용되었는데, 주말에는 비교적 하루 종일 고르게 분포되어 있었다. 이러한 기기를 휴대할 수 있다는 사실이 이 연구 자료에서도 역시 나타나고 있다. 태블릿은 오전 9시 이전에는 거실에서 가장 많이 사용되었고, 9시 이후에는 부엌에서, 오후 6시 이후에는 침실에서 가장 많이 사용되었다.

자신보다 나이 많은 형제들과 마찬가지로, 어린이가 가장 많은 시간을 시청하는 것은 텔레비전이었다. 이 아이들은 일반적으로 텔레비전 프로그램이나 DVD 시청보다 모바일 기기나 컴퓨터를 이용해서 게임을 하면서 보내는 시간이 적었다. 미국에서의 2013년 0세에서 8세까지 설문 조사에서는 2세 미만의 영아가 하루에 평균 44분 동안 텔레비전을 시청하고 있으며, 2~4세 유아들은 1시간을 조금 넘기는 것으로 나타났다. 반면에, 1세 미만의 아이들은 어느 날이건 상관없이 컴퓨터나 모바일 기기를 이용해서 게임을 하는 시간이 1분도 되지 않았으며, 2~4세의 아이들은 컴퓨터를 이용해서 게임을 하는 시간이 평일에는 겨우 3분이었고 모바일을 이용해 게임하는 시간은 7분이었다. 사용 빈도에 대한 수치를 들여다보면 평균시간이 이렇게 낮은 이유가 설명된다. 예를 들어서, 2세 미만의 영아 중 38퍼센트가 모바일 기기를 사용했는데, 매일 사용하는 이들은 겨우 6퍼센트, 1주에 한 번 이상 사용하는 이들은 8퍼센트였다. 0~8세 전부를 살펴봐도 모바일 기기를 매일 사용하는 이들은 17퍼센트, 1주에 한 번 이상 사용하는 아이들은 28퍼센트였다. 이러한 수치들을 보면, 영아가 가능한 모든 기기들과 상호작용을 하지만 일반적으로 짧은 시간 동안만 그렇게 한다는 보다 일반적인 결론에 다다를 수 있다. 특히 텔레비전 시청시간과 비교했을 때, 다른 놀이나 활동, 교육적 참여활동들에 소요되는 시간은 짧았다.

디지털 테크놀로지를 이용해서 아동이 무엇을 하는가에 대한 현재의 데이터들을 살펴볼 수 있는 두 번째의 출처는 사례연구나 좀 더 작은 규모의 조사들, 때로는 이론적으로 잘 알려졌거나 실증사례 중심의 특정한 질문들에 목표가 맞추어진 정성적 연구들이다. 이러한 정성적 조사들은 일반성이나 다른 사례에 적용하기가 쉽지는 않지만, 부모들과 아동의 일상적인 행동과 인식들에 관한 풍부하고 맥락이 포함된 결과들을 얻을 수 있다. 이러한 연구들에서는 최근의 이슈들에 대해서 데이터의 수집과 분석에 있어서 상호적인 과정을 통해서 탐구를 할 수 있는 기법들이 사용된다. 이러한 연구사례들로는 유럽연합(EU)의 합동연구센터(JRC)에서 2015년에 발간한 7개국 탐사연구(Chaudron, 2015)가 대표적이다. 이 연구에서는 벨기에, 체코공화국, 핀란드, 독일, 이탈리아, 러시아, 영국의 6~7세 아동의 디지털 테크놀로지 이용실태와 아동의 디지털 활동에 있어서의 부모의 역할에 대해서 알아보기 위해 수행되었다. Marsh 외의 연구진(2015)이 수행했던 테크놀로지와 놀이(TAP) 연구는 태블릿과 앱의 사용에 대한 위 연구의 초기의 대규모 설문조사에 이어서 두 번째 단계에서 함께 수행되었다. 이 단계의 사례연구에서는 여섯 가정에서 생후 6개월에서 4세까지의 유아가 각자의 집에서 증강현실 앱을 사용하는 것에 대해서 살펴보았다. 이 정성적 기법에서는 부모 및 아이들과의 인터뷰, 부모와 연구진이 촬영한 동영상과 사진, 그리고 두 명의 아이들에게는 특정한 앱을 사용할 때 카메라를 착용하게 해서 얻은 동영상을 활용해서 이루어졌다.

EU 안의 일곱 개 국가들 전반에서, 아이들이 소위 '미디어가 풍부한' 가정환경에서 성장하고 있다는 것이 분명하게 나타났다(Chaudron, 2015). 많은 유아가 특히 태블릿의 게임 앱 사용과 동영상 시청과 같은 디지털 테크놀로지를 사용하고 싶어 했지만, 모두 가정에서 디지털 기기들을 빈번하게 사용하지 않는다는 것도 분명하게 나타났다. 그리고 참여자들은 다른 전통적인 놀이를 충분히 하고 있었는데, 디지털 기기가 아닌 다른 놀이기구를 많이 사용하고 있었고, 다른 신체적이며 창의적인 활동도 수행하고 있었다. 예를 들어서, 벨기에의 아이들은 자전거 타는 걸 즐기고, 수영하러 가고, 책을 읽는 것들에 대해서 언급했다. 러시아의 7살 아이 안톤과 남동생은 가족의 태블릿으로 레고 만화를 즐겨 시청하지만, 다음으로 직접 레고로 만드는 활동을 했다. 체코공화국의 한 가정의 아이들은 방과 후 활동으로 선택한 것이 축구연습과 그림 그리기라고 이야기를 했고, 또 다른 가정의 두 자매는 가장 좋아하는 활동이 말타기라고 했다.

Chaudron(2015)이 수행한 JRC의 연구는 우리가 제5장에서 디지털 놀이에 대해서 논의하면서 제안했던 바와 같이 다음과 같이 결론을 내리고 있다. 유아 '오프라인' 활동에 대한 관심과 디지털 활동에 관한 관심 사이에는 상호적인 관계가 있다는 것이다. 예를 들어서, 아이들은 좋아하는 캐릭터나 유튜브에서 본 주제 등 특정한 관심 사항에 대한 정보를 모으기 위해서 온라인에 접속했다. 아이들은 다양한 디지털 매체들을 통해서 좋아하는 캐릭터들에 대해서 찾아보았고, 이야기를 읽었고, 이러한 캐릭터들의 오프라인 그림 위에다 색깔을 칠했다. TAP 연구의 초기 설문 조사 단계에서는 유아의 관심 사항이 어떤 앱을 다운로드 할지를 결정한다는 것에 대해서 보고하고 있다. 3~5세 유아들의 거의 3분의 1이 아이들의 '관심이나 취미'를 만족시키는 앱을 다운로드했다고 말했으며, 사례연구들을 보면 특정한 사안에 대해서 온라인과 오프라인이 연계된 사례들을 볼 수 있다. 예를 들면, 어떤 여아는 아빠처럼 공룡에 대한 관심을 가지고 있었는데, 컴퓨터 게임과 앱, 텔레비전 프로그램, 안고 자는 장난감, 피규어, 그리고 잡지까지 아주 여러 방면에서 열성을 보였다.

JRC와 TAP의 사례연구에서는 부모들의 진술에 의존했던 정량적인 연구들에서는 잘 나타나지 않는 또 다른 발견들을 보여 준다. 유아는 무언가를 공유하거나 여럿이 어울리는 게임이나 활동보다는 혼자서 하는 것을 선호한다. 사례연구들에서는 아이들이 앱을 이용하는 경우에 부모들은 보통 아이들이 그 앱에 익숙해질 때까지 초기에만 도움을 주는 정도로 관여하고 그 이후에는 대체로 관리하는 역할을 한다고 말하고 있다. 대신에 아이들은 개별적으로 상호작용을 하면서 게임이나 다른 디지털 활동들을 즐기는 것을 선호했으며, 부모들이 참견하려는 시도에 대해서는 '적극적으로 저항'했다고 한다. 독립성에 대한 아이들의 욕구는 더 나아가서, 태블릿이나 스마트폰과 같은 보다 좋은 디지털 테크놀로지 갖기를 바라게 되는데, 그래서 어떤 부모들은 보상이나 처벌의 방식으로 디지털 기기에 대한 접근성을 활용하기도 했다. 가족으로 함께 어울리는 활동들은 대체로 텔레비전을 다 같이 본다든가 야외활동을 한다거나 문화이벤트에 참석한다거나 하는 오프라인 활동들이 많았는데, 멀리 떨어진 가족들과의 의사소통을 위해서 스카이프와 페이스타임과 같은 수단을 활용하는 경우는 예외였다.

디지털 격차

지금까지 우리는 인구 표본에서 얻은 일반적인 내용과 가족 사례연구의 정성적인 조사를 통해서 얻은 특징들에 대해서 논의했다. 다음으로 우리는 디지털적인 경험에 있어서 여러 다른 특징들로 구분되는 인구집단 간에 유의미한 차이가 있는지를 살펴보기 위해서 정량적 증거들을 들여다볼 것이다. 우리의 의도는 아이들과 부모의 어려운 경제 사정을 밝힌다거나 특정한 요소가 어떤 결과를 결정짓는다고 제안하려는 것이 아니다. 그보다 우리는 아이들의 발달과 테크놀로지의 혁신이 일어나는 가운데에서의 문화적인 맥락이, 그 새로운 기술들이 일상의 경험과 친숙한 관행의 일부가 되는 방식에 있어서 차이를 발생하게 만든다는 우리의 주장과 관련한 논의를 여기에서 소개하고자 한다. 우리는 아이들 각자의 경험에 영향을 줄 수 있을 것으로 보이는 두 가지 차원에 집중해 보고자 한다. 바로 성별과 사회경제적 지위이다. 하지만, 위에서 설명했던 연구들에서 활용한 데이터들과 제기된 질문에 한하여 논의할 것이다.

미국의 0세에서 8세까지 설문조사(Common Sense Media, 2013)의 데이터에서는 성별 차이는 밝히지 않고 있지만, TAP 연구(Marsh *et al.*, 2015)와 영국의 미디어 설문 조사(Ofcom, 2016)에서는 모두 적어도 몇몇 문항들에 있어서는 남자아이와 여자아이에 대한 데이터를 서로 분리해 놓고 있다. 2015년의 TAP 연구에서는 여자아이들보다 남자아이들이 자신의 태블릿을 가진 경우가 많으며, 집에서도 남아가 여자보다 접할 수 있는 디지털 기기들의 숫자가 더 많은 것으로 나타났다. 아이들이 사용하는 앱의 종류에 있어서도 성별의 차이가 나타나고 있다. 예를 들면, 부모들은 남자아이들보다 여자아이들이 장면이나 캐릭터에게 '색을 칠하는' 기능이 있는 앱들을 더 많이 사용한다고 말했다. 자신의 아이가 페파의 페인트박스라는 앱을 가장 좋아한다고 말한 비율은 남자아이들의 부모들은 9퍼센트였던데 비해서, 여자아이들은 13퍼센트였다. 2016년 영국 Ofcom의 설문조사에서도 성별의 차이가 다소 나타나고 있다. 예를 들면, 2016년에 남자아이들은 여자아이들보다 TV에 연결된 콘솔게임을 훨씬 더 많이 다루었는데, 3~4세 남자아이들은 평균적으로 여자아이들보다 텔레비전을 훨씬 더 많이 시청했고, 여아는 남아에 비해 특정한 텔레비전 프로그램의 시청이나 하루 중 시청 시간에 있어서 가족들로부터 더 많은 제약을 받는 것으로 나타났다.

Stephen(2011)이 수행한 정성적 사례연구를 보면, 디지털 놀이든 전통적인 놀이든 장난감 비율에 있어서 성별의 차이가 보이지 않지만, 디지털 기기라는 속성으로 다가가면 그것으로 어떤 놀이를 할 수 있느냐는 것과 함께 남자아이들과 여아들 간에 차이가 있었다. 여아들은 공주들이 나오고, 옷을 입히고, 반려동물이나 바비 인형, 또는 다른 '여성' 캐릭터들을 돌보는 디지털 게임들을 선호했던 반면, 남자아이들은 차량이 나오고, 장애물 경주, 아이들을 위한 텔레비전 프로그램과 동영상에 나오는 캐릭터가 등장하거나, 스포츠, 만들기 활동과 같은 게임들을 했다. 연구진에서 선택권을 주었을 때, 이 사례연구에 참여한 여아는 가상의 반려동물을 선택하는 것과 같은 대상들과의 상호관계에 주로 관심을 보였고, 반면에 남아는 콘솔게임에 대한 선호도를 보였다(Stephen, Stevens, & Adey, 2013). Marsh 외(2015)의 연구진의 알상생활에서의 테크놀로지 활용에 대한 연구와 Livingstone, Marsh, Plowman, Ottovordemgentschenfelde, & Fletcher-Watson(2015)의 연구에서도 비슷한 정도의 성별 차이를 보고하고 있다. 디지털 기기와 장난감의 마케팅과 활용성에 대한 성별 구분이 미치는 영향에 있어서 전통적인 놀이기구와 활동의 활용성과 기대치에 미치는 성별의 영향과 거의 차이가 없었다. 멀티미디어와 연계되거나 파생상품과 연관된 장난감인 경우에도 그런 점이 보였다. 디지털 시대 육아에 있어서 성별에 대한 고정관념이 아동의 선호와 행동에 영향을 주었던 영역이 변화하고 있다기보다는 더 연장되었다고 볼 수 있다.

영국 연구인 Ofcom의 설문조사(Ofcom, 2016)와 TAP 연구(Marsh *et al.*, 2015)는 전체 성별보다는 사회경제적인 상황과 연계했을 때 디지털 생활방식에 있어서 보다 통계적으로 유의미한 차이가 발견되었다. 부유한 가정에서는 스마트 TV, 데스크톱 또는 노트북, 태블릿을 가지고 있을 가능성이 가난한 것으로 분류되는 가정에 비해서 현저하게 높았다. 2016년에는 어떤 종류의 태블릿도 가지고 있지 않은 비율은 부유한 가정에서는 겨우 9퍼센트였던 반면, 가난한 가정에서는 그 비율이 28퍼센트로 높아진다. 보유하고 있는 브랜드에 있어서도 역시나 차이가 나타난다. 0~5세 아이를 둔 가정에 대한 TAP의 연구를 보면, 부유한 가정에서는 아이패드를 보유하고 있을 가능성이 더 높았던 반면, 가난한 가정에서는 보다 저가 브랜드의 태블릿을 가지고 있는 경향이 있었다. 가난한 가정일수록 라디오나 DVD 녹화장치, 손에 쥐고 사용하는 게임기, 어린아이들을 위해 개발된 교육용 게임시스템(예, 브이테크 또는 립스터) 혹은 전자책 리더를 가지고 있을 가능성이 더 적었다. TAP 연구의 저자들이 지적하고 있듯이, 그런 부모들은 아이들의 교육

환경에 있어서 자신의 아이들이 디지털 테크놀로지를 활용하는 것에 있어서 그다지 언급을 하지 않았는데, 좀 더 가난한 가정의 아이들에게는 테크놀로지를 풍부하게 경험할 수 있는 기회가 많지 않을 수도 있다는 사실을 암시하고 있다. 영국에서의 이 두 가지 연구들은 또한 부유한 가정에서 자라는 아이들이 위성 TV를 접할 수 있는 기회와 VOD 서비스로 TV를 볼 수 있는 기회가 더 많다는 사실을 확인했다. 반면에 가난한 가정에서는 미리보기 서비스를 보는 경우가 부유한 가정들보다 더 많았다.

가계수입이 적으면 테크놀로지를 접하는 범위가 더 제한되거나 좀 더 저렴한 디지털 기기들을 사용하는 것으로 여기지만, 가장 대중적인 형태의 미디어인 텔레비전과의 연계성에 있어서는 그렇지 않았다. 2016년의 Ofcom의 데이터를 보면, 가난한 가정의 아동은 주중에 3시간 이상 텔레비전을 시청하는 집단에 속해 있을 가능성이 더 높았으며, 반면에 부유한 가정에 사는 아이들은 하루 시청시간이 1시간 미만일 가능성이 더 높았다. 모든 아동이 주말에 텔레비전 시청시간이 더 길어지는 것으로 보고되었지만, 그러한 경향은 부유한 가정의 아이들에게서는 덜 나타났고, 가난한 가정에 속한 아이들에게서는 그러한 경향이 가장 길어지는 것으로 나타났다. 두 연구 모두에서는 부유한 부모들이 자신의 아이들이 텔레비전을 시청하는 시간에 대해서 보다 더 우려를 표하는 것으로 나타났으며, 영국 Ofcom의 설문 조사에서는 부유한 가정에서는 3~4세 아이들의 시청시간을 제한하는 규정을 정해두고 있을 가능성이 높다고 보고하고 있다.

테크놀로지에 대한 접근이 가계수입과 연관되어 있다는 유사한 패턴은 미국의 0세에서 8세까지 설문 조사(Common Sense Media, 2013)에서도 발견되고 있다. 보다 가난한 가정의 아동이 보다 풍족한

환경에서 자라는 또래집단에 비해서 태블릿 컴퓨터나 스마트폰을 접할 가능성이 더 적게 나타났다. 비록 스마트폰 소유 여부에 있어서는 그 차이가 적은 것으로 나타나긴 했지만 말이다. 미국의 연구에서는 고속 인터넷에 대한 접근성에 있어서 차이가 나타나고 있다. 2013년에 저소득 가정에서 고속 인터넷에 접근했던 비율은 절반 이하였던 데 비해, 부유한 가정에서는 그 비율이 86퍼센트였다. 이 설문 조사에서는 하드웨어 테크놀로지 접근성에 있어서 디지털 격차와 함께 연구진들이 '앱 격차'라고 부르는 것에 대해서도 밝히고 있다. 그들은 저소득층 부모의 겨우 35퍼센트만이 아이들을 위한 교육용 앱을 다운로드 받았던 데 비해서 중간소득 부모들은 49퍼센트, 고소득 가정에서는 그 비율이 75퍼센트라는 사실을 확인했다. 게다가 저소득 가정에서는 모바일 기기에 접근할 때에도 부유한 가정만큼 교육용 앱을 다운로드받을 기회를 갖지 못하고 있었다.

인종과 관련한 몇몇 사례들을 보면, 사회경제적인 지위와 관련된 사실들이 발견된다. 미국의 데이터에서는 뚜렷한 경향이 나타나지 않지만, 다른 그룹들보다 아프리카계 미국인 가정에서 종일 텔레비전을 틀어놓을 확률이 더 높았고, 가난한 가정 중에서도 흑인과 라틴계의 아이들이 백인 아이들보다 하루에 텔레비전을 더 많이 보는 경향이 있었다. 중간소득층의 흑인 가정에 항상 비싼 텔레비전이 있을 확률이 더 높지만, 유아가 실제로 매일 텔레비전을 시청하는 데 보내는 시간에 있어서 인종그룹 간에 특별한 차이를 보이지 않았다. 영국에서 TAP 설문 조사에 응답한 흑인 및 소수민족 가정에서는 일반적으로 다른 그룹들보다 테크놀로지 기기들을 더 많이 갖고 있었지만, 이 가정의 아동은 교육적 앱을 활용할 기회가 더 적은 것으로 나타났다. 반면에 흑인 및 소수민족 가정에서는 다른 그룹에 비해서 사교적 목적의 앱들을 더 많이 사용하고 있었고, 태블릿을 이용해서 아이들에게 잡지를 보여 주는 비율도 더 높았다. 영국의 흑인 및 소수민족 가정 부모들은 보다 더한 격차를 경험하고 있음을 보여 주고 있는데, 자기 아이들에게 특히나 인기가 많은 캐릭터와 이야기를 접하게 하는 데 있어서 새로운 기기의 활용도에 대한 관심이 부족했다.

나가며

설문 조사의 근거들을 보면, 유년기를 통해서 아동은 가정에서 디지털 테크놀로지를 폭넓게 사용하며 그 접근범위가 더 늘어나고 있었지만, 가장 커다랗게 늘어나고 있는 접점은 태블릿 컴퓨터를 통한 것이라는 것을 알 수 있었다. 이러한 사실은 유아와 테크놀로지 사이의 연관성에 관한 Alan Kay의 생각에서부터 출발하여 나타난 아이패드라는 것을 생각한다면 놀라운 것이 아니다. 비록 아이들이 일반적으로 사용하는 기기들은 2010년 이후로 변화하긴 했지만, 모바일 기기든 전통적인 텔레비전 스크린이든 상관없이 텔레비전 시청이 유아의 스크린 시청에 있어서 여전히 가장 우위를 점하고 있었다. 디지털 기기의 휴대성이 증가하는 것과 동반하여, VOD 미디어와 앱이 매개된 활동들로 그 추세가 움직이고 있다. 아동이 테크놀로지를 활용할 때에는 디지털적인 방식과 디지털적이지 않은 활동들을 조합한다는 근거도 역시 존재한다. 이러한 일반적인 추세와 전체 인구 수준에서 연구결과들에서는 테크놀로지의 활용에 있어서 남아와 여아 사이에 디지털 격차가 존재하며 유아가 가정에서 디지털을 경험하는 것에 있어서 사회경제적 지위가 영향을 미친다는 사실이 감추어져 있었다.

참고문헌

Apple (2015). iPad in education [website]. Retrieved from www.apple.com/education/ipad/apps-books-andmore/.

Broadcasting Standards Authority (2015). *Children's media use study: how and why children engage with media today*. Broadcasting Standards Authority NZ. Retrieved from https://bsa.govt.nz/images/assets/Research/Childrens_Media_Report_2015_FINAL_for_publishing_2.pdf.

Chaudron, S. (2015). Young children (0–8) and digital technology: a qualitative exploratory study across seven countries. Luxembourg: Publications Office of the European Union. Retrieved from http://publications.jrc.ec.europa.eu/repository/handle/JRC93239.

Common Sense Media (2013). *Zero to eight: children's media use in America 2013*. Retrieved from www.commonsensemedia.org/research/zero-to-eight-childrens-media-use-in-america-2013.

Cowan, J. (2016, 20 July). High tech family life. *The Parenting Place*. Retrieved from www.theparentingplace.com/technology/high-tech-family-life/.

Ebbeck, M., Yim, H. Y. B., Chan, Y., & Goh, M. (2016). Singaporean parents' views of their young children's access and use of technological devices. *Early Childhood Education Journal, 44*(2), 127–134.

Euromonitor International (2015). Hong Kong toys fair: the rise of technology in toys. *Euromonitor Research*. Retrieved from http://blog.euromonitor.com/2015/02/hong-kong-toys-fair-the-rise-of-technology-in-toys.html.

Gill, L. (2015). Playtime or learning time, the potential of children's apps. *Entrepreneur Country Global*. Retrieved from www.entrepreneurcountryglobal.com/zoo/item/playtime-or-learning-time-the-potential-of-children-s-apps.

Hirsh-Pasek, K., Zosh, J. M., Golinkoff, R. M., Gray, J. H., Robb, M. B., & Kaufman, J. (2015). Putting education in 'educational' apps: lessons from the science of learning. *Psychological Science in the Public Interest, 16*(1), 3–34.

Juniper Research (2015). Smart toy revenues to hit $2.8bn this year, driven by Black Friday and Christmas holiday sales. *Juniper Research*. Retrieved from www.juniperresearch.com/press/press-releases/smart-toy-revenues-to-hit-$2-8bn-this-year.

Kay, A. C. (1972, August). A personal computer for children of all ages. In *Proceedings of the ACM annual conference – Volume 1* (p. 1). ACM.

Kay, A. (2013). The future of reading depends on the future of learning difficult to learn things. In B. Junge, Z. Berzina, W. Scheiffele, W. Westerveld, & C. Zwick (Eds.), *The digital turn: design in the era of interactive technologies*. Chicago: University of Chicago Press.

Kay, A., & Goldberg, A. (1977). Personal dynamic media. *Computer, 10*(3), 31–41.

Livingstone, S., Marsh, J., Plowman, L., Ottovordemgentschenfelde, S., & Fletcher-Watson, B. (2015). *Young children (0–8) and digital technology: a qualitative exploratory study – national report-UK*. LSE Research Online. Retrieved from http://eprints.lse.ac.uk/60799/1/__lse.ac.uk_storage_LIBRARY_Secondary_libfile_shared_repository_Content_Livingstone,%20S_Young%20children%200-8_Livingstone_Young%20children%200-8_2015.pdf.

Marsh, J., Plowman, L., Yamada-Rice, D., Bishop, J. C., Lahmar, J., Scott, F., Davenport, A., Davis, S., French, K., Piras, M., Thornhill, S., Robinson, P., & Winter, P. (2015). Exploring play and creativity in pre-schoolers' use of apps: final project report. *TAP: Technology and Play*. Retrieved from www.techandplay.org/TAP_Final%20Report.pdf.

Masuda, Y. (1985). Three great social revolutions: agricultural, industrial, and informational. *Prometheus, 3*(2), 269–274.

Nevski, E., & Siibak, A. (2016). The role of parents and parental mediation on 0–3-year old's digital play with smart devices: Estonian parents' attitudes and practices. *Early Years, 36*(3), 227–241.

Ofcom (2016, 16 November). *Children and parents: media use and attitudes report 2016.* Retrieved from www.ofcom.org.uk/__data/assets/pdf_file/0034/93976/Children-Parents-Media-Use-Attitudes-Report-2016.pdf.

Prigg, M. (2014, 21 February). How the iPad replaced the toy chest: researchers find children play with touchscreens more than traditional toys. *Mail Online.* Retrieved from www.dailymail.co.uk/sciencetech/article-2565061/How-iPad-replaced-toy-chest-Researchers-children-play-touchscreens-traditional-toys.html.

Prigg, M. (2015, 4 July). The iPad really IS child's play: more than half of toddlers can use Apple's tablet when they are just ONE researchers say. *Mail Online.* Retrieved from www.dailymail.co.uk/sciencetech/article-3149025/The-iPad-really-child-s-play-half-toddlers-use-Apple-s-tablet-just-ONE-researchers-say.html.

Stephen, C. (2011). Playing and learning with technologies. Scottish Universities Insight Institute. *Research Briefing, 2.* Retrieved from www.stir.ac.uk/research/hub/publication/13566.

Stephen, C., Stevenson, O., & Adey, C. (2013). Young children engaging with technologies at home: the influence of family context. *Journal of Early Childhood Research, 11*(2), 149–164.

Vaala, S., Ly, A., & Levine, M. H. (2015). Getting a read on the app stores: a market scan and analysis of children's literacy apps. Full Report. In *Joan Ganz Cooney Center at Sesame Workshop.* Joan Ganz Cooney Center at Sesame Workshop. 1900 Broadway, New York, NY 10023.

Vanderwater, E. A., Rideout, V. J., Wartella, E. A., Huang, X., Lee, J. H., & Shim, M. (2007). Digital childhood: electronic media and technology use among infants, toddlers, and preschoolers. *Pediatrics, 119*(5), 1006–1015.

7
도덕적 공황-사회 문화 가치

들어가며

처음 두 장에서 디지털 테크놀로지가 시대적으로 존재한 지식 실행과 문화 결정 요인에서 역사적으로 진화해 온 것을 살펴보았다. 기술 변화가 새로운 현상은 아니다. 디지털 테크놀로지는 고체물리학에서 비롯하여 인터넷과 월드와이드웹을 거쳐 터치스크린이라는 즉각 반응하는 기술로 진화해왔다. 가장 최근의 태블릿과 핸드폰은 유아의 일상생활을 포함하여 어디서나 접촉 가능하다. 하지만 이런 접근성이 누구에게서나 환영받는다는 뜻은 아니다. 유아의 경험과 관련해서는 특히 그렇다. 제4장에서 살펴본 기술 혁신 관련 세 가지 이론-기술결정론, 실질이론, 그리고 비평이론-은 이러한 반응을 요약한다. 대부분 사람들은 디지털 테크놀로지가 일상을 대체하고 있는 현상을 당연하게 받아들이지만 일각에서는 기술 혁신과 관련된 놀이와 학습에 대한 시선이 곱지 않다. 개인과 사회가 반응하는 방식에 영향을 미치는 기술 혁신을 둘러싼 가치와 목적, 또는 기대, 그리고 행위와 실천 간의 일치도의 정도에 비판적 관점이 모아진다. 기술결정론의 가정과 관련하여 가치와 기대, 그리고 변화하는 실제 사이에 간극이 벌어질 때 유아의 사회적 고립, 또는 사회적 발달에 대한 염려가 급작스럽게 표출될 것이다.

디지털 시대를 보도하며

세계적으로 신문이나 블로그에서 유아들이 얼굴을 맞대는 의사소통보다 매주 온라인 게임을 하는 시간이 늘고 가상현실에 익숙해지는 것에 대한 염려를 실은 기사가 더 자주 눈에 띈다. 예를 들어, 아이에게 아이패드를 주는 것이 발달에 미치는 해악을 러시안룰렛에 빗댄 영국의 어느 신문 기사 제목으로 나오기도 했다(Harris, 2015). 그 전 해에는 연구 증거 없이 '아이패드 중독으로 인한 쌓기놀이 불가'라는 기사가 교사연합에서 나오기도 했다(Paton, 2014). 호주 신문 기사 제목에서는 스크린을 보며 지내는 시간과 언어발달 저해를 관련짓기도 했다(Forwood, 2014). *허핑턴 포스트Huffington Post*(2014) 역시 케냐와 싱가포르 신문을 언급하면서 디지털 테크놀로지와 아동발달을 부정적으로 관련지었다. 케냐와 싱가포르 신문은 잠재적 비만 위험, 시력 약화, 사회정서발달 저해, 사이버 폭력과 온라인 학대에 대해 보도했다(Ondieki, 2016; Teng, 2013).

영유아의 디지털 테크놀로지 사용과 사용 욕구는 놀라움을 금할 길이 없다. 청소년과 어른에 비하면 분명히 이 나이는 디지털 경험에 대해 내재된 기대가 있는 것처럼 보인다. 성인과 유아가 다른 세상에 살고 있는지, 아니면 성인이 먼저 이 테크놀로지에 익숙해야 한다는 믿음에 기인하는 것인지 분간이 서지 않는다. 분명한 것은 디지털 테크놀로지는 현대인의 생활 모든 방면, 특히, 사물인터넷과 시맨틱 웹으로 침투해 온 결과, 어른, 아이 할 것 없이 디지털 시대의 일부라는 것이다.

유아의 디지털 경험에 대한 사회적 논의와 전통적인 기사가 도덕적 공황에 빠진 것을 단적으로 보여 주는 예는 2016년 영국 Ofcom 미디어 사용 조사 데이터를 인용한 기사에 잘 나타나 있다. *데일리 메일Daily Mail*(Lambertt, 2016)에 실린 5세 미만 유아 매일 4시간 컴퓨터에 붙어 있어'라는 제목의 기사는 최근 Ofcom 데이터에 의하면 3~4세 유아의 절반 이상이 태블릿을 '사용'하고 있으며 2015년에 비하여 매일 13분이나 더 온라인에 시간을 보내고 있다고 그 데이터 의미 분석 전에 보도하고 있다. '보다 나은 부모 되기' 또는 자연에서 지내기, '교육의 가치' 등의 수식어가 단체 또는 개인 캠페인에서 이런 기사들 뒤에 붙여져 언급되고 있다. 유아의 테크놀로지 사용에 관심을 표명한 캠페인에서는 '디지털 중독'이나 '재난을 부르는 행위' 같은 표현들을 쓴다. 자녀들의 삶에서 테크놀로지와 다른 활동이 균형을 이루고 있다고 부모가 만족한다든지 잠자리에서 책 읽기나 가족이 둘러앉아 텔레비전 시청하기 등 전처럼 시간을 보내고 있다는 점이 언급되기도 하지만 부정적 영향이 훨씬 자주 보도된다. 성인의 태블릿 사용이 우선시되어야 한다든지 성인이 태블릿 사용으로 인해 위험에 처해 있다고 제시하지는 않는다. 유아가 어떻게 시간을 보내야 한다는 일정 기대와 성인이 어떻게 부모 노릇을 해야 하는지 그리고 아동의 건강과 안녕에 미치는 테크놀로지의 '힘'에 대한 믿음 사이의 갈등이 확연히 표현되어 있다.

테크놀로지 사용과 사회적으로 또는 발달상 바람직하지 않은(또는 드물게는 바람직한) 점을 직접적으로 연관 짓는 단독 연구를 보도하는 기사들은 사용자의 연령 또는 사용 환경, 그리고 자신들의 기술결정론과는 대비되는 어떤 가능성을 자주 배제하고 경각심을 북돋운다. 영국의 다음 기사가 좋은 예이다. '디지털 테크놀로지와 텔레비전은 어떻게 아동을 사회적으로 고립시키는가' 제목의 기사이다(*Telegraph Reporter*, 2014). 열한 살과 열두 살 아동이 자연과학 캠프에 가서 디지털 테크놀로지와 격리되어 지낸 닷새 동안, 비교 그룹은 여전히 디지털 테크놀로지와 접촉하며 지냈다. 얼굴 인식으로 감정을 읽는 테스트를 치렀는데 캠프 그룹 성적이 더 높았다는 결과가 나왔다. 좁게 설정된 연령대와 상황에서 나온 결과와 디지털 기기 사용이 모든 아동의 사회적 발달을 저해한다는 제목까지는 괴리가 있다. 단독 연구들에서 비롯된 과장된 주장은 유아에게 적용할 때 문제가 심각해진다. 제6장에서 언급된 바와 같이 유아들이 가장 적게 연구된 연령이기 때문이다. 디지털 테크놀로지 사용 연구의 단지 20퍼센트만이 연구 대상을 9세 미만으로 하고 있다. 디지털 시대에서 태어났음에도 4세 이하에게 미치는 영향에 관한 연구는 불과 전체 4퍼센트밖에 차지하지 않는 것이 놀랍다(Holloway, Green, & Livingstone, 2013).

연구보고서 역시 테크놀로지에 대해 인정받지 못할 자세로 관심을 표명한다. 예를 들면, Dinleyici, Carman, Ozturk, & Sahin-Dagli (2016)는 자녀가 사용하는 디지털 기기에 대한 부모 보고와 디지털 활동에 대한 관점을 연구하였다. 부모들은 어느 기기가 어느 연령대에 적합한지 또 어느 연령대에 '특히 쓰지 않도록 권장해야 하는지'를 잘 모르고 있으며, 따라서 '의사 특히 소아과 선생님은 부모와 교사가 미디어 문해자가 되도록 잘 알려주어야 한다'고 결론을 내리고 있다. 아동의 디지털 테크놀로지의 사용에 대한 이런 반응들이 현대의 다른 발명품을 둘러싼 염려들과 맥을 같이하는지 살펴보아야 한다. 트랜지스터의 발명 이후, 마이크로프로세서를 거쳐, 컴퓨팅, 인터넷, 월드와이드웹과 태블릿 컴퓨팅까지 말이다. Wartella & Jennings(2000)는 새로운 미디어에 대한 연구는 처음에 누가 사용하는가와 어느 상황에서 사용하는가로 시작하여 이 새 테크놀로지에 노출되었을 때의 적용점을 찾는 것으로 옮아가는 것을 지적했다. 아동의 컴퓨터 사용에 대한 논쟁은 지난 세기 다른 새로운 미디어 도입과 유사하다고 결론짓는다(p. 32). 연구자들은 잠재적으로 부정적인 결과를 너무 의식하는 경향이 있는 것 같다.

새로운 미디어 출현에 따르는 반응

아동과 라디오에 대한 연구 초기에는 아동이 어떤 프로그램을 얼마나 오랫동안 듣는가에 관심이 있었다. 1940년대에 들어서는 라디오를 듣는 것이 아동의 생활과 행동에 미치는 영향 조사로 옮겨갔다. 학업 성취는 어떠한가, 가정의 반응은 어떠한가, 그리고 실제와 환상의 구별은 가능한가 등을 연구하였다. 라디오 청취는 아동의 발달에 크게 영향력을 미치는 것으로 밝혀졌다. 다만 그 영향력은 발달단계와 가정환경 같은 아동의 생태계의 다른 요인을 매개체로 하여 작용하였다(Wartella & Jennings, 2000). 20세기 후반에는 텔레비전이 독서와 사회생활에 큰 위협으로 간주되는 글들이 널리 유포되었다. 책 읽기는 안정권으로 지금은 들어섰지만 당시만 해도 기술 발달이 책을 생산하는데 드는 단가를 낮추고 더 많은 사람들이 동시에 볼 수 있는 점에 대해 시선이 긍정적인 것만은 아니었다. Pearson(1999)에 의하면 18세기 중반부터 19세기 중반까지 젊은 여성이 책을 가까이하게 되었을 때 새로운 야망이 생긴다든가 집안일을 소홀히 하게 될 잠재적으로 '위험한 반응'이 생길 수 있다고 염려하는 사람들도 있었다. Plato(2005)만 하더라도 글을 쓰게 되면 기억의 필요성을 감소시켜 기억 기술을 감퇴시킬 여지가 있다고 제안하지 않았던가.

1960년대에서 1990년대까지 미디어 방송의 초창기에는 유아에게 미치는 텔레비전의 영향력에 관한 연구가 광범위하게 진행되었다. 현재 미디어와 연구보고서에서 유아에게 디지털 테크놀로지가 미치는 영향에 대한 21세기 반응과 매우 흡사했다. 예를 들면, Singer & Singer(1984)는 다음과 같이 주장했다.

> 미국 가정에서 텔레비전은 내재한 현상으로 자리 잡았다. 아동의 발달과 사회화에 관한 연구는 가정환경과 부모의 행동 스타일, 그리고 사회적 배경만큼이나 잠재적으로 위력한 요인으로 보고 있다.
>
> (*p. 73*)

텔레비전 시청 방식에 초점을 맞춘 잠재적 영향력 연구들은 대부분 아동의 발달과 행동에 부정적 결과를 예고해 왔다. 텔레비전으로 인해 아동이 세상에 관심을 갖는다든가 학습에 도움이 된다든지 그들이 자라나야 할 문화 사회적 경로에 참여하는 능력을 배양한다든지 하는 긍정적 결과보다 훨씬 자주 언급되었다(Zuckerman & Zuckerman, 1983 참조). 계속해서 텔레비전 시청과 관련해서 취침 시간, 사회적 관행, 광고, 또는 부적절한 성적 행위에 노출된 시간, 그리고 알코올과 TV 시청 후 폭력에 대한 태도가 관심대상이 되어 왔다. 예를 들어, 텔레비전 시청 시간과 관련지어진 토픽 각각은 아동의 비활동성, 그리고 그로 인한 비만 경고와 더불어 현재 웹사이트와 관련지어 부모들에게 하는 아동 발달과 행동에 대한 조언과 유사하다(University of Michigan,

2017). '우리는 텔레비전 앞에서 아이들을 살찌우는가?'라는 Diaz Jr & Gortmaker(1985)가 붙인 제목은 확실히 그들의 조사 방향을 대변한다. 아동이 텔레비전을 보며 보내는 시간과 비만이 유의미한 관련이 있다는 결과를 그 제목이 보여 주는 반면 자신들의 분석이 어떤 아이들에게는 텔레비전 시청과 비만과의 관계가 덜 확연하다는 점을 결론짓기에 주저한다.

폭력 행위를 보여 주는 이미지가 포함된 텔레비전 프로그램 시청과 유아 시청자의 폭력 행위 측정치와의 상관관계가 아마도 가장 크게 영향력을 내포하고 있을 것이다. 하지만 이런 연구에서는 유아의 연령에 주목해야 한다. 나아가 결과의 뉘앙스와 상관관계 결과에서 도출한 결론이지 인과관계 결과에서 이끌어낸 것이 아닌 경우가 종종 있었다. 예를 들어, Eron, Hussman, Lefkowitz, & Walder(1972)는 미국의 남녀 초등 3학년생들 중 텔레비전 보기를 좋아하는 아이들을 친구가 학교에서의 공격성 정도를 매기게 했다. 10년 후에 이 아동들을 다시 조사를 해보았더니 남아들에게서 (여아들의 경우에는 그렇지 않았지만) 3학년 때와 유사한 패턴의 측정치를 얻게 되었다. 연구자들은 단지 아동기의 공격성뿐만이 아니라 텔레비전 시청이 원인이라고 주장했다.

Josephson(1987)은 더욱 심각한 상황을 암시하는 자료를 제시한다. 연구자는 2학년과 3학년생 남아에게 초점을 맞추었다. 참여자는 폭력적이고 비폭력적인 프로그램을 둘 다 보았다. 교사들이 텔레비전 시청 전후로 각 참여 아동의 폭력성 정도를 매겼다. 비폭력 프로그램보다 폭력적인 프로그램 시청 후 공격적인 아이들이 더욱 폭력 행동을 하는 것을 발견하였다. 전형적으로 공격적인 아이가 초반에 폭력과 관련 있는 신호를 받아들여 더욱 폭력적인 행동을 하였다. 하지만 전형적으로 공격성 정도가 낮은 아이들에게서는 점수 결과가 달랐다. 폭력 프로그램 시청과 폭력 관련 신호를 접하면 이런 아이들은 후속 행동에서 공격성을 억눌렀다.

역사적으로 발표된 이런 연구 결과들은 우리가 원인과 결과에 대한 단순 과장된 주장을 해석하는 것을 경고한다. 신기술 개발 그 자체가 어떤 영향력을 미치게 될 것이라는 기술결정론적 기대가 디지털 시대 유아 놀이와 학습과 관련해서 새로운 테크놀로지의 영향을 고려하는 데 깔려 있다. 유아교육 현장에서 유아 학습에 아이패드 사용에 관한 최근 연구 결과의 과잉은 가정에서 사용하는 디지털 테크놀로지 기기가 증가해서 유아기가 종말을 맞게 되었다는 단순 과장된 주장과 맥을 같이한다. 성별과 성격, 그리고 행동에 영향을 미치는 요소들은 유아의 디지털 테크놀로지 사용에 관한 모든 진행 중인 논의와 아직 증명되지 않은 결과에 차이를 불러올 수 있다. Jenings(2000)가 지적했다시피 '모든 관계는 언제나 어떤 상황에서 무슨 텔레비전 프로그램이었는가, 그리고 어떤 아이'었는가에 달려 있다.

나아가 이런 영향력 연구는 텔레비전과 다른 활동, 예를 들어 바깥놀이 또는 상상놀이 같이 비슷한 연령대의 아이들과 함께하는 경험들과 보통 비교하지 않는다. 이런 놀이는 당연히 발달에 적합하다고 여기는 반면, 역사적으로 발명 관련, 특히 테크놀로지 발명과 관련해서는 모니터링의 대상이 되곤 했다. 하지만 연구자가 아동의 현대 놀이 경험을 좀 더 전체적인 관점에서 들여다본다면 디지털 테크놀로지는 전통적인 놀이를 대체하기보다는 논점이 다를 수 있다. 예를 들어, 미국소아과학회에서는 편찬한 디지털 기기 몰입에 대한 가이드라인을 인용하며 Vanderwater 외(2007)는 가이드라인에서 제시한 시간보다 더 많이 또는 더 적게 디지털 기기와 시간을 보내는 것과 상관없이 아이들이 책을 읽거나 바깥놀이를 하면서 보내는 시간은 다르지 않았다고 보고한다. 호주 연구자 Moore(2015)는 놀이의 형태를 결정하는 것은 테크놀로지이기보다는 문화 적응으로 보아야 한다고 주장한다. Moore(2015)는 4세대에 걸친 유아의 상상놀이를 연구하였다. 40년 동안 일곱 가지 놀이(예, 나무 또는 침실에서 놀기, 그리고 유행 따라 놀기)는 10여 년 전부터 도입된 다른 세 가지 놀이(예, 사적 놀이 공간에 들어서 장난감 사용하여 혼자 또는 연합놀이)와 더불어 변함이 없음을 발견했다.

바른 아동기–바른 부모 되기

20세기에 텔레비전은 전통적으로 훌륭한 아동기로 여겨졌던 것에 대한 위협으로 대우받았음을 살펴보았다. 21세기 초반의 새로운 기술은 다시 또 현대 사회에서 특히 아동과 가정을 중심으로 위협과 기회로 등장했다. 현재와 과거 부모 되기와 아동과 청소년의 행동과 교육적 결과에 대한 글을 주로 써 온 필자들은 디지털 테크놀로지와 온라인 활동이 최악으로 치닫게 하는 동력, 아니면 적어도 아동기의 적합한 활동에 대한 기대에 대한 도전으로 여긴다(예, Goddard Blythe, 2011; House, 2011; Louv, 2010). 그런 필자들은 전통적인 가치와 문화를 자신의 세계의 중심으로 삼고 아동발달을 지지하는 '바르고', '정상적인' 경험에 대한 이상을 가지고 있다. 따라서 디지털 테크놀로지와 월드와이드웹은 사회의 문화를 재생산하고 확산하는 데 불안을 조성하는 것으로 단정지을 수 있다. 바깥놀이와 책 읽기를 숭상하는 이런 사회 분위기에서 테크놀로지와 바깥놀이, 또는 테크놀로지와 행동이 두드러지게 단일 관계 연구 초점으로 맞추어진다. 핵심에 있어서 보수적이며 기술결정론적 관점은 사물인터넷과 시맨틱 웹이 유아의 지식 세계에 들어와 있는 디지털 시대에 성장하는 유아의 놀이와 학습에 비판적으로 접근하는 것과 상반된다.

Palmer(2006)는 『악에 젖은 아동기(*Toxic Childhood*)』에서 현대 생활의 해악을 열거하며 아이들로 하여금 '경쟁적이고, 소비자를 충동하며, 스크린에 매달리게 하는 생활습관'(p. viii)에 젖게 할 수 있는 잠재요소로 바깥놀이, 가족의 식사시간, 그리고 다른 가족 행사들의 감소와 더불어 테크놀로지를 언급하고 있다. 화면을 보면서 지내는 시간을 염려하며 자신이 진짜 사람과 진짜 놀이라 묘사하는 것과 쓰레기 또는 스크린 놀이와 비교한다. 또 다른 곳에서 Palmer(2010)는 아동의 스크린에 젖은 생활을 집중력 결핍 및 과잉행동증후군, 난독증, 그리고 자폐증 증가와 연관이 있다고 주장했다. Honoré(2008)은 '천천히 하는 부모 노릇'을 주창하면서 컴퓨터를 현대 생활의 부정적 요소로 지목한다. 더불어 Honoré는 바깥놀이 기회와 시간의 부족, 지나친 과외 수업, 아이들의 이상적인 발달과 교육적 진보를 위한 부모의 노력을 이야기한다. 하지만 디지털 테크놀로지의 경험을 제한하자고 주장하는 Palmar와 달리 Honoré는 컴퓨터를 하고 보내는 시간에 대해 '한 치수가 모든 사람에게 적합하지는 않다'라고 제안한다. 바깥놀이를 하게 하고 탐구하고 위험을 감수해 보는 기회를 갖게 하면서, 개개인의 가정에 맞게 적절하게 하자는 접근이다.

라이프 스타일 변화와 일정 놀이와 학습 도구 사용에 관한 염려 외에 디지털 미디어의 콘텐츠와 유아에 미치는 영향은 몇몇 비평가와 교육정책 입안자의 걱정을 자아낸다. 아동이 보는 것, 경험하는 것, 듣는 것들이 발달을 좌우한다고 우리가 동의한다 해도 부모와 교육에 대한 조언은 부정적인 점이 더욱 관심을 끈다. 2013년 미국소아과학회는 두 살 미만 영아는 미디어의 종류에 막론하고 화면을 보아서는 안 되며,

두 살 이상은 하루에 한두 시간 '질 높은 내용'에 한하여 '즐거움을 선사하는 미디어'로 시간을 보낼 수 있다고 조언하고 있다. 2016년 미국 소아과학회의 개편 가이드라인은 유아의 삶에서 미디어의 존재를 확실시한다. 질 높은 프로그램을 강조하며 '빠른 진행'과 '집중을 저해하는' 내용을 회피하라고 새로운 조언을 준다. 질 높은 내용에서의 '질'에 대한 의문은 상위 문화, 그리고 음악과 영화, 미술 같은 대중문화에서 우리에게 익숙한 논쟁을 상기시킨다(예, Gangs, 1999). 나아가 이야기나 게임 콘텐츠는 미디어와 관계없이 중요하다. 이야기는 도덕적이거나 폭력적일 수 있고 교훈적이거나 재미있을 수 있으며, 무섭거나 교육적일 수 있다. 들려주었거나 읽었거나 게임으로 놀았거나 디지털 미디어로 접했거나 상관없이 말이다.

Kaufman(2013)은 아동이 스크린 테크놀로지와 상호작용할 때 하는 것이 학습에 영향을 미친다고 주장했다. 스크린 시간이 학습과학, 조부모와 의사소통, 교육 비디오 시청 또는 미술 작품을 만드는 데 쓰일 수 있음을 지적하였다. 다른 한 편, 아동은 부적절하게 전통적 게임이나 소극적으로 비디오를 보면서 소일할 수 있다. 이런 가능성을 고려하면서 Holloway 외(2013)는 디지털 테크놀로지를 다루는 시간을 단순히 측정하거나 절대적으로 금지하거나 하는 것보다 여러 종류의 스크린 활동의 영향을 이해하도록 노력해야 한다고 주장한다. 2016년 미국 소아과학회(AAP, 2016)의 개편된 조언에 영아의 비디오 채팅에 대한 강력한 금지를 없앤 것이 재미있다. 유아 디지털 미디어 접촉에 대한 미국소아과학회의 증거에 대해 Brcwn, Shifrin, & Hill(2015)은 디지털 발명에 대한 실증적 연구가 '뒤처지는' 데서 오는 정책 발언들과 아이패드와 애플리케이션 확산을 따라오지 못하는 학회의 입장을 지적한다. 현대 사회의 디지털 접촉은 이제 항시적이며 '스크린 타임'은 '단순히 시간을 의미함'을 제안하고 있다(온라인 1쪽).

나가며

도덕적 공황은 아동기가 주어진 나이에 어떠해야 하는가 하는 성인의 관점에서 나온 척도일 뿐 아동이 자라나는 발달 방향에 효과적으로 반응하는 데 반드시 필요하지는 않다. 소셜 미디어와 사물인터넷 디지털 미디어로 일상생활이 이루어지는데 도덕적 공황은 21세기를 살아나가는 아이들을 위한 건설적인 반응이 아니라 부적절할 수 있다. 교사와 연구자, 행정가와 정책입안자는 어떻게 반응해야 하는가? 디지털 시대 의사소통 형태 변화에서 우리는 벌써 이 문제에 대한 해답을 찾았다. 일대일 전화로 하는 의사소통 방식에서 벗어나 일상생활이 되어 버린 디지털 지식과 실제에서의 의사소통 양식 변화를 경험했다. 이제까지 이 책에서 문화적 지식의 변화 역량이 각 세대의 어린이들의 발달 경로–놀이와 학습 형태가 새롭게 변화하면서 필요한–를 재구성하는 것을 살펴보았다. 다음 장에서는 디지털 시대 아동과 가정의 관점과 경험에 대해 알아보겠다.

참고문헌

AAP Council on Communications and Media (2013). Children, adolescents, and the media: policy statement. *Pediatrics, 132*(5), 958–961. doi: 10.1542/peds.2013-2656.

AAP Council on Communications and Media (2016). Media and young minds. *Pediatrics, 138*(5), 1–6. doi: 10.1542/peds.2016-2591.

Brown, A., Shifrin, D. L., & Hill, D. L. (2015). Beyond 'turn it off': how to advise families on media use. *AAP News, 36*(10). Retrieved from www.yaldatuhls.com/wp-content/uploads/2016/03/AAP-Publication.pdf

Dietz, W. H., Jr, & Gortmaker, S. L. (1985). Do we fatten our children at the television set? Obesity and television viewing in children and adolescents. *Pediatrics, 75*(5), 807–812.

Dinleyici, M., Carman, K. B., Ozturk, E., & Sahin-Dagli, F. (2016). Media use by children, and parents' views on children's media usage. *Interact Journal of Medical Research, 5*(2), e18. doi: 10.2196/ijmr.5668.

Eron, L. D., Hussman, L. R., Lefkowitz, M. M., & Walder, L. O. (1972). Does television violence cause aggression? *American Psychologist, 27*(4), 253–263.

Forwood, C. (2014, 1 December). Too much screen time may harm children's oral skills, research suggests. *Sydney Morning Herald*. Retrieved from www.smh.com.au/national/education/too-much-screen-time-may-harm-childrens-oral-skills-research-suggests-20141114-11mvo1.html.

Gans, H. (1999). *Popular culture and high culture: an analysis and evaluation of taste*. New York: Basic Books.

Goddard Blythe, S. (2011). *The genius of natural childhood: secrets of thriving children*. Stroud: Hawthorn Press.

Harris, S. (2015, 22 September). Giving babies iPads is playing 'Russian roulette with their development', says leading psychologist. *Daily Mail*. Retrieved from www.dailymail.co.uk/news/article-3244062/Giving-babies-iPads-playing-Russian-roulette-development-says-leading-psychologist.html.

Holloway, D., Green, L., & Livingstone, S. (2013). Zero to eight: young children and their internet use. LSE, London: EU Kids Online. Retrieved from http://eprints.lse.ac.uk/52630/.

Honoré, C. (2008). *Under pressure: rescuing our children from the culture of hyper-parenting*. London: Orion.

House, R. (2011). The inappropriateness of ICT in early childhood: arguments from philosophy, pedagogy and developmental research. In S. Suggate and E. Reese (Eds.), *Contemporary debates in childhood education and development* (pp. 105–121). New York, NY: Routledge.

Huffington Post (2014, 15 September). How technology is having a serious impact on your child's development. *Huffington Post*. Retrieved from www.huffingtonpost.co.uk/2014/09/15/children-technology-impact-addiction_n_5821492.html.

Josephson, W. L. (1987). Television violence and children's aggression: testing the priming, social script and disinhibition predictions. *Journal of Personality and Social Psychology, 53*(5), 882–896.

Kaufman, J. (2013, 24 April). Touch-screen technology and children. *Child*. Retrieved from www.childmags.com.au/child/development/5453-touch-screen-technology-and-children.

Lambert, L. (2016, 16 November). The under-5s glued to screens for four hours each day: fears 'very worrying' figures are showing that children are becoming online addicts. *Daily Mail*. Retrieved from www.dailymail.co.uk/news/article-3940134/The-5s-glued-screens-four-hours-day-Fears-worrying-figures-showing-children-online-addicts.html.

Louv, R. (2010). *Last child in the woods: saving our children from nature-deficit disorder*. London: Atlantic Books.

Moore, D. (2015). *A place within a place: toward new understandings on the enactment of contemporary imaginative play practices and places* (Doctoral dissertation). Australian Catholic University. Retrieved from http://researchbank.acu.edu.au/theses/538/.

Ondieki, E. (2016, 9 October). Rise of the digital kids and what that means for parents. *Daily Nation*. Retrieved from www.nation.co.ke/lifestyle/lifestyle/Rise-of-the-digital-kids-and-what-that-means-for-parents/1214-3409652-mdm31xz/.

Palmer, S. (2006). *Toxic childhood: how the modern world is damaging our children and what we can do about it*. London: Orion.

Palmer, S. (2010). Modern childhood. *SuePalmer.co.uk*. Retrieved from www.suepalmer.co.uk/modern_childhood_info_the_effects.php.

Paton, G. (2014, 15 April). Infants 'unable to use toy building blocks' due to iPad addiction. *Telegraph*. Retrieved from www.telegraph.co.uk/education/educationnews/10767878/Infants-unable-to-use-toy-building-blocks-due-to-iPad-addiction.html.

Pearson, J. (1999). *Women's reading in Britain, 1750–1835: a dangerous recreation*. Cambridge, MA: Cambridge University Press.

Plato (2005). Translated by C. J. Rowe. *Phaedrus*. London, UK: Penguin Classics.

Singer, J. L., & Singer, D. G. (1984). Family patterns and television viewing as predictors of children's beliefs and aggression. *Journal of Communication, 34*(2), 73–89.

Telegraph Reporter (2014, 25 August). How digital technology and TV can inhibit children socially. *Telegraph*. Retrieved from www.telegraph.co.uk/news/science/science-news/11054305/How-digital-technology-and-TV-can-inhibit-children-socially.html.

Teng, A. (2013, 5 June). Kids 'using gadgets at earlier age being exposed to risks': study. *Strait Times*. Retrieved from www.straitstimes.com/singapore/kids-using-gadgets-at-earlier-age-being-exposed-to-risks-study.

University of Michigan (2017). Your child development and behavior resources – television and children (last updated 2010). Retrieved from www.med.umich.edu/yourchild/topics/tv.htm.

Vanderwater, E. A., Rideout, V. J., Wartella, E. A., Huang, X., Lee, J. H., & Shim, M. (2007). Digital childhood: electronic media and technology use among infants, toddlers, and preschoolers. *Pediatrics, 119*(5), 1006–1015.

Wartella, E. A., & Jennings, N. (2000). Children and computers: new technology old concerns. *Future of Children, 10*(2), 31–43.

Zuckerman, D. M., & Zuckerman, B. S. (1985). Television's impact on children. *Pediatrics, 75*(2), 233–240.

8
아동과 가족, 그리고 테크놀로지

들어가며

이 장은 디지털 시대 아동과 가족의 일상생활에 대해서이다. 아동의 경험이 가족의 가치와 태도, 그리고 문화적 실제에 따라 어떻게 바뀌는지에 관한 연구에서 밝혀진 것들을 살펴본다. 유아가 자라며 만나는 디지털 테크놀로지와 새로운 미디어의 문화적 사회적 맥락을 탐색한다. 이는 형제 친구관계에 의해 바뀌는 경험까지를 포함한다. 디지털 사용에 대한 아동의 관점도 주목해 본다. 디지털 테크놀로지의 역할과 목적에 관한 문화 역사적 이론과 더불어 비평적 관점이 디지털 시대 아동의 경험을 정의하는 데 도움이 될 것이다. 디지털 활동을 하는 아동이 이런 유목적적 행위로 재미를 쫓고 가족과 교우 문화의 일원으로 발달해 가는 데 대해 알아본다.

디지털 시대의 가정

디지털 시대 아동이 자라는 가정에서 이전 세대에는 불가했으나 현재 지속적으로 출시되는 디지털 신제품을 통해 관심거리와 취미, 창의와 학습, 그리고 여러 방식으로 의사소통이 가능하게 되었다. 21세기 초반 하드웨어에 저장하여 데스크톱 컴퓨터로 하던 게임과 손에 들고 하던 게임기(Plowman & Stephen, 2005)에서 시작하여 10여 년 전에는 랩톱, 태블릿, 스마트폰과 앱을 이용한 활동, 인터넷에서 내려받기나 온라인으로 하는 활동으로 크게 대체되었다(Marsh *et al.*, 2015). 태블릿 컴퓨터는 유아의 디지털 테크놀로지 사용에 큰 변화를 가져왔다. 물리적인 크기, 유동성, 다른 장소들에서 사용할 수 있는 가능성, 그리고 스크린과 사용자 사이의 직접적인 관계들이 지난날 크기와 연결성 문제로 인한 제한점을 넘어서게 되었다. 유아가 데스크톱 컴퓨터나 랩톱 컴퓨터를 사용하면서 겪었던, 전통적으로 몸체와 연결된 커서, 마우스, 키패드로 인해 발생할 수 있던 어려움을 태블릿이 조금 경감시켰다. 태블릿은 내추럴 인터페이스(NUI)로 알려진 새로운 사용자 인터페이스 형태인 터치 아이콘을 통해 움직인다(Jayemanne & Nansen, 2016). 아동이 어떻게 배우고 지식을 어떻게 쓰는가에 대한 Kay의 이해는 학령 전 유아와 가족의 일상적인 디지털 생활에 스며들었다.

제6장에서 아동의 디지털 테크놀로지의 접촉 수치를 살펴본 바와 같이, 후기 산업 국가들의 현대 가정에서는 디지털 테크놀로지가 아주 많이 들어와 있다. VTech나 Leapster 같이 시중에 판매된 교육 제품 말고는 유아가 집과 유아교육·보육 기관에서 놓여 있는 테크놀로지를 자유롭게 사용하는 것은 아니다(Marsh *et al.*, 2015; Ofcom, 2016). Livingstone, Marsh, Plowman, Ottovordemgentschenfelde,

& Fletcher-Watson(2015)의 조사에 의하면 아동은 부모에게 말하면 어느 때라도 스마트폰을 쓸 수 있는데도 불구하고 대체로 집에 있는 스마트폰이 부모의 것이라고 여기고 있었다. 디지털 시대 일상생활 기기인 랩톱과 태블릿은 가정에서 가족 모두의 공통으로 여겼다. 문화를 이루는 대상은 시간에 따른 테크놀로지의 발전을 반영한다. 예를 들어, Livingstone 외(2015)는 유아에게 태블릿 컴퓨터로 놀게 된 변화는 콘솔 게임의 쇠퇴에 책임이 있다고 주장한다. 2013년 USA 0 to 8 조사에서 발표된 바와 같이 자기 침실에서 텔레비전을 시청하는 유아가 줄어든 것은 휴대기기로 보거나 유아가 비디오 게임을 하는 것과 관계가 있다(Common Sense Media, 2013).

유럽 곳곳의 조사에 의하면 부모는 가정에서 디지털 기기를 제공하는 데 영향력이 있을 뿐 아니라, 기기 사용에도 크게 영향력을 미치고 있다. 여섯 살짜리가 무료 앱을 내려받는다는 보고가 있지만 어떤 앱을 사용하느냐는 대개 부모에게 달려 있다(Livingstone *et al.*, 2015). TAP 조사(Marsh *et al.*, 2015)에 의하면, 대부분(62퍼센트) 부모가 제안할 때 유아가 태블릿을 사용한다. 16퍼센트 아동만이 청해서 태블릿을 사용하였다. Marsh와 Livingstone 보고에서 부모가 아이들에게 태블릿 사용을 권하는 경우 또는 아이가 사용하겠다는 청에 응할 때는 사회적 상황이 타협을 요할 때였다. 태블릿 사용이 허락될 때는 아이가 일을 빨리 완수했다든가 부모가 집안일로 바쁘다든가 또는 서서 줄을 기다린다든가 여행을 하는 도중에 시간을 보내기 좋은 방법일 때였다. 에스토니아에서 조사된 바에 의하면, 부모가 0에서 3세 사이 유아에게 스마트폰과 태블릿 사용을 허락하는 경우 97퍼센트는 집에서 포터블 기기를 사용할 때였고 29퍼센트는 차로 여행 중이었다(Nevski & Siibak, 2016). 이 조사 보고서는 유아가 컴퓨터를 사용할 때 어른이 시작하게 했을 때와 유아가 주도적으로 사용한다 했을 때의 비중을 더 균형 잡힌 데이터(각각 47 퍼센트와 44 퍼센트로)로 내놓았다. 이는 영아가 시간을 다르게 보내는 방법들을 반영한 것 같다.

다른 사람 손에 사용 여부가 달려 있음에도 불구하고, 영아는 디지털 기기가 자기 것이라 우기거나 기기 사용 권리를 주장한다. 일상에서 태블릿과 스마트폰 소유와 관련된 욕구는 아마도 소유권보다는 실제 사용권이 더욱 중요하게 여겨질 수 있다. 전통적으로 부모나 형제에게 독점되어 온 새로운 테크놀로지를 유아가 갖고 싶어 한 것은 다소 오래 전부터다. Stephen, McPake, Plowman, & Berch-Heyman(2008)의 연구에 의하면 아동이 집안 테크놀로지 이것저것을 기웃거리며 소일하는 것은 자기 소유권의 주장이기도 하고, 나이 든 형이나 오빠가 손에 들고 하는 게임기는 적어도 공동으로 사용했으면 하는 바람의 표시이다. 하지만 연구자의 관찰과 유아 자신의 보고에 의하면 유아는 아직 기기를 잘 다루지 못한다. JRC 보고서(Chaudron, 2015)에서도 역시 아동은 자기가 아직 소유하지는 못했지만 소유하고 싶은 기기에 대한 욕망을 표현했다. 아동의 사회적 환경에서 디지털 테크놀로지는 긍정적으로 평가받으며, '기적' 같은 특징의 기기를 소유하고자 하는 바람이 아주 크다고 보고서는 결론짓는다.

가족의 가치와 태도

이 장에서 계속 디지털 시대의 진화와 실행을 문화적 현상으로 규정해 왔다. 유아는 먼저 가족의 직접적인 사회문화적인 환경, 즉 부모와 형제가 디지털 테크놀로지에 갖는 관점과 기대, 가족의 '일상' 문화에 배어 있는 테크놀로지 사용을 통해 디지털 시대를 경험한다(Williams, 1958). Livingstone 외(2015)는 가족의 일상생활에 디지털 테크놀로지가 심각하게 스며 있다 해도 '가족의 철학 또는 스타일의 측면들'(p. 28)은 가족이 사용하는 디지털 기기와 활동에 차이를 낳는다고 주장한다.

사회문화적인 이론에서 출발하면서 Hedegaard(2009)는 학습의 사회적 맥락은 가족을 포함해서, 개인이 접촉하는 기구의 문화적 가치를 포함한다고 주장한다. 테크놀로지의 상대적 가치에 대한 부모의 태도는 유아기 디지털 경험에 결정적으로 영향을 미친다. 부모의 구매 결정, 유아 학습을 격려하는 방식, 레저 경험, 그리고 디지털 시대 부모의 삶이 모델로 보여 주는 방식에 차이를 낳는다. 제1장에서 간략하게 설명한, 사람과 테크놀로지에 대한 세 이론은 시선을 좁혀 가족을 볼 때도 적용된다. 부모는 기술결정론에 입각하여 자신들이 지지하거나 반대하거나 상관없이 테크놀로지가 변화를 가져오는 동인이라고 생각할지도 모른다. 어떤 사람들은 실질적인 이론에 초점을 맞춰 테크놀로지가 성취를 돕는 쪽으로만 관심을 갖거나 아니면 비판적인 관점에서 디지털 기기와 프로그램 사용의 결과를 평가하여 테크놀로지의 진보의 목적에 의문을 표할 수 있을 것이다.

테크놀로지에 대한 이런 관점들은 사회경제적 요소와 '훌륭한' 또는 '바른' 부모 됨, 그리고 유아가 가족생활에서 경험한 디지털 시대의 국지적 문화를 형성하는 데 적절하거나 이로운 활동에 대한 기대와 상호작용한다. 이런 자기만족이론들(Plowman, McPake, & Stephen, 2008; Plowman, Stevens, McPake, Stephen, & Adey, 2011)이 아동이 어떤 기기를 다루고 어떤 내용과 상호작용하는지 결정한다. 각 가족은 어떤 책과 영화가 적절한지에 대한 나름대로 기준이 있고 이런 기준이 디지털 게임이나 DVD, 그리고 앱에도 적용될 것이다. 부모는 무료 앱을 선호하지만 다음 세 가지 범주로 그 앱을 내려받을지 결정한다. 아이들이 얼마나 재미있어 할지, 유아가 사용하기에 얼마나 간편할지, 그리고 교육적 측면, 즉 건강식 또는 환경보호 같은 교육적 토픽을 함유했거나 결과로 얻을 수 있는 내용이 있을 때 선택한다(Marsh *et al.*, 2015). Livingstone 외(2015) 또한 부모는 교육적이라고 여기는 앱을 선택한다고 보고했다. '훌륭한 부모 됨'에 대하여 특히, 학령 전 유아를 위해 전통적으로 디지털 요소가 들어 있지 않거나 텔레비전 시청 같은 방송이 아닌 활동을 이야기했다.

제7장에서 토의한 바와 같이, 아동이 디지털 테크놀로지를 통해 얻는 혜택에 대해 사회적 평이나 미디어 리포팅은 의혹을 갖고 비판적이다. 아동이 디지털 시대로부터 '보호'받아야 하고 부모는 전통적이거나 전혀 디지털이 아닌 방식으로 시간을 보내야 적절한 부모 됨이라고 주장하기도 한다. 하지만 연구들이 발견해 내놓은 증거는 아동은 아주 폭넓게 다른 부모들과 생활하면서 자라고 있다. 두 살부터 일곱 살까지의 유아를 둔 미국 부모에 대한 어느 조사는 유아의 삶에서 테크놀로지의 역할이 '매우 긍정적'이며, 선행연구(예, Rideout, Vanderwater, & Wartella, 2003)의 잠재적 혜택에 대한 평가는 디지털 기기가 부모의 삶의 일부로 편성되면서 비판이 수그러드는 것으로 보아야 한다고 제안한다(Vittrup, Snider, Rose, & Rippy, 2016). Vittrup 외(2016)의 보고에 의하면 부모는 두 살 아래 영아가 스크린을 보며 시간을 절대 보내지 않아야 한다는 미국소아과학회 권고를 받아들이지 않는다. 부모 참여자 11퍼센트만이 컴퓨터가 신체적, 정서적, 또는 인지적 발달에 장기적인 해를 입힌다고 믿었다고 한다. 반대로 대부분의 참여자는 디지털 기기의 친숙함이 미래 유아의 작업 성공에 중요한 요인이라는 문장

에 동의했다. 부모들은 중요한 과업에 매달리는 동안 테크놀로지 사용이 유아를 '장악'하는 데 긴장하지 않고, 다수가 다들 그렇게 한다고 보고했다. Nevski & Siibak(2016)은 에스토니아에서 세 살 미만 영아에게 디지털 테크놀로지를 허용하는 부모는 디지털 활동(특별히 비디오나 만화를 보는 것)에 스마트 테크놀로지를 사용하는 사람들이라는 점을 발견했다. 이런 기기의 잠재성, 즉 자식들을 재미있게 하거나 가시적인 교육적 기회를 제공하는 점을 높이 평가했다.

유럽 여섯 국가와 러시아를 조사한 최근 연구는 8세 미만 유아의 부모는 신체적 비활동성과 소극성이 낳을 위험을 염려하고 있으나 인터넷 관련 활동에 대해서는 걱정을 조금 덜 한다는 것을 발견하였다(Chaudron, 2015). Holloway, Green, & Livingstone(2013)은 그 보고서를 인용하며, 유아 인터넷 사용보다는 조금 더 나이 먹은 아동이 인터넷을 통해 부적절한 내용을 볼까 봐 부모는 더 걱정한다고 제안한다. 스코틀랜드의 연구 결과에 의하면, 부모는 미디어와의 접촉과 식구들과 친구 사이의 상호작용들에 대해 부정적으로 생각했다(Plowman *et al.*, 2008). Plowman과 동료들은 스물네 가족을 장기적으로 질적 조사를 실시하여, 유아의 테크놀로지 사용에 대한 혜택과 해악에 대한 문장에 대한 부모의 반응은 전형적인 이중성과 미결정에 근거한다고 발표했다. 조사 참여자 4분의 1만이 '어떤 미디어 사용은 유아의 건강과 발달에 해가 될 수 있다'는 문장에 동의하였다. 나머지 4분의 3은 디지털 기기 사용으로 시간을 보냈을 때 부정적 결과에 대해 읽거나 들은 적이 있다고 답하였다. 테크놀로지와 시간 보내기를 선호한 결과 운동 부족이 초래된다면 신체발달이 염려되며, 또한 부적절한 내용을 보느라 너무 많은 시간을 쓴다면 사회적 접촉이 부족하게 될 것이라며 걱정을 표하였다.

그럼에도 불구하고 Plowman 외(2008)는 테크놀로지 사용에 대한 비평가, 연구자나 조언들이 내놓은 위협에 대해 부모는 그렇게 생각하지 않는다고 결론지었다. 디지털 테크놀로지로 시간을 보낸 결과들에 대해 품는 의혹들을 부모는 알고 있지만 그렇다고 해서 Plowman의 연구에서 아이들이 집에서 테크놀로지를 사용하는 것을 금지한다든지 가족이 함께하는 시간이 줄었다든지 하는 일은 벌어지지 않았다. 연구자들은 부모가 자녀의 테크놀로지 사용에 대해 전반적으로 관심을 갖고 있으며, 부정적 결과를 경감시킬 만한 환경에서 어떤 테크놀로지를 사용할 것인가 하는 결정권을 가진 가정들은 믿을 만한 조건들을 확립했다고 결론지었다. 단지 한 가족만 예외로 하고, 모든 참여자들은 '우리 아이들을 위하여 테크놀로지를 적합하게 사용해왔다고 생각한다'라는 문장에 동의하였다. 이런 판단은 아동의 테크놀로지 사용에 대한 규제와 어린아이들의 실내외 활동과 적절한 식사, 혼자 놀이와 집단 놀이 사이의 균형, 다양한 종류의 놀이 참여 등을 확인하는 노력에 기반하였다. 어떤 가정에서는 매일 유아가 컴퓨터나 게임기를 사용하는 시간이 정해져 있었다. 텔레비전 시청 시간도 역시 규제되고 있었는데 가족 일정표에 맞추어 적절한 시간으로 배정된 것으로 간주되었다.

Plowman 외(2008)의 연구에 의하면, 인기 있는 미디어에 대한 논쟁(제7장 참조)에 대해 부모는 알고 있다. 집에서 디지털 테크놀로지를 오래 사용했을 때 생기는 부정적 결과와 그런 위험을 최소화하기 위해 활동을 규제하고 기기를 배치하고 가족 시간을 확립하는 데 자신감을 보였다. 에스토니아에서도 역시 사용 규제, 공동 사용, 그리고 감독을 통해 가정의 스마트 테크놀로지를 유아가 사용하는 것을 부모가 조절하는 증거가 있었다(Nevski & Siibak, 2016). JCR 연구(Chaudron, 2015)는 유럽 여섯 국가와 러시아에서 스크린 기반 활동을 제한하는 가족 규칙 확립 또는 게임과 비디오를 불가능하게 한다든지 비밀번호를 설정한다든지 하여 디지털 테크놀로지 사용으로 인한 혜택과 위험을 균형 잡으려는 부모의 노력을 보여 준다.

하지만 Marsh 외(2015)가 수집한 증거는 아동의 보호막으로 부모가 디지털 활동에 참여하는 것이 어쩌면 환상일 수 있다는 것을 보여준다. 유아의 부모는 아이들과 함께 앱을 설치했다고 부모가 보고했음에도 불구하고 6개월에서 4세 유아의 경우 새로운 앱을 들여올 때, 그리고 특별한 신청이 요구된 기간에 한하여 크게 규제될 뿐이라고 연구자들은 주장한다. 실제로 아이들은 부모의 참여를 '적극적으로 통제하고' 긴밀한 감독은 공동의 사용이 아닌 부모의 활동을 묘사하는 데 더 적합한 용어임을 발견하였다. JRC 유럽 대륙 보고서(Chaudron, 2015) 역시 아동은 디지털 테크놀로지를 혼자 사용한다고 밝혔다. 하지만 핀란드의 경우 흥미로운 점은 디지털 활동을 더 자주 친구와 가족이 함께한다는 점이었다. 가족이나 사회적인 활동은 텔레비전 프로그램 같이 보기 또는 보드 게임 같이하기, 외출 함께하기처럼 더 전통적인 활동 같았다.

대부분의 부모의 테크놀로지 사용은 자신과 아이들의 일상생활의 부분이 되었으며, 아이들의 테크놀로지 사용을 통한 학습을 지지하기 위한 기회의 최대화, 그리고 위험의 최소화를 위해 여행, 건강처럼 현대 생활의 다른 한 요소로 접근한다. 부모가 일상에 스며든 디지털 테크놀로지를 학습의 문화적 과정의 일부로 여기고 행동할 때 더 오래된 전화나 텔레비전 같은 테크놀로지를 안전하고 적절하게 사용하라고 자녀에게 가르쳤듯이 태생적으로 선하거나 악한 것이 아닌 자녀를 가르칠 때 사용하는 문화적 기구가 될 것이다.

가족의 실천

JRC 일곱 개국의 아동과 가족의 디지털 테크놀로지 경험에 대한 질적 탐구 보고서(Chaudron, 2015)의 주요 결과는 '디지털 테크놀로지가 아동의 삶의 중요한 (하지만 지배적이지 않은) 일부'(p. 7)라는 것이다. 연구자들은 아동이 스마트폰이나 태블릿, 그리고 컴퓨터로 하는 게임이나 비디오 시청뿐 아니라 디지털 아닌 활동도 즐김을 지적한다. '유아의 장난감과 테크놀로지로 배우기'라는 제목의 연구(2008~2011) 결론을 지지하는데, 이 연구는 Plowman과 Stephen(예, Plowman *et al.*, 2011; Stephen, Stevens, & Adey, 2013)이 집필한 논문 시리즈에 보고되었다. 연구자들은 학습과 발달이 다른 사람과의 접촉과 아동이 자라는 사회문화에 따라 이루어진다는 Vygotsky의 문화 역사적인 전통에 따른다(Hedegaard, 2009; Rogoff, 2003; Schaffer, 2004). 가족의 문화적 맥락을 탐색하기 위하여, 가정에서 늘 이루어지는 활동과 습관에 주목한다. 이는 가족의 문화적 배경을 이루는 것들–물건, 관계, 그리고 지역적 시간적 맥락을 포함한다(Tudge, Freitas, & Doucet, 2009; Weiser, 2002). 3~5세 유아의 매일 테크놀로지와의 경험에 초점을 맞추어 연구자들이 조사한 것은 다음과 같다. 1. 각 가정에 있는 물건. 2. 물건의 사용–특히, 유아들에게 소개되고 가정에서 사용하도록 지지되는 테크놀로지.

가족들의 사용과 관련된 테크놀로지를 알아보려고, 15개월 이상 여러 방법들을 고안했다(Stephen, *et al.*, 2013). 열네 가족들의 장난감과 테크놀로지가 감사 대상이 되었고 부모들과의 여러 인터뷰, 아동과의 구조화된 대화가 이루어지고 '일상의 날들'에 대한 일지가 작성되었다. 데이터는 모든 가족 구성원이 휴식과 작업 그리고 교육에서 테크놀로지를 사용할 뿐 아니라 실내와 실외의 전통적인 물건을 시용한 활동, 개인과 집단 게임, 가상놀이 시나리오, 창의적인 일들을 하는 것을 보여 주었다(Stephen, 2011). 아주 놀랍게도 장난감 감사를 통해 가정에 존재하는 수많은 전통 놀잇감을 발견하게 되었다. 이는 가족이 속한 사회 계층과 관계없었다.

가정에서 디지털 테크놀로지가 전통적인 활동을 대신하게 된 것은 아니었다. 게임기, 앱, 랩톱, 인터렉티브 텔레비전, 핸드폰, 그리고 인터렉티브 교육적 장난감 등으로 티크놀로지의 존재감은 확연했지만 그렇다고 해서 자동차, 쌓기 놀잇감, 인형과 인형집, 천 장난감, 농장 세트, 기차 세트, 보드 게임, 공, 오르기 틀, 텐트, 가장을 위한 옷, 크레용, 물감, 만들기 재료 등등의 전통적인 장난감과 활동을 대처한 것은 아니었다. 연구 참여자 대부분의 가정은 삼대일의 비율로 전통적인 놀잇감이 테크놀로지 보다 많았다. 33퍼센트에 육박하는 가정도 있었지만, 대체적으로 10퍼센트는 장난감과 놀잇감이 테크놀로지에 속했다. 제4장(예, Kay, 2013; Lankshear & Knobel, 2012)에서 조사한 바와 같이 모든 가정에는 전통적인 놀잇감과 더불어 테크놀로지가 있었다. 가정에서 디지털 놀이와 그렇지 않은 놀이가 혼재함을 증명한다. Caldwell(2000)과 같은 학자들은 새로운 테크놀로지는 시간이 지나면 일상이 된다고 주장했다. 놀이와 학습에서 새로운 형태가 가능하며, 아동과 가족이 디지털 기기를 사용하면서 더불어 진화한다.

Stephen 외(2013)는 디지털 테크놀로지에 관련해서 놀이방 선생님의 조력 활동을 부모가 그대로 하는 네 가족을 비디오로 촬영하였다. 부모는 아이들에게 새로운 테크놀로지를 소개하거나 이미 집에 있는 기기 사용을 감독하면서 아동의 학습을 여러 방면에서 지지했다. 부모는 테크놀로지 사용 방법을 설명하거나 지시하고, 피드백을 제공하고 진행되는 것을 지켜보고, 반응과 행동을 불러일으키고, 하고 있는 게임에서의 성공과 흥을 아동과 함께 나누며 테크놀로지 사용을 보여 주거나 시범을 보였다. 유아가 사회적인 공백 상태에서 테크놀로지를 접하는 것이 아님을 최근 조사 결과들이 재확인했다. 부모와 형제가 함께 게임에 참여하거나, 예를 들어 앱을 통해 함께 리듬 찾는 것을 배우거나 비디오나 곡을 만들어 내는 등의 적합한 활동을 찾아주면서 유아의 조작 기술 발달을 지지했다(Marsh *et al.*, 2015). 부모의 60퍼센트 이상이 태블릿 사용은 아이들이 아닌 자신의 아이디어였다고 말했다.

Stephen 외(2013)는 나아가 비디오 분석과 인터뷰 데이터는 부모가 일반적인 방식으로 아이들의 테크놀로지 사용을 지지하고 있으며, 각 가정의 문화 사회적인 맥락이 다르기 때문에 각 아동의 경험에 차이가 있음을 보여 준다고 주장했다. 가정의 실천은 부모가 테크놀로지를 교육의 기구로 보느냐의 여부, 아동의 학습을 지지할 때 선호하는 방식, 가족 관계와 상호작용에 달려 있다고 제안한다. 예를 들어, 부모가 아동의 학습에 직접적으로 참여하는 정도, 디지털이냐 전통적인 물건이냐 하는 선택이 디지털과 관련된 가족의 실천을 결정한다. 두 가정에서는 아이들이 혼자서 탐구하면서 배우고 역량을 발달시킨다고 부모는 믿고 있었다. 이 두 가정에서 자라는 남자아이들은 테크놀로지 사용에 아주 좌절하거나 불행할 때만 도움을 받았다. 반대로 다른 가정에서 자라는 여아들은 엄마가 인지적으로 사용 준비되었다고 판단되었을 때 그리고 기기의 사용방법 또는 노는 방법을 알고 난 후 조심스럽게 그 방법을 알려주고 나서야 새로운 테크놀로지 또는 전통적인 물건에 접근하는 것이 허락되었다. 학령 전 유아에게 읽기를 가르치는 어느 한 가정은 유아 읽기 향상이라는 광고가 붙은 상업적 인터렉티브 기기를 문해를 돕는 도구로 환영했다. 하지만 읽기는 학교에 책임이 있으며 교사에게 맡기는 것이 가장 좋은 방법이라고 여기는 부모들은 연구자들이 독해를 돕는다며 소개한 기기에 가치를 두지 않고 별로 사용하지 않았다.

잠들기 전, 회사에서 돌아온 후 빈둥대기, 주말 또는 주중 집안일, 아이들의 연령, 이 모든 가족의 실천이 Plowman 외(2008) 프로젝트 사례 연구에 참여한 유아들이 겪는 경험에 영향을 미치고 있었다. 교사로 일하는 엄마와 한 부모 가정에서 자라는 어느 여아에게는 컴퓨터가 작업 도구이며, 매일 가족 모두 함께하는 일이자 즐거움으로 시간을 내서 엄마와 오빠가 축구 실력을 향상하는 와이파이 게임을 하였다. 반면에 동생이 둘 있는 어느 네 살배기는 동생들이 잠들기를 기다렸다가 집에 있는 게임기와 다른 테크놀로지를 사용할 수 있었으며 적절하지 않은 손길로부터 이런 도구를 지킬 수 있다고 이해하고 있었다.

어느 가정에서는 경쟁이 격려되며, 다른 연구들의 가정에서는 협력이 선호되기도 했다. 어떤 집에서는 컴퓨터나 와이파이로 게임하기, DVD 시청, 또는 디지털 애완동물과 놀기가 제안되지만 다른 집에서는 그리기, 만들기, 자전거 타기, 또는 가상놀이에 대한 아이디어가 더 격려되었다. 이 책에서 논의한 특수한 맥락에서 아동의 테크놀로지 경험에 대한 질적 연구들은 아동이 기다려야만 했을 때나 부모가 다른 일로 바쁠 때 디지털 기기가 사용되는 것으로 묘사하였다. Livingstone 외(2015)가 보고한 연구에 참여한 공공연하게 테크놀로지를 안 쓴다고 했던 어느 가족은 아이들이 심심해할 때와 바깥에 나가지 못할 때 적은 테크놀로지 기기를 사용하도록 허락하였다. Marsh 외(2015)는 0세에서 8세까지 유아가 디지털 활동을 하는 가장 인기 있는 시간이 주중 오후 4시에서 6시 사이, 부모가 요리를 하거나 집안일로 바쁜 시간대였다.

'유아가 가정에서 장난감과 테크놀로지와 함께 자라기' 프로젝트(Plowman, Stevens, Stephen, & McPake, 2012; Stephen *et al.*, 2013)의 결과는 각 아동이 접하는 테크놀로지가 어떤 맥락에서 놀이와 학습에 사용되었는가에 크게 좌우됨을 보여 주었다. Livingstone 외(2015) 연구는 가정환경이 중요함을 입증한다. '가족의 역동성과 습관, 그리고 규칙들'(p. 24)과 더불어 소유한 기기, 놓인 위치가 아동이 테크놀로지를 접하는 데 영향을 미친다. Selwyn(2010)의 테크놀로지에 대한 비판적인 관점에서 내놓은 '실제 상태'라는 개념은 가족 사이에서 유아가 어떻게 그리고 왜 테크놀로지를 사용하고 있는지를 이해하는 데 날카롭게 정곡을 찌른다. 부모의 디지털 기기의 교육적 잠재력에 대한 견해, 가족 내에서 아동이 테크놀로지 사용을 배우는 데 도움을 주는 실천들, 그리고 가정에서 가족들의 일상 습관, 이 모두가 디지털 시대 유아의 학습에 기여한다.

형제의 영향

이제까지 유아의 테크놀로지 사용을 구성하는 부모 측면에 집중했다면, 가족 내에서 형제의 역할에 주목하자. Holloway 외(2013)는 유아의 테크놀로지 경험은 가족의 사회문화적 실제에 전반적으로 접근했을 때 비로소 가능하다고 주장하며 형제의 행동도 반드시 포함시켜야 한다고 했다. 가족의 삶의 다른 많은 측면들과 마찬가지로 형제와 자매는 아동이 디지털을 경험하는 데 영향을 미친다. Plowman 외(2018)의 연구결과가 그 증거로서 예를 들면, 4세 유아 한 명이 온라인 스포츠 게임에 깊이 빠지게 된 계기가 형이 웹사이트에서 스포츠 뉴스를 본

것이었다. Livingstone 외(2015) 역시 동생들의 디지털 경험을 형과 누나, 오빠 언니의 흥미와 활동과 관련지었다. 6세 여아 둘이 텔레비전과 음악을 듣는 데 그들의 형제가 선택한 것이었다. 그 쌍둥이들은 오빠가 게임기로 축구하는 데 관심이 없었고 언니와 같이하는 게임에 흥미를 보였지만 언니가 게임기를 치우자 바로 흥미를 잃었다.

동생들은 형제들로부터 디지털과 전통놀이 자료를 물려받고 게다가 디지털 테크놀로지와 장난감, 게임기를 선물받고, 어느 경우 가장 어린 동생은 형과 누나, 언니 오빠가 가지고 놀다 고장 난 것을 물려받는다. 첫 아이들과 비교해 동생들은 어린 나이에 더 나이 든 아동을 위한 복잡한 테크놀로지나 자료를 접할 수 있다. Livingstone 외(2015)의 예에서 보자면, 6세 여아가 16세 오빠가 무섭다고 말한 게임을 13세 언니가 발견한 것을 가지고 논다. 또 다른 가족의 예는 6세 아동이 오빠가 만들어 놓은 페이스북에서 '아주 많은' 시간을 보내는 것으로 보고되었다. JRC 유럽국가 비교 연구서(Chaudron, 2015)는 형제 영향에 대해 더 많은 예를 제시한다. 첫 아이들보다 동생들은 텔레비전 시청 시간이 더 길고 더 나이 든 아동을 위해 개발된 게임을 더 많이 들여다보거나 하여 부모의 실망을 사고 있다. 첫 아이들은 당연히 비싸거나 깨질 염려로 동생들이 없을 때나 잘 때만 부모가 사용할 것을 허락하는 등 동생으로 인해 제약이 따른다(Stephen, *et al.*, 2013).

위 형제들은 나이에 적합한 것으로 생각되는 것보다 더 어려운 테크놀로지 자료와 더불어 동생들이 자라게 하는 환경을 제공할뿐더러, 어느 게임이 재미있고 인터넷으로 접속 가능한 것이 무엇이고, 예전에 유행한 것과 현재 가장 첨단인 것이 무엇인지에 대한 지식의 원천으로 작용한다. Verenikina & Kervin(2011)은 부모와 더불어 형제가 '기술 전문가'로 묘사하여 3, 4세 유아가 아이패드를 사용할 때 이런 기술적 자문이 태블릿 컴퓨터를 가지고 하는 상상놀이의 틀을 잡고 확장한다고 주장한다. Livingstone 외(2015)가 영국 부분에서 위 형제들로 인해서 동생들이 하는 게임 내용 또는 웹사이트에 염려를 표명하였지만, 유럽 공동연구센터 보고서(Chaudron, 2015)는 위 형제들은 동생들이 인터넷 사용할 때의 위험에서 보호자로서의 역할을 한다고 주장했다. 하지만 2010년 아이패드 보급 이전에는 위 형제들이 디지털 테크놀로지를 사용하기 시작했음에 주목할 만하다. 이런 '세대 간 비약'은 이전 연구에 뚜렷이 나타나 있지 않아서 차기 연구 주제이다. 확실한 것은 '실제 상태' 관점이 생활의 다른 면에서 그러하듯이 디지털 접촉에서 형제 공동 경험을 밝힌다는 것이다.

Stevens, Satwicz, & McCarthy(2008)의 인류학적 연구는 나이 든(9~15세) 아동을 대상으로 형제간 비디오 게임을 같이하면서 서로 가르치고 배우는 것을 묘사하였다. '부모와 형제 사이에서 일어나는 다른 문화적 실제와 섞여 있는' 이 문화 공유 활동의 '자연스런 부분'에서 서로 상호작용하였다. Plowman 외(2018)의 연구에서 나이 든 형제는 게임의 난이도를 낮춘다든지, 점수를 높이는 방법을 가르쳐준다든지, 선택을 조절한다든지, 조용히 실수를 바로 잡는다든지 하여 동생들의 필요에 부응하도록 소프트웨어를 조작하는 것이 관찰되었다. 하지만 이 연구는 와이파이 스포츠 게임에서 형제간 경쟁적인 모습을 보여 주는 등 긍정적이지 못한 모습도 함께 보고하고 있다. 테니스장에서나 볼링장에서와 마찬가지로 테니스 게임 또는 와이파이 볼링에서 경쟁할 때 가장 어린 형제가 제일 불리했다. 매일 생활에 디지털 테크놀로지가 스며들어, 또는 Stevens 외(2008)가 묘사한 대로 게임기는 나이 든 아동의 삶에 '엮여 있어', 가족의 오락과 혜택, 긴장이나 다툼과 긴밀한 관계가 있다. 테크놀로지가 이런 긍정적이거나 부정적인 결과를 '낳는다'

고 제안하는 것은 아니다. 그보다는 가정에서 문화적 실천(예, 잠자리에 들기, 식사 습관 또는 물질적 소유)에 있어서 형제간 상호작용의 물리적, 사회적, 정서적 결과, 즉 가족의 삶의 역학적 결과이다. 디지털 시대 가족의 삶은 디지털과 디지털이 아닌 활동과 기회를 통한 형제간 관계와 관련 있다.

친구와 디지털 테크놀로지

이 장의 앞에서 가족의 밀접한 환경에서 유아의 테크놀로지 접촉을 살펴보았다. 가족 맥락에서 디지털 테크놀로지 경험이 부모의 테크놀로지에 대한 가치와 태도, 가족의 자원과 가정에서 테크놀로지 실제 그리고 형제간에 테크놀로지 사용에 따르는 사회적 협상과 접촉 등에 영향을 받는다는 우리의 주장을 뒷받침하는 증거들을 살펴보았다. 이제 아동의 친구 관계와 그 관계 속에서 어떻게 테크놀로지를 접촉하는지 주목하려 한다. 우리는 디지털 테크놀로지와 새로운 미디어 종은 유아의 친구 문화의 한 부분을 형성한다는 입장에서 시작하려 한다. Marsh(2005)의 주장처럼 디지털 시대의 생산품과의 새로운 형태의 접촉에 대한 연구들은 아동의 사회 문화적 삶에서 디지털 접촉의 가능성과 가치에 대해 확실하게 믿는다.

친구와 디지털 활동에 참여하는 아동에 관한 출간된 연구물들은 아동의 가정보다는 교육적인 단체 상황에서 전통적으로 이루어져 왔다. 그러므로 유아교육현장에서 벌어진 사회문화적 행위 연구로 우리의 주의를 돌린다. 1990년대 말과 21세기 초반에 많은 연구들이 데스크톱 컴퓨터를 둘러싸고 일어난 긍정적이며 건설적인 교류 관계와 협동 작업

하는 아동에 대해 묘사했다(예, Clements, Nastasi, & Swaminathan, 1993; Siraj-Blatchford & Siraj-Blatchford, 2002). 새로운 테크놀로지는 협력과 나눔을 배울 기회를 제공하는 혜택이 유아교육 현장에서 테크놀로지 사용을 정당화시켜서 익숙하게 되었다(예, Kangkaanranta & Kangalasso, 2003; Ljung-Djärf, 2008; Siraj-Blatchford & Siraj-Blatchford, 2006). 하지만 아동의 행동에 디지털 테크놀로지가 미치는 영향에 대한 증거는 조금 혼합되어 있다.

2002년 Brooker & Siraj-Blatchford는 3~4세 유아가 어린이집에서 컴퓨터로 일정 프로그램을 할 때 건설적이며 협력적 활동을 확인하였다. 이 상호작용은 이야기 나누기와 용어 면에서 언어발달을 지지하였다. 친사회적 활동(조금 더 잘하는 아동이 덜 하는 아동을 돕는), 스크린에서 벌어진 일을 실제 상태에서 해보는 놀이 촉진 등도 함께 목격되었다. 시간이 흐름에 따라 사회적 행동은 혼자 놀기에서 컴퓨터로 다른 아이와 놀기로 발전됨을 Chung & Walsh(2006)도 보고하였다. 반면, 학령 전 일곱 영역에서 관찰을 실시한 Stephen & Plowman(2003)은 함께 컴퓨터를 사용한 유아 간 협력에 대한 증거를 찾지 못했다. 데스크톱 컴퓨터 앞에 모여들기는 했지만 스크린 앞에 앉은 유아가 주도적으로 컴퓨터를 사용했을 뿐 다른 유아들은 관찰자로 왔다갔다할 뿐이었다. 한 아이가 다른 아이에게 도움을 청할 때, 잘하는 아이가 마우스를 넘겨받아 해버리는 것이 마치 둘 이상의 아이가 함께 문제를 풀 때와 유사했다. 가정에서 컴퓨터 사용에 주목한 Holloway 외(2013)는 부정적 접촉을 지적했다. 유아는 다른 사람과 온라인 게임에서 소외당한다든지, 온라인 프로파일에 참견한다든지, 다른 게임자의 점수를 잃게 한다든지, 게임을 망치는 등으로 고통스러워했다.

이 연구들이 테크놀로지로 일어나는 결과(이 경우 탐구와 배움의 협력과 나눔)로 보여지기를 바라는 것은 아니다. 아동이 컴퓨터 활동을 할 때 자연스런 경험과 어떻게 맥락이 다를 수 있는지에 주목하기 바란다. 놀면서 친구들은 서로 돕기도 하지만 자료 확보를 위해 다투기도 하며 흥분해서 같이 탐색하기도 하고 혼자 놀기도 하는 점은 유아기 사회적 행동에 익숙한 사람에게는 놀랍지 않다. 사회적 상황에서 유아가 테크놀로지를 사용하는 방식에 대한 증거들은 전통적인 놀잇감과 활동에서 보여 준 바와 다를 것이 없음을 제시한다. 예를 들어, Brooker & Siraj-Blatchford(2002)는 그들이 연구했던 협력을 촉진했던 컴퓨터 게임 네 개 중 단지 하나만 놀이방에서 접속 가능했다고 제시했다. Kutnick, Brighi, & Colwell(2016)은 교육현장에서 만들어진 사회적 맥락이 어떠하며, 누가 이 활동에 참여하는가, 아동이 단체로 참가하는 활동의 종류는 무엇이며, 또 이 맥락이 이에 영향을 미치는 방식에 주목했다. 이들은 교사가 주도하는 단체가 더 포괄적으로 여아와 남아가 섞여 있고 더 인지적이고 도전적인 활동을 하였다고 보고한다. 아동 중심 단체는 전통적으로 더 배타적인 단일성으로 이루어지며 남아의 경우 인지적이지 않은 활동에 더욱 참여하였다. 이런 맥락의 차이가 디지털 테크놀로지 활동을 비판적으로 들여다볼 필요를 느끼게 한다. '실제 상태'를 가장 잘 이해하려면 디지털 시대 아동이 무엇과 어떻게 테크놀로지를 가지고 놀며 배우는지 주목할 필요가 있다는 것을 제시한다.

Ljung-Djärf(2008)의 디지털 테크놀로지 사용 시 친구 간에 일어나는 사회적 상호작용의 본질은 Selwyn(2010)이 주창한 비판적 관점을 반영한다. Ljung-Djärf는 협력이 일어나는 세부 상황에 주의를 기울이지 않고 아동 간 협동을 확인한 연구들을 주목한다. 연구자는 학령 전 교실에서 컴퓨터 활동을 둘러싸고 관찰할 수 있는 상호작용 형태를 탐구했다. 개인이 주어지거나 만들어 낸 자리(Harre & van Langenhove, 1999)에서 일어나는 사회적 상호작용의 동적 과정에 대한 에피소드를 살펴보는 이론적 관점에서 시작하여, 연구자는 데스크톱 컴퓨터 주위나 다른 기기로 몰려든 친구들이 자리를 어떻게 잡느냐는 것은 관계적이며 목적적이라고 주장했다. 3세에서 6세까지 유아들이 유치원에서 컴퓨터 활동하는 것을 13시간 동안 비디오 촬영을 한 후 분석하여, 세 가지 자세를 확인하였다. 주인(마우스와 키보드를 가진), 참여자(주인에게 제안하거나 지지하는), 그리고 목격자(제안하지 않고 주위에서 맴도는)로 나누었다. 디지털 테크놀로지와 관련하여 유아가 협동하는 일이 일어나는 점을 부인하지는 않지만 '실제 상태'를 고려하여 컴퓨터를 둘러싼 아동의 협력이 분명(Ljung-Djärf, 2008, p. 69)하며 문제가 전혀 없다는 의견에는 반대한다.

Arnott(2016)의 최근 연구는 이와 유사하게 테크놀로지 사용 시 유아 사회적 작용의 본질을 확인한다. 유아교육 상황에서 아이들이 나갔다 들어왔다 하며 '무리지어' 변화하며 테크놀로지를 접촉한다고 주장했다. 무리는 주로 세 가지 사회적 접촉 형태로 나뉜다. 1) 친사회적 친구로 이루어진 형태, 2) 반사회적 형태, 3) 과업지향적 형태. Ljung-Djärf(2008)처럼 Arnott의 결과는 테크놀로지가 친구들 간에 사회적 상호작용을 촉진하지도 저지하지도 않는다는 것을 제안한다. 대신 이 책을 통해 논박해왔던 대로 테크놀로지가 사회적 상황에서 아동 간 어떤 형태의 관계를 잠재적으로 부르는지에 대해 탐구하지 않았다. 차라리 관계는 다이나믹한 테크놀로지 활동에 의해 좌우된다. 아동이 디지털 활동에 참여할 때 교육과정의 다른 활동에서 보여 준 사회적 활동–때때로 친사회적 나눔의 활동을 한다든지, 과업지향적 활동이라든지 아니면 사회적으로 도움이 되는 것에 흥미를 덜 보인다든지 하는 행동-을 목격할 수 있다.

이런 결과들은 디지털 테크놀로지로 이루어지는 아동의 경험이 사회적 관계와 그들에게 친구와 그리고 테크놀로지와 관련하여 주어지거나 또는 선택한 지위에 영향을 받는다는 것을 우리에게 상기시킨다. 나아가 Ljung-Djärf(2008)가 지적한 대로 사회적 관계의 역할에 대한 우리의 현재 이해가 대체로 한 사람을 위해 고안된 기기, 지시와 반응이 한 사람에게 주어지며 그 사람이 반응하게 되어 있는 기구 사용에서 온 것이다. 문화적인 정보를 주는 현재 기술발명품(터치스크린, 사물인터넷과 시맨틱 웹)에서 현재의 변형 아래서 내추럴 인터페이스가 점차 인간과 유아를 위한 기계 사이의 관계를 규정해감에 따라 사회적 차이가 증대될 것이다. 디지털 테크놀로지에 대한 현재의 이해는 8세 이하의 아동이 디지털 기기로 게임을 하거나 정보를 얻거나 또는 창의적인 디지털 활동으로 혼자 사용하는 결과를 얻은 JRC 유럽횡단연구(Chaudron, 2015)를 통하여 미묘하게 이미 암시되었다. 가정에서 디지털 게임을 하는 경우가 몇 개 보고되기는 했지만 협력 작업은 스카이프와 같은 온라인 의사소통을 통한 것이 대부분이었다. 테크놀로지가 여러 사람이 동시에 사용하도록 디자인되고 특별히 단체 활동(예, 배회자와 같이하기, 문제해결 과제, 또는 정보 수집 프로젝트) 등과 더불어 학교에서 그리고 가정에서 친구와 같이하는 사회적 행동과 행위의 본질에 더 비판적으로 수행되는 연구가 필요하다.

디지털 테크놀로지에 대한 아동의 관점

테크놀로지에 대한 아동의 관점은 발달단계상의 사회적 접촉과 상호관련 지어진다. 따라서 우리는 가족의 삶에서 테크놀로지와 테크놀로지 사용 시 친구와 사회적 상호작용의 역할에 대하여 살펴보았다. 아동 스스로 이런 사회적 맥락에서 능동적으로 놀고 배웠다. 무엇을 할 것인지 선택하고 바라는 것을 얻기 위하여 행동하였다(Corsaro, 2014; James & James, 2004).

21세기 초 Prensky(2001)는 '디지털 원주민'이라는 용어로 디지털 테크놀로지와 함께 자라나는 아동과 성인이 되어 테크놀로지를 접한 사람, 즉 '디지털 이민자'를 구분하였다. 디지털 원주민은 유아교육에서 자주 회자되는 용어가 되었다. 유아가 새로운 테크놀로지를 쓰게 되었을 때 이 용어가 자주 언급되었다. Essential Kids라는 인기 있는 부모교육 웹사이트의 한 기사에서 Hawkins & Schmidt(2008)는 유아가 정보 원천으로 눈에 띄게 자연스럽게 인터넷을 사용하는 것을 가리켜 디지털 원주민이라 쓰고 있다. 어떤 면에서 디지털 원주민의 개념은 적절할 수 있다. 유아가 자라나는 가정이 디지털 테크놀로지가 일상의 한 부분이 된 디지털 시대이다. 하지만 이 책에서 우리는 계속 문화비평 관점이 유아가 디지털 테크놀로지와 접촉하는 것이 문화적이며 역사적인 사건이며 사회적 실천에 의해 모습이 바뀌어 간다는 점을 제시한다고 주장해 왔다. 나아가 모든 아이가 테크놀로지를 문제없이 사용할 수 있다고 보지 않는다는 점을 제시하려 한다. 어떤 아이들은 컴퓨터 게임, 와이파이 또는 상호작용 장난감을 조심스럽게 다루는가 하면 어떤 아이들은 다른 종류의 활동을 하며 시간을 보낸다. 이런 경우에 디지털 원주민이라는 용어에 맞는 세계적 적용을 유아에게 찾는 것이 디지털 시대 교사와 연구자가 유아의 놀이와 학습을 이해하는 최대로 효과적인 방법은 아닐 것이다.

Plowman, McPake, & Stephen의 2008년 연구는 유아가 디지털 테

크놀로지를 사용하는 속성을 유아의 관점에서 들여다본 최초의 연구이다. 이 연구에서 4~5세가 '교육 활동'보다는 집에서 휴식, 재미 또는 놀이로 날마다 테크놀로지 활동을 하는 것을 보고하였다. 가끔 유아는 '하기 위하여'가 아닌 '때문에' 테크놀로지와 접촉하였다(Maddock, 2006). 바로 십 년 전 2015 Chaudron의 JRC 일곱 개국 아동의 디지털 활동에 대한 보고서는 다음과 같이 결론지었다. '아동은 디지털 테크놀로지를 사랑한다.' 하지만 계속해서 '학습과 교육을 위해서 일부러 만들어진 디지털 테크놀로지에는 시간을 쓰지 않는다'(p. 18)며 놀라워한다. 테크놀로지가 학습에 이용되리라는 기대(실제 상태가 관찰로 재확인되었음에도 불구하고)는 연구자들이 갖는 테크놀로지의 잠재력에 대한 예견을 시사한다. 아동이 테크놀로지로 어떻게 배우고 노는지를 이해하기 위한 새로운 사고를 불러일으키기 위해서 좋은 자세는 아니다. 왜냐하면 테크놀로지 그 자체에 결과에 대한 책임을 묻기 때문이다. 명백히 인간이 테크놀로지와 맺는 관계를 이것이 탄생한 문화적이며 역사적인 배경에서 고려해야 한다. 예를 들어, Chaudron(2015) JRC 연구에서 휴식 시간의 태블릿 사용에 대해 상세하게 참여자(7~8세 아동)들이 말했다. 모든 연령에서 디지털 테크놀로지로 하는 활동 중 가장 인기 있는 활동은 텔레비전과 비디오 시청하기, 음악 듣기, 게임 하기와 가상현실 만들기를 포함한다. 아동이 그들의 테크놀로지 접촉을 휴식 시간으로 간주한다면, JRC 보고서(Chaudron, 2015)가 솔직히 학습이나 교육을 지적하지 않는 것이 놀랍지 않다. 성인이 휴식 시간에 하는 활동이 배우기와 상관없는 것과 마찬가지다. 흥미롭게도 디지털 휴식은 Alan Kay(1972)가 처음 고안한 다이나북에서 '접촉 자체를 위한 접촉'개념에 주목하게 한다. Stevens 외(2008)의 게임 연구에서 한 십 대 참가자는 '우리가 하는 것'(p. 63)이라고 간단명료하게 말한 것이다. 그 자체에 목적이 있는 문화적 활동이라는 표현이다.

Stephen 외(2008)는 4~5세 유아가 디지털 자료를 당장 쓰고 버리는 것이 아닌 시간이 흐르면 성인과 비슷한 수준까지 또는 혼자서도 잘할 만큼 진보하는 것으로 여기는 것을 알게 되었다. 예전 세대가 텔레비전이나 전화기를 소유했던 것처럼 자주 이용하는 테크놀로지에 대해서 독립적인 사용이나 소유권에 대한 기대를 갖게 되는 것을 의미한다. Stephen 외(2008)의 연구에서 가장 어린 참여자는 유치원에서 초등학교로 진급, 세 발 자전거에서 두 발 자전거로 옮겨 타기, 또는 혼자 읽기처럼 디지털 테크놀로지에 대해서도 발달적 진보에 대해 표현하였다. 어떤 게임이 이제는 너무 어린아이들이 하는 것으로 느껴진다든지 하는 나이에 관련하여 수준을 언급하였다. 이런 판단이 '획득된' 지혜인지 개인적 경험인지 분간하기는 어렵다. 예를 들어, 한 아이가 다섯 살짜리는 핸드폰을 사용할 줄 알아야 한다고 잘라 말했다. 다른 아이는 원격조정 자동차에 대해서 연구자에게 다음과 같이 언급하였다. "걔 나이에는 할 줄 알아야 되죠." 반면 세 번째 아이는 좀 더 커서 문자 보내기와 핸드폰으로 사진 찍기를 할 줄 알아야 되지만 놀 때 보여주면 따라 할 줄은 알아야 한다고 제안했다(Stephen *et al.*, 2008). 아이들은 디지털 활동에서 '막혔을' 때 인정하려 않지만, 어떻게 사용법을 알게 되었느냐는 질문에 부모를 지적했다. 4~5세의 유아와 가족이 일상을 함께하는 일로 디지털 테크놀로지가 일부분을 차지하고 있음을 추측할 수 있는 대답이었다. 여기서 아동은 스스로를 디지털 원주민이라고 여기지 않는 대신 성인과 함께 시간을 두고 점차 익숙해지는 문화로 묘사하고 있다.

유아의 디지털 활동에 대해 부모가 바라보는 방식은 테크놀로지가 가정의 문화적 실천이며 가족의 삶의 한 부분으로 이해하는 것으로 나타난다. Plowman 외(2012)의 연구에서 부모 참여자는 집에서 아이들이 테크놀로지를 사용하는 특징에 대해 알고 묘사할 수 있었지만 테크놀로지로 배우고 있는 것들에 대해서 상세한 예까지는 설명하지 못했다. 예를 들어, 부모들은 아이들이 좋아하는 텔레비전 프로그램을 찾기 위해 스크린상에서 옮겨다닌다든지 비디오를 천천히 돌게 하여 멈추기, 또는 적절한 용어 사용을 목격하고 언급하였다. 집에서 새로운 테크놀로지 사용에 대하여 부모가 진술한 것을 분석하였더니 부모 대부분이 4~5세 유아에게 디지털 기기 사용에 대해 상세히 설명해 주지 않는 것이 발견되었다(Plowman *et al.*, 2012). '오래'된 기술, 즉 전등 켜기, 전기선 꼽기, 또는 스위치 켜기처럼 아이들은 가정에서 익숙하게 기기들을 사용하게 되었다. Plowman 외(2012)에서 아이들은 보고 따라하기, 시도해 보고 실수하기, 그리고 보여 주고 지시하기 등을 포함해서 문화적으로 복합해서 디지털 테크놀로지 사용법을 배웠다. 이런 복합을 부모들은 흔히 아이들이 '그냥 알았다'고 한다.

Plowman 외(2012)는 가족의 삶에 참여하는 데 변화를 포함해서 디지털 테크놀로지로 하는 학습을 이해하기 위한 틀로 4부분을 제안한다. 일정한 테크놀로지나 학습 결과와는 직접적이며 배타적 관계가 아님을 조심스럽게 강조하고 있다. 상호작용 테크놀로지 경험은 학습의 기회를 제공하거나 지지할 수 있다고 주장한다. 학습의 처음 세 형태는 유아의 놀이방 경험에 대한 연구에서 처음 확인되었다(Stephen & Plowman, 2008): 조작 기술 획득, 지식의 확대와 세계 이해(예, 문해와 수 세기뿐만 아니라 사람과 장소, 그리고 생명체에 관하여), 그리고 학습을 위한 발달 준비(자신감과 지속성 기르기 포함). 하지만 연구자가 가정에서 유아의 디지털 테크놀로지 접촉을 탐구한 것에서 증거를 보이자 유아가 이런 기기를 핸드폰으로 사진을 공유하거나, 스카이

프로 친척과 통화한다든가, 온라인 쇼핑하는 등 사회 문화적 목적으로 사용하는 것을 발달적으로 이해하기 위해서는 네 번째 학습의 형태가 필요한 것이 분명해졌다. 나아가 Plowman 외(2012)가 지적한 대로 이런 사회문화적 사용은 학령 전 아동의 흥미로 딱히 간주되지 않았지만 매일 생활의 일부분이고 가족들에게 가치 있는 일이었다(제4장에서 살펴본다). 다이나북 원형에서 발달시킨 Kay의 사고를 뒷받침하는 어떻게 아동이 배우는가에 대한 이해는 유아가 주위 사람들은 무엇을 하는가, 또 '테크놀로지가 가능하게 하는 것을 원하며' 시도하는 것을 보며 디지털 기기 사용하는 법을 배운다는 Plowman 외(2012)의 결론에 반복된다(p. 36).

개인의 흥미와 선호, 그리고 가치 판단

어떤 아이들의 테크놀로지 사용은 이미 흥미를 가지고 있던 주제나 활동에 따른다. 이것은 아마 개인의 흥미나 스포츠나 취미에 관한 가족 간 공유된 열정에 따를 것이다. 일반적으로 아동은 디지털이나 비디지털 활동, 즉 아동의 흥미를 특색으로 갖고 있는 온라인 게임하기, 적절한 비디오 시청하기, 물리적 경험에 참여하기, 행사에 참석하기, 월드와이드웹에서 정보 검색, 모델 수집, 디지털 사진 찍기와 정리하기, 적절한 내용과 구성 그리고 주인공이 나오는 책 읽기를 섞어서 할 것이다. Marsh 외(2015)는 개인과 가족의 흥미의 영향, 공룡에 대한 지식과 흥미를 가진 아빠를 둔 4세 여아의 예로 디지털과 비디지털 활동의 혼합을 보여 주었다. 그 아이는 책과 공룡 모델뿐 아니라 여러 공룡 앱, 게임, 그리고 유아 텔레비전까지 즐기고 있었다. Livingstone 외(2015)

는 '자연의 생명체' 사진 찍기에 초점을 맞추어 텔레비전의 자연사 프로그램을 보며 일곱 살 아이에게 아버지가 자기 관심사를 물려주는 것을 묘사하고 있다(p. 25).

더 많은 예가 Stephen 외(2008)의 연구결과에 있다. 예를 들어, 4세 케니스의 차에 대한 관심은 가족이 시청하는 텔레비전과 데려가는 전람회에서 영향을 받았다. 자동차에 대해 즐겨 말하고, 연구자에게 수집한 장난감 차를 보여 주며, 자동차가 나오는 디지털 게임을 하고, 차 사진을 수집했다. 다른 4세 아이 콜린은 스코틀랜드에서 호주로 가족 여행을 다녀왔다. 자기가 사진을 찍고, 웹캠을 쓰고, 가족 전자메일에 이모티콘을 붙이는 등의 여러 가지 디지털 활동을 호주 친척과 디지털로 의사소통하기 위해 행하였다. Kay(1972)와 Masuda(1980) 연구에도 많은 이런 종류의 확장 작업이 디지털이 없었다면 가능하지 않았던 여러 과정과 실천이 테크놀로지 사용으로 일어남을 제시한다. 디지털 경험은 유아에게 의사소통, 세계에 대해 배우기, 기억을 다듬고 정보 다루기, 그래서 자기가 아는 것에 대해 자신감과 타인과 나누는 능력을 키울 수 있도록 폭넓게 기회를 확장한다. 디지털 놀이와 관련하여 제5장에서 살펴본 바와 같이 이런 확장이 다른 활동, 다른 자료를 차단하지 않는다.

유아가 디지털을 사용하여 여러 가지 활동을 하는 것을 연구들이 제시하고 있는데, 문화 역사적으로 만들어진 사회적 맥락에서 아동이 디지털을 가지고 이런 활동에 참여하여 일어난 일이라는 것을 기억하는 것은 중요하다. Lankshear & Knobel(2012)이 설명하듯이 새로운 테크놀로지에 대한 흥미가 정점을 찍고 수그러질 즈음 습관이 정착된다(Caldwell, 2000). 모든 아이에게 언제까지나 재미있는 놀이는 없다. 예를 들어, 아이가 자라면 사용하는 앱이 바뀐다. 부모의 선택에 의해 아마 영향을 받았겠지만 교육용 앱은 6~7세 아이보다 학령 전 아이들이 더 많이 이용한다(Marsh *et al.*, 2015). 6~7세는 창의적인 활동을 돕는 앱과 유튜브를 통해 사실적이거나 교육적인 비디오를 시청한다. 어떤 아이들은 다른 아이들보다 테크놀로지 사용에 더 열의가 있다(바깥놀이보다는 전통적인 미술이나 만들기를 선호하는 아이들이 있는 것과 같다). Stephen 외(2013)는 한 참여자를 디지털광으로 묘사했다. 이 4세 남자아이는 와이파이 게임과 콘솔 게임을 자주 너무 많이 하였다. 다른 4세 참여자는 디지털 게임이 자기 앞에 펼쳐져 있을 때만 하는 반면, 또 다른 4세 켈리는 집에 컴퓨터가 여러 대 있고 와이파이가 가능하며 콘솔 게임기가 있는데도 이런 기기 사용에 흥미를 보이지 않았다. 켈리 아빠는 컴퓨터 계통의 직업을 가지고 있으며 오빠도 디지털 게임을 좋아하지만 켈리는 와이파이나 다른 디지털 게임을 가족이 같이하자고 졸라야만 했다. 켈리는 인형이나 천 장난감을 가지고 상상놀이 하는 것을 선호했다. 연구자가 디지털 '강아지'를 제공하며 원하면 이것을 가지고 놀라고 제시하고 비디오 촬영을 했던 것을 분석해 보면 켈리는 소리 기능 스위치를 끄고 '강아지'를 전통적인 부드러운 장난감처럼 상상놀이로 데리고 노는 것을 볼 수 있었다.

이제까지 우리는 아동의 디지털 테크놀로지 실제를 가족 문화 그리고 세상에 참여, 또 학습을 위한 기회의 확대인 긍정적 경험으로 토론하여 왔다. 하지만 전통적인 장난감이나 새로운 테크놀로지 둘 다 아동에게는 너무 어렵게 경험하거나 일정 놀잇감이나 기구와 부정적 감정을 연합하면 불쾌감의 원인이 될 수 있다. Stephen 외(2008)는 디지털 시대에 자란 아동은 장난감, 놀이, 활동을 사용하기 좋아하는 것과 덜 사용하는 것으로 구별할 수 있다는 것과 이 구분을 통해 더 전통적인 것과 활동뿐 아니라 테크놀로지 자원의 가치를 판단하는 것을 발견했다. 예를 들어, 자전거나 그네에서 떨어지는 것처럼 디지털 자원을 조정하는 일은 어렵고, 읽기 힘들어하거나 디지털 게임 숙련이 너무 시간이 걸릴 경우 4~5세 참여자는 부정적으로 이런 일들을 평가하는 것이 종단연구를 통해 밝혀졌다. 유아들은 어느 전통적인 활동(예, 수영과 독서)을 '너무 어렵다'고 묘사했는데, 자기에게 불쾌감을 주는 디지털 활동에 대해서도 이렇게 표현하는 것 같다. 어떤 경우에는 작동의 어려움 때문에 불쾌해했는데 리모컨 조절이나 (태블릿 컴퓨팅 관련해서) 동시에 두 가지를 조절해야 할 때였다. 그러나 실질적인 활동에 관련해서 문제가 생길 경우도 있었다. 어떤 아이들은 자기 점수를 어떻게 해석해야 할지 모르기도 하고 지시 사항을 못 알아듣거나 와이파이로 하고 있는 스포츠에 대해 충분히 알지 못해서 경쟁적 과정에 참여하거나 기술을 연마하기 어려워했다.

Marsh 외(2015) 역시 게임 내용이 유아에게 언제나 적절하거나 생산적이지 않은 증거를 찾았다. '유아를 위해 앱의 지시사항이 개선될 여지가 너무 많다'(p. 44)고 제안했다. 디자이너들의 의도대로 앱을 사용하지 못하는 유아들은 화면의 물체를 이리저리 움직여 보기도 하고, 작은 실수도 허용하지 않는 시소게임에서 화면에서 완전히 실패한 남아의 경우도 보고하고 있다. 좌절하고 계속 할 수 없어 그 아이가 게임을 포기하는 것이 목격되었다. Livingstone 외(2015)가 연구한 영국 아동 참여자 중에는 게임이 로딩되는 것을 기다리는 것이 괴로운 유아가 있었다. '보상을 매우 바라는' 특징으로 연구자가 특징지은 한 아이는 끝내기에 시간이 오래 걸린다거나 다른 사람이 충분히 피드백해 주지 않을 때 자주 지루해했다. '교육용'이라 써 있는 게임을 사주었을 때 아이들이 늘 환영하지는 않았다. Marsh 외(2015)는 6세 여아에게 엄마가 랩톱 컴퓨터에서 시도해 보라고 한 교육용 게임에 아주 빨리 지루해 한 예를 보여 준다. 연구자들이 '재미를 위한' 디지털 활동이라고 명명한 것들, 예를 들어 언니 페이스북에 들어가 자기 사진을 찾는 일을 더 좋아했다.

이 증거는 유아가 디지털 테크놀로지를 차별하고 있음을 보여 준다, 아이가 즐기며 적절한 자원을 다룰 줄 알고 현재 능력으로 불가능해 보이는 디지털 기기를 다룰 수 있는 것에 때때로 부모는 놀란다. Stephen 외(2008)는 4~5세들이 자기 능력보다 더 어려워 보이는 디지털 테크놀로지와 활동들을 기꺼이 취사선택 하는 것을 보았다. 연구자와 가까워진 어느 참여자와의 구조화된 면담에서 디지털 기기들 사진을 표로 작성하여 잘하는 것에 스티커를 붙이라고 했다(당시는 아이패드와 태블릿 컴퓨터가 널리 쓰이기 전이다). 아이들은 콘솔게임, 컴퓨터, 립패드, 텔레비전과 원격조정 자동차를 골랐다. 하지만 아이들이 판단하는 이런 기기의 숙련도는 아마 부모가 주었을 판단보다 낮았다. 아이들은 어느 기기의 일정 게임에 국한되지 않았고 자신이 접했던 모든 게임에 대해 비판하기를 주저하지 않았다. Marsh(2010)는 6~7세들이 온라인 가상현실에서 노는 것을 연구하였는데, 아이들은 가상현실에서 하고 싶은 것을 선택하고 프로그램의 나쁜 점을 기꺼이 지적하였다. 예를 들어, 어느 아이는 게임 디자이너가 아이들을 더 게임을 하고 싶게 하려면 프로그램을 어떻게 만들면 되는지에 대하여 제안이 안 먹히는 것과 아바타로 선택을 국한하는 데 불만을 토로하였다.

우리는 유아의 디지털 테크놀로지에 대한 관점을 토론하면서 디지털 원주민 명성이 앞으로 유아가 디지털 시대 무엇을 어떻게 테크놀로지와 놀고 배우는가를 사고하는 데 전혀 도움이 되지 못한다는 것을 제시했다. 차라리 연구들은 아동이 어느 테크놀로지를 사용할지 차별을 두고 있으며 테크놀로지 사용에 대한 결정은 그들이 경험한 문화적인 측면에서 형성된다. 하드웨어가 낳는 물리적 한계와 소프트웨어에서 오는 좌절감을 들 수 있다. 디지털 테크놀로지는 가족의 일상이며 아이들은 부모와 다른 가족구성원의 지지에 힘입어 이런 실천에 동참한다. 한계는 있지만 가끔은 보여 주기를 통한 직접적인 지도, 그리고 해 보고 실수하면서 유아는 테크놀로지로 하고 싶은 것을 배우게 된다.

나가며

이 장에서 우리는 디지털 시대에 자라는 아동에 대해 논의하면서 가족의 일상에서 디지털 테크놀로지와의 접촉은 언제 어디서나 일어나며 가정의 사회문화적 맥락 안에서 나아가 부모, 형제, 그리고 친구들 관계와 더불어 이루어진다고 주장하였다. 실제 상태 관점에서 아동은 부모, 형제, 친구들의 지지 속에서 디지털 테크놀로지를 사용하는 것을 보여 주지만 이런 사용, 그리고 행동과 행위의 변화는 반드시 교육적이라고 볼 수 없다. 차라리 아동은 가족의 디지털 영역에 점차 능숙하게 참여해나가는 것으로 보인다. 가족의 다른 비디지털 자원에 능숙해져 가는 것처럼 원하는 것을 할 수 있을 만큼 배우며 가족들은 이를 만족스러워한다. 일상에서 디지털 테크놀로지 사용은 일정한 결과를 낳지 않는다. 또한 일상에서 디지털 테크놀로지 존재가 이런 자원에 대한 자신감 또는 흥미를 결정하지도 않는다.

참고문헌

Arnott, L. (2016). An ecological exploration of young children's digital play: framing young children's social experiences with technologies in early childhood. *Early Years, 36*(3), 271–288.

Brooker, E., & Siraj-Blatchford, J. (2002). 'Click on Miaow': how children of three and four experience the nursery computer. *Contemporary Issues in Early Childhood, 3*(2), 251–270.

Caldwell, J. T. (2000). *Electronic media and technoculture*. Rutgers University Press.

Chaudron, S. (2015). Young Children (0–8) and digital technology: a qualitative exploratory study across seven countries. Luxembourg: Publications Office of the European Union. Retrieved from http://publications.jrc.ec.europa.eu/repository/handle/JRC93239.

Chung, Y., & Walsh, D. J. (2006). Constructing a joint story-writing space: the dynamics of young children's collaboration at computers. *Early Education and Development, 17*(3), 373–420. doi: 10.1207/s15566935eed1703_4.

Clements, D. H., Nastasi, B. K., & Swaminathan, S. (1993). Young children and computers: crossroads and directions from research. *Young Children, 48*(2), 56–64.

Common Sense Media (2013). *Zero to eight: children's media use in America 2013*. Retrieved from www.commonsensemedia.org/research/zero-to-eight-childrens-media-use-in-america-2013.

Corsaro, W. (2014). *The sociology of childhood* (4th edn). Thousand Oaks, CA: Sage.

Harré, R., & van Langenhove, L. (1999). *Positioning theory: moral context of intentional action*. Oxford: Basil Blackwell.

Hawkins, P., & Schmidt, L. (2008). Gen z: digital natives. *Essential Kids*. Retrieved from www.essentialkids.com.au/life/technology/gen-z-digital-natives-20080716-3g5p.

Hedegaard, M. (2009). Children's development from a Cultural-Historical approach: children's activity in everyday local settings as foundations for their development. *Mind, Culture and Activity, 16*(1), 64–82.

Holloway, D., Green, L., & Livingstone, S. (2013). Zero to eight: young children and their internet use. LSE, London: EU Kids Online. Retrieved from http://eprints.lse.ac.uk/52630/.

James, A., & James, A. L. (2004). *Constructing childhood theory, policy and social practice*. Houndsmill, Basingstoke: Palgrave Macmillan.

Jayemanne, D., & Nansen, B. (2016). Parental mediation, YouTube's networked public, and the 'Baby-iPad Encounter': mobilizing digital dexterity. *Jeunesse: Young People, Texts, Cultures, 8*(1), 133–153.

Kankaanranta, M., & Kangalasso, M. (2003). Information and communication technologies in Finnish early childhood. *Childhood Education, 79*(5), 287–293.

Kay, A. C. (1972, August). A personal computer for children of all ages. In *Proceedings of the ACM annual conference – Volume 1* (p. 1). ACM.

Kay, A. (2013). The future of reading depends on the future of learning difficult to learn things. In B. Junge, Z. Berzina, W. Scheiffele, W. Westerveld, & C. Zwick (Eds.), *The digital turn: design in the era of interactive technologies*. Chicago: University of Chicago Press.

Kutnick, P., Brighi, A., & Colwell, J. (2016). Interactive and socially inclusive pedagogy: a comparison of practitioner- and child-orientated cognitive/learning activities involving four-year-old children in preschools in England. *European Early Childhood Education Research Journal, 24*(2), 265–286. doi: 10.1080/1350293X.2016.1143266.

Lankshear, C., & Knobel, M. (2012). New literacies: technologies and values. *Revista Teknokultura, 9*(1), 45–69.

Livingstone, S., Marsh, J., Plowman, L., Ottovordemgentschenfelde, S., & Fletcher-Watson, B. (2015). *Young children (0–8) and digital technology: a qualitative exploratory study – national report-UK*. LSE Research Online. Retrieved from http://eprints.lse.ac.uk/60799/1/__lse.ac.uk_storage_LIBRARY_Secondary_libfile_shared_repository_Content_Livingstone,%20S_Young%20children%200-8_Livingstone_Young%20children%200-8_2015.pdf.

Ljung-Djärf, A. (2008). The owner, the participant and the spectator: positions and positioning in peer activity around the computer in pre-school. *Early Years, 28*, 61–72.

Maddock, M. (2006). Children's personal learning agendas at home. *Cambridge Journal of Education, 36*(2), 153–169.

Marsh, J. (2005). Introduction: children of the digital age. In J. Marsh (Ed.), *Popular-culture, new media and digital literacy in early childhood* (pp. 1–10). London: Routledge Falmer.

Marsh, J. (2010). Young children's play in online virtual worlds. *Journal of Early Childhood Research, 8*(1), 23–39.

Marsh, J., Plowman, L., Yamada-Rice, D., Bishop, J. C., Lahmar, J., Scott, F., Davenport, A., Davis, S., French, K., Piras, M., Thornhill, S., Robinson, P., & Winter, P. (2015). Exploring play and creativity in pre-schoolers' use of apps: final project report. *TAP: Technology and Play*. Retrieved from www.techandplay.org/TAP_Final%20Report.pdf.

Masuda, Y. (1980). *The information society as post-industrial society*. Tokyo: Institute for the Information Society.

Nevski, E., & Siibak, A. (2016). The role of parents and parental mediation on 0–3-year old's digital play with smart devices: Estonian parents' attitudes and practices. *Early Years, 36*(3), 227–241.

Ofcom (2016, 16 November). *Children and parents: media use and attitudes report 2016*. Retrieved from www.ofcom.org.uk/__data/assets/pdf_file/0034/93976/Children-Parents-Media-Use-Attitudes-Report-2016.pdf.

Plowman, L., McPake, J., & Stephen, C. (2008). Just picking it up? Young children learning with technology at home. *Cambridge Journal of Education, 38*(3), 303–319.

Plowman, L., & Stephen, C. (2005). Children, play and computers in pre-school settings. *British Journal of Educational Technology, 36*(2), 145–157.

Plowman, L., Stevenson, O., McPake, J., Stephen, C., & Adey, C. (2011). Parents, pre-schoolers and learning with technology at home: some implications for policy. *Journal of Computer Assisted Learning, 27*(4), 361–371.

Plowman, L., Stevenson, O., Stephen, C., & McPake, J. (2012). Preschool children's learning with technology at home. *Computers in Education, 59*, 30–37.

Prensky, M. (2001). Digital natives, digital immigrants. *On the Horizon, 9*(5), 1–6.

Rideout, V., Vanderwater, E., & Wartella, E. (2003). *Zero to six: electronic media in the lives of infants, toddlers and pre-schoolers*. Mento Park, CA: Kaiser Family Foundation.

Rogoff, B. (2003). *The cultural nature of human development*. New York: Oxford University Press.

Schaffer, H. R. (2004). *Introducing child psychology*. Oxford: Blackwell Publishing.

Selwyn, N. (2010). Looking beyond learning: notes towards the critical study of educational technology. *Journal of Computer Assisted Learning, 26*, 65–73.

Siraj-Blatchford, I., & Siraj-Blatchford, J. (2006). *A guide to developing the ICT curriculum for early childhood education*. Stoke on Trent: Trentham.

Siraj-Blatchford, J., & Siraj-Blatchford, I. (2002). *IBM KidSmart early learning programme: UK Evaluation Report – Phase 1 (2000–2001), IBM White Paper*. London: IBM.

Stephen, C. (2011). Playing and learning with technologies. Scottish Universities Insight Institute. *Research Briefing, 2*. Retrieved from www.stir.ac.uk/research/hub/publication/13566.

Stephen, C., McPake, J., Plowman, L., & Berch-Heyman, S. (2008). Learning from the children: exploring preschool children's encounters with ICT at home. *Journal of Early Childhood Research*, *6*(2), 99–117.

Stephen, C., & Plowman, L. (2003). Information and communication technologies in pre-school settings: a review of the literature. *International Journal of Early Years Education*, *11*(3), 223–234.

Stephen, C., & Plowman, L. (2008). Enhancing learning with information and communication technologies in pre-school. *Early Child Development and Care*, *178*(6), 637–654.

Stephen, C., Stevenson, O., & Adey, C. (2013). Young children engaging with technologies at home: the influence of family context. *Journal of Early Childhood Research*, *11*(2), 149–164.

Stevens, R., Satwicz, T., & McCarthy, L. (2008). In-game, in-room, in-world: reconnecting video game play to the rest of the kids' lives. In K. Salen (Ed.), *The ecology of games: connecting youth, games and learning: The John and Catherine MacArthur Foundation Series on Digital Media and Learning* (pp. 41–66). Cambridge, MA: MIT Press.

Tudge, J. R. H., Freitas, L. B. L., & Doucet, F. (2009). The transition to school: reflections from a contextualist perspective. In H. Daniels, H. Lauder, & J. Porter (Eds.), *Educational theories, cultures and learning: a critical perspective* (pp. 117–133). London: Routledge.

Verenikina, I., & Kervin, L. (2011). iPads, digital play and preschoolers. *He Kupu*, *2*(5). Retrieved from www.hekupu.ac.nz/index.php?type=journal&issue=15&journal=262.

Vittrup, B., Snider, S., Rose, K. K., & Rippy, J. (2016). Parental perception of the role of media and technology in their young children's lives. *Journal of Early Childhood Research*, *14*(1), 43–54.

Weisner, T. (2002). Ecocultural understanding of children's developmental pathways. *Human Development*, *45*, 275–281.

Williams, R. (1958). Culture is ordinary. In J. Higgins (Ed.) (2001), *The Raymond Williams reader* (pp. 10–25). Oxford: Blackwell.

9
디지털 시대의 놀이와 학습에 대한 문화비평 관점을 위하여

들어가며

이제까지 우리는 역사적이며 사회문화적 배경에서 기술 혁신이 일어나고 발전해 온 방식과 현대의 디지털 시대 놀이와 학습 경험에 미치는 영향에 대해 탐구해왔다. 이 책을 통하여 지식과 기술, 사회와 사람들과의 관계를 이해하기 위해서는 문화가 중요함을 주장해왔다. 기술 혁신에 대한 문화비평 관점을 택하는 것이 유아가 테크놀로지를 사용할 때 국지적 배경, 그리고 테크놀로지 사용에서 일정 발명품에 대해 관심을 갖는 것보다 더욱 확실하게 역사적인 변화를 감지할 수 있음을 보았다. 20세기 지식의 진보는 개인의 발명, 또는 이전 과업에 대한 새로운 기술 도입을 뛰어넘어 진행되어 왔다. 이제 인터넷, 시맨틱 웹, 태블릿 컴퓨팅, 그리고 인공지능과 더불어 기술 발달은 Masuda(1980)의 사회적 변화에 대해 이론이 그려 낸 위치에 도달했다. 제2장 디지털 시대에서 살펴본 바와 같이, 여러 시스템들은 진화하며 힘을 모아서 새롭고 복잡한 테크놀로지 시스템을 창조하고, 이것은 사회에 퍼져 새로운 시대를 준비하게 된다. Masuda(1980)의 주장에 의하면, 새로운 시대는 사회를 변화시키는 새로운 형태의 생산 동력으로 규정지어지며 새로운 문화와 가치를 확립시키는 결과를 낳는다. 디지털 시대의 생산 동력은 창조와 나눔, 그리고 정신노동을 확대시킬 지식 적용이다(Masuda, 1980). 문화 역사적 관점에서 정신노동의 확대는 사회의 변화를 불러오고, 이는 새로운 학습을 창조한다(Davydov, 1982).

제1부에서 우리는 트랜지스터 발명을 가능하게 한 물질 이해의 진보부터 마이크로프로세서까지 디지털 시대의 발달을 추적하였다. 디지털 정보와 모든 저장 용량, 컴퓨팅 발전이 가져 온 의사소통 정보와 조작에 끼친 마이크로프로세서의 영향을 살펴보았다. 21세기 초 그래픽 사용자 인터페이스로 알려진, 사용자와 컴퓨터 사이의 인터페이스 디자인 발달로 이어졌다. 터치스크린에 대한 이해는 Alan Kay(1972)의 작업으로 예고되었으며, 그래픽 사용자 인터페이스에서부터 지금 내추럴 인터페이스(NUI)라 묘사되는 것까지의 변화와 더불어 아이패드를 발명한 Steve Jobs의 아이디어와 일맥상통한다. 일상생활로 들어온, 새로운 문화 실천 인터넷 채팅(Beer, 2009)의 발달에 대한 토의로 우리의 디지털 시대에 대한 논의를 마친다. 우리는 유아의 디지털 미디어 사용의 틀을 잡는 알고리즘의 역할에 주목하면서, 네트워크 기술에 관한 유아의 개념의 교육적 발달을 위해 유아교육에서의 요구가 증가하고 있는 점을 제안한다.

제2부에서는 '기술의 잠재력' 개념을 비판적으로 주목하는 데서 시작하여 디지털 시대의 학습에 대한 토론으로 옮겨갔다. 테크놀로지를 이용하여 학습하는 것에 대해 문화적으로 비판하는 관점을 택하고 학습과학을 통해 우리의 디지털 시대에 대한 이해를 높였다. 다이나북 발

명으로 아이패드 진화에 핵심적으로 영향을 준 Alan Kay(1972)의 작업에 우리는 특별히 주목하였다. 제2부 두 번째 장에서 우리는 이미 존재하는 놀이에 대한 이해로 유아기의 '디지털 놀이'로 발생된 개념을 살펴보았다. 전통적인 놀이라는 확고한 형태에 대한 전통적인 아이디어가 '디지털'과 '비디지털' 놀이 사이의 경계에 대한 불분명한 생각 때문에 어떻게 도전을 받는지 보았다. 제3부에서 유아가 일상에서 가족들과 친구, 그리고 유아 자신의 흥미와 선호에 매개된 디지털 기기 사용 방식에 대한 실제 자료를 들여다보았다. 디지털 시대의 일상경험을 살펴보며, 유아의 테크놀로지 사용에 대한 담화로 깨닫게 된 도덕적 공황의 역할을 고려하며 20세기 동안 벌어진 기술변화에 대한 반응을 개괄하였다.

마지막 장에서 유아의 돌봄과 교육 관련자들을 위하여 디지털 시대 놀이와 교육에 관한 문화비평 관점을 택했을 때의 적용점을 찾아나갔다. 이런 관점을 가지고 일하는 것은 교사가 테크놀로지 사용에 '조언'을 한다든가 테크노 이야기를 기반으로 하여 교과과정을 계획하는 도전을 하게 하는 등 유아기 관련 종사자에게 디지털화의 교육적 적용을 모색하게 한다. 지식이 문화적으로 기술 혁신에 따라 변형되는 것과 마찬가지로 유아기에 대한 정책과 규정, 그리고 실천을 기반으로 하는 지식은 디지털 시대를 위하여 문화적으로 적응하는 것이어야 한다.

디지털 시대 유아의 놀이와 학습에 대한 문화비평 관점

새롭게 사회적으로 변화하는 동안 사는 것은 쉽지 않다. 매일 일상에서 영아의 교사가 마주하는 변화는 좌절감을 줄 수도 있으며 진보라기보다는 혁명에 더 가까울 수도 있다. 테크놀로지 사용법을 새로이 배우며 '아동기'를 구성하는 것에 대한 우리의 기대가 도전을 받고, 전통적 놀이가 디지털 놀이로 흡수되는 문화적 적응을 관찰하기가 어려울 수 있다. 교사 그리고 연구자, 정책입안자와 행정가를 위하여 영유아의 삶에 디지털화의 현실을 바라볼 새로운 지식 관점이 아무것도 제공하지 않을 때 유아교육 영역에서의 어려움이 매우 크다. 이런 상황에서 디지털 혁명의 경험은 아주 절실할 수 있다. 하지만 이 책을 통하여 Vygotsky(1997)가 논한 문화적 매개, 즉 이론과 방법은 항상 문화적으로 생성되며 일반적으로 변형된다는 개념에 입각한다. 이런 자세로 디지털 시대 지식 발명을 추적했다. 동시에 디지털 시대 유아의 놀이와 학습에 관하여 Selwyn(2010)이 '실제 상태'(p. 69)로 묘사한 것을 디지털 시대 유아의 놀이와 학습에 대한 문화비평 관점의 핵심에 놓는다. 문화비평의 관점에서 일한다는 것은 교사와 연구자, 그리고 정책입안자와 행정가가 디지털 시대 유아의 놀이와 학습에 대한 반응 방식을 여러 상황에서 유아가 사용하는 테크놀로지에 대해 어떻게 그리고 왜 사용하는가 더욱 조심스럽게 제안한다. 디지털 시대와 유아의 삶에서 터치스크린 테크놀로지의 가정 상용화를 '청천벽력'으로 여길 필요가 없다. 또한 도덕적 공황이 유일한 반응인 우리의 문화적 사회적 환경을 넘어선 인상적인 것으로 볼 필요도 없다.

Alan Kay의 사회구성론적 사고에 입각해서 바라본 태블릿 컴퓨팅의 발달, 특히 유아를 위한 이런 기기의 발달에 초점을 두었다. 20세기의 학습에 대한 이해가 특히 유아의 필요에 잘 대응하는 21세기의 새로운 테크놀로지 발달을 지지한다. 다이나북 개념을 개발하면서 Kay(1972)는 Piaget, Vygotsky, Dewey, 그리고 Montessori와 같은 교육자들의 유아가 사고하는 방식에 대한 아이디어를 빌렸다. Bergen(2014)은 오랫동안 서양 유럽에서 유아의 놀이와 학습에 대한 우리의 이해에 대한 핵심적이며 기본적인 사상가로 이들을 꼽았다. 이런 문화적 지식에서 출발하여 Kay는 아이패드의 현대적 현현에 영향을 주었다. 문화비평 관점은 아이들의 삶에서 모습을 보이는 태블릿 테크놀로지와 더불어 아이패드를 유아를 위한 문화적 기기로 보게 만든다. 놀이와 학습의 다른 형태는 기기 그 자체에 반응한다. 문화비평 관점이 테크놀로지 사용에 따르는 유의 사항을 대체하지는 않는다. 대신 기기와 관련된 '실제 상태'를 고려하게 한다. 디지털 놀이와 학습에 대해 이해를 새롭게 하면서, 아이들이 매일 테크놀로지로 보내는 시간과 신체활동 사이의 균형을 찾게 하며, 건강하고 적당하게 스크린 활동이 이루어지도록 주의를 기울여야 한다.

이 책에서 우리는 테크놀로지 이론으로 알려진 지식에 테크놀로지 비평 이론 개념을 더하는 데 주력했다. 테크놀로지 이론을 구성하면서 문화적 지식이 단일 이론이 아닌 다학문적 접근이어야 한다는 것을 알게 되었다. 따라서 디지털 시대 유아를 위한 테크놀로지에 관한 복잡하고 맥락에 의거한 이슈를 논하려면 지식에 관한 여러 관점이 필요하다고 제안하게 되었다(제4장 2유형 지식 논의 참조). 제1장에서 Gibbons(2010)의 제안처럼 디지털 시대에 대해서 철학적이거나 이론적인 질문에 필연적으로 따르는 의구심을 피하고 사회 내에서 사람과 테크놀로지 관계를 알아보는 것의 중요성을 주장하였다. 우리는 이 책 내내 테크놀로지에 대한 세 이론을 가지고 이 관계를 살펴보았으며, 이는 디지털 시대 유아의 놀이와 학습에 관한 문화비평 오리엔테이션 개념을 닦기 위한 초석으로 삼는 것에 도움이 되었다.

테크놀로지/인간관계를 바라보는 한 가지는 테크놀로지 혁신이 행동과 사회적 실천의 변화를 일으키는 원동력이라는 것이다. 예를 들어,

기술결정론은 방송 일정을 포터블 컴퓨터와 앱의 발명에 따르는 것으로 보는 대신에 텔레비전 시청에 대한 '요구' 변화로 간주하는 것이다. 기술결정론은 혁신의 이유보다는 그 결과에 초점을 맞춘다. 그리고 사용자 또는 소비자를 새로운 자원의 발명으로 인한 변화에 무력하게 저항하거나, 아니면 놀이와 학습의 강력한 자원 그 자체로 해석한다. 반대자는 이 사회의 기술을 익히도록 하는 정책에 억압받는다고 느끼거나, 유아의 놀이와 학습에 명백하게 해가 되는 테크놀로지의 피할 수 없는 영향을 바로잡기 위하여 '반기술' 자세를 취할 것이다. 기술찬성론자는 테크놀로지가 자연스럽게 유아의 학습을 돕는다고 보고, 테크놀로지가 미래이기 때문에 교육 현장에서 테크놀로지 적용을 북돋울 것이다. 한 어린이 한 랩톱 캠페인이 바로 그 예다(http://one.laptop.org/about/mission).

우리가 테크놀로지와 인간관계를 살펴보았던 두 번째 관점은 기술실질이론이다. 이는 테크놀로지가 사회의 문화적 시스템을 형태 잡는다는 생각이다. 혜택을 주는 기술에 대한 관심이 일상적인 문화적 실천에 대한 기대를 좌우하는 자원에 대한 관심을 막아서는데도 불구하고 말이다. 예를 들어, 자동차 여행이 주는 혜택에 감사하면서도 우리는 도시계획이나 환경에 대해 그다지 관심을 기울이지 않는다. 이와 유사하게 기술실질이론을 취하면 교육자는 디지털 자원이 아이들과 성인이 건설 프로젝트나 예술 활동을 하는데 사진을 찍거나 저장하는 일정 기술에 도움을 주는 방식에 관심을 더 기울인다. 이런 움직임과 관련된 일상의 실천에 대한 문화적 기대 변화에 관심을 기울이지 않고서 말이다. 평가 도구로 Learning Stories(Carr & Lee, 2012)의 선택은 교육자로 하여금 유아 놀이 사진을 많이 찍도록 만들었다. 하지만 디지털 사진의 '용이함'은 놀이 자체를 계획하거나 분석하는 데 보다 놀이를 저장하거나 기록 작업하는 데 더 많은 시간을 쓰게 하는 결과를 낳았다(Bath, 2012). 테크놀로지는 디지털 기록 평가 과정에서 유아교육 현장의 실제 현실이 되었다.

테크놀로지의 세 번째 이론은 비판적 관점을 택한다. 인간과 테크놀로지의 관계에 대한 이 사고방식은 우리의 테크놀로지 사용 목적과 사용 관련된 가치에 주목한다. 왜 테크놀로지가 발전하는가 하는 데 대한 문화 역사적 이유를 이해하게 하고 테크놀로지 사용처뿐 아니라 다음 세대를 위한 테크놀로지 혁신을 계속해서 안내할 수 있게 하는 새로운 지식을 확대하고 진행시킨다. 유아교육 관계자를 위하여 문화비평 관점은 교육적 가치와 현장에서의 테크놀로지 목적에 대하여 전문적인 판단이 가능한 영역을 확보한다. 사회 내 사람들에 의한 테크놀로지의 문화 역사적 발전 맥락에 대해 주목하게 한다. 그러므로 이 책에서 '문화비평' 관점 개념은 테크놀로지를 통한 놀이와 학습에 대해 반응하게 하여서 아동과 테크놀로지 간의 관계 이해가 역사에 기반을 둔, 그리고 현재에 적용되며 나아가 미래를 향하게 한다. 아이가 아이패드를 쓰는 것을 볼 때 우리가 자동적으로 이것이 물질의 물리학과 유아의 학습에 대한 역사적 지식의 변형, 미래 지식 발달을 예견하는 역량과 더불어 다중 놀이 또는 학습의 형태로 간주하게 한다. 유아와 테크놀로지는 시간 안에 정지되어 있지 않고 자신들의 시간에 있다.

문화비평 관점에서 유아의 놀이와 학습을 사고하는 것은 지적 도전이다. 테크놀로지에 대한 찬반 입장의 기술결정론적 논쟁이 동원되기 쉬울 때 특히 그렇다. 또는 실질적 관점이 테크놀로지가 어떻게 문화적 실천을 형성하는가를 설득하고 테크놀로지 사용을 정당화할 때 그렇다. 하지만 우리는 문화비평 관점이 시간을 넘어 일반 문화를 변형시키는 데 존재하는 인간과 테크놀로지 간의 관계를 이해시키는 역량으로 간주한다. 언제나 기술변화가 일어남을 문화적 매개는 제시한다. 우리가 사는 시대는 터치스크린 기술, 내추럴 인터페이스와 네트워크 테크놀로지 혁신으로 특징지어진다. 오늘날 우리가 이런 기술을 사용하면서 새로운 기술은 다음 세대의 기술을 변형시키고 따라서 미래 유아의 달라진 문화를 발전시킬 것이다.

디지털 시대와 유아교육

미래의 발명품은 어떠할지 우리는 확실하게 알 수 없다. 아마 목소리 지시와 소리 내용이 전통적인 문학적 과정을 없애지 않을까? 알고리즘과 인공지능이 영아의 지식 과정의 새로운 형태를 요구할 수도 있다. 이런 역동적 상황에서 교사에게 조언을 주거나 테크노 이야기에 의존하거나 행정 지침은 쓸모가 없다. 과거의 이해나 기대에 뿌리박힌 조언 대신 문화적으로 통찰력 있는 비판적 관점을 택하는 것이 디지털 시대 유아가 놀며 학습할 때 필요한 디지털 테크놀로지에 대한 지식과 경험이 무엇인가를 물으며 교육자와 정책입안자가 상황을 앞서서 주도하게 된다는 점을 우리는 제안한다. Vygotsky(1997)는 '궁극적으로 삶이 가르치고, 삶과 진정한 세계가 학교에 깊숙이 파고들수록 교육의 과정이 더욱 힘차고 탄탄할 것'(p. 345)이라 주장했다. 유아에게 교육적 경험을 제공하는 일에 종사하는 자 또는 유아교육 정책을 결정하는 데 책임을 지닌 자는 시대에 만연한 현대 디지털 기술에 대한 문화 역사적인 이해를 발전시키고 아동이 지금 요구하는 지식과 그들의 요구에 부합하는 교육적 경험 방식에 대해 비판적 관점을 취할 것을 주장한다. 교육자가 유아의 삶의 진정한 상태와 가치 위치를 제고하는 전문적 입장을 만들어 나가는 기회가 있어야 이미 도래한 접근하기 어려운 질문에 문화적이며 비판적으로 사고가 가능할 것이다. 예를 들어, 유아가 마이크로프로세서에 대하여 배워야 하는가? 유아의 일상에서 네트워크 테크놀로지의 역할은 무엇인가? 4세 유아가 알고리즘이 어떻게 역할을 하는지 알 필요가 있을까?

디지털 시대 유아교육에 대하여 문화비평적으로 접근하는 것은 도전이 되지만 교육자에게 자료가 없는 것은 아니다. 이 책에서 유아의 일상의 한 부분인 디지털 테크놀르지의 문화 역사적 발달에 대하여 기술하였다. 하지만 교육자가 디지털 시대에 반응하기에 딱 맞게 교육적 실천을 발달시킬 유일한 지식은 아니었다. 유아의 학습과 발달을 위한 유아교육 기회와 지지에 대하여 문화적이며 역사적인 그리고 현대적인 이해를 만들어 나가야 한다. 유아교육에 대한 이 문화적 지식의 핵심에는 현대의 효과적 학습 환경의 특징이 있다. 제4장에서 밝힌 바와 같이, 기본 학습과학은 다음과 같다.

1. 학습자의 사전 지식 위에 구축한다.
2. 학습자는 활동적인 관찰 학습을 포함하여 다양한 형태의 학습에 참여한다.
3. 학습이 이해 발달에 직접적으로 이루어질 수 있도록 한다.
4. 지역 사회와 관련 있는 문화적인 학습이 이루어지도록 한다.

(*Bransford*, *Brown*, & *Cocking*, *2000*)

전통적으로 유아에게 제공해온 교육은 이런 면을 다 갖추었으며, 특히 사회의 가치와 기대에 부응하여 아동 중심의 놀이로 이루어지는 학습이 이해과정이 되도록 한다. 교육자와 유아교육 관련 종사자는 이런 면을 핵심으로 시작하여 디지털 시대 문화비평적으로 반응할 수 있어야 할 것이다.

놀이 기반 학습은 디지털 시대에도 필수적이지만 놀이를 이루는 것이 무엇이며 아동이 무엇으로 놀 것인가는 아마도 아이디어를 새롭게 해야 할 것 같다. 문화비평 관점은 놀이 기반 학습에 대한 새로운 사고를 가능하게 한다. 예를 들어, 우리는 제5장에서 전통적인 놀이 형태와 디지털 놀이로 이름 붙은 새로운 놀이 형태 사이에 눈에 띌 만한 차이가 없다고 주장했다. 현대 놀이 상황을 관찰한 결과 혼합된 놀이 개념이 연구나 교육을 위해 더 생산적인 접근이라는 제안이다. Edwards, Nuttall, Mantilla, Wood, & Grieshaber(2015)의 연구는 더욱 고무적이다. 만약 교육자가 디지털 시대 이전 문화적으로 놀이 기반 학습에 깔린 가정들을 이해한다면, 디지털 테크놀로지를 교육적으로 사용하는데 어려움이 따를 것이다. 하지만 문화비평 관점은 아동과 가족의 일상생활에서의 기술 관련 실천을 고려하며 유아의 학습 능력을 배가할 수 있는 기술혁신의 방향에 대해 전문적으로 사색할 것이다. 아동의 현재와 미래의 디지털 자료를 효과적이며 생산적으로 사용하기 위하여 무엇을 더 알 필요가 있을까.

여러 해 동안 유아교육은 교육과정으로 아동의 놀이 기반 흥미에 중심을 두었다. 제8장에서 제시한 연구는 오늘날 유아교육은 가정과 지역 사회에서 아동이 경험하는 디지털을 필수적으로 포함하여야 한다고 제안했다. 유아기 경험은 아동의 흥미, 그리고 가정과 지역 사회와 전통적으로 관련지어 왔다. 우리는 디지털 시대 유아 학습은 가정과 지역사회에서 아동의 흥미를 계속해서 반영할 수 있으며 또한 반영하여야 한다고 주장한다. 하지만, 제8장에서 보인 바대로 아동이 '흥미'로 비친 것들이 어떤 것들이며, 일정 기술 또는 기술 관련 활동에 몰두하려는 욕망에 대한 세계적인 '출발점' 또는 가정은 없다. 교육자는 아동이 무엇을 할 수 있고, 다음으로 무엇을 하고 싶어 하며, 무엇이 개인 흥미에 부합하고 또 이를 확대시키며, 무엇을 선호하는가 하는 '실제 상태'에 주목할 필요가 있다.

디지털 시대 놀이 기반 학습은 교육자로 하여금 아동이 타인, 주로 가족과 형제들과 상호작용하면서 사회적인 매개체로 테크놀로지를 경험하는 가족의 실제 상태에 맥락적으로 걸맞게 반응할 것이 요구된다. 제8장에서 토의했듯이 거의 모든 아동은 테크놀로지를 매일 가족생활에서 먼저 경험한다. 디지털 테크놀로지는 가정의 온도를 조절하고, 냉장고의 음식을 확인하고, 소리로나 영상으로 떨어져 있는 식구들과 의사소통하게 한다. 줄 서기나 기다릴 때 지루함을 스마트폰으로 게임하기 또는 태블릿에 내려받은 프로그램으로 해소한다. 유튜브 장면이나 페이스북 계정을 형제간에 공유하거나, 핸드폰을 사진 찍는 기구로 선호할지 모른다. 우리가 가족의 삶에 대해 살펴보았던 것, 부모와 형제의 매개 역할, 그리고 가정의 문화는 아동이 교육기관으로 가져오는 디지털 테크놀로지에 대한 기대와 자신감이 간단한 문제가 아니라는 것을 분명히 보여 주어야 한다. 가정의 기대와 문화, 그리고 관계는 사회경제적 조건들과 더불어 아동의 디지털 경험에 차이를 낳고 이런 차이는 개인의 선호도에 의해 가중된다. 나아가 집에서 접촉 가능한 디지털 자료는 지속성과 안전, 그리고 장르의 적합성과 어떻게 반응을 매개할 것인가를 따지는 교육기관에서의 것과는 다를 것이다(Edwards, Henderson, Gronn, Scott, & Mirkhil, 2017). 문화비평 관점을 취하면 교육자가 자신의 책임하에 놓인 '아동의 실제 상태'에 대해 알게 되고, 학습자의 지식에 근간하여 가르치며, 문화적으로 적합한 학습이 만들어질 것이다.

유아교육 현장에서 학습은(지식이 분리된 채 훈육에 의하거나 또는 지식 전달뿐만 아니라) 직접적으로 이해 발달을 위하는 특징이 있다. 이런 맥락에서 정신노동을 증대시키기 위한 테크놀로지의 역량을 보자. 현재의 실천과 행위, 그리고 미래의 발명품들에 관한 유아교육자의 질문에 디지털 시대의 한 측면이 바로 응답하는 것으로 시작할 수 있다. 유튜브 키즈로 만들기와 시청하기 등의 활동은 벌써 유아 역량을 배가시키는 데 기술 혁신이 기여할 수 있는 한 가지 예이다. 문화 비판적 사고가 교사나 연구자, 정책입안자와 행정가에게 필요한 이유는 디지털 시대에 자라는 유아를 생각하게 만드는 방법은 무엇이고 또 생각의 확장이란 무엇일까 고민하게 만들기 때문이다. 학습에 관해서 문화적이며 개념적 정의를 적용하여 테크놀로지가 어떻게 그리고 왜 사고의 증대를 불러올 수 있을지 예를 들어, 무엇이 네트워크된 테크놀로지를 구성하는가에 대하여 고려해야 할 것이다. 교육자는 열린 답을 요구하기 때문에 이 앱이 다른 앱보다 좋다고 한다든가, 단순한 기술을 가르치는 앱이 아니어서 좋다고 판단하기보다는 어떤 앱이 왜 다른 앱보다 사고의 증대를 가져오기에 나은가를 전문적인 앱 선택 기준으로 삼아야 할 것이다.

실행자의 교육적 지식은 이전 시대만큼 디지털 시대의 놀이와 학습에 중요하다. Gee & Hayes(2011)는 교육자의 개인적인 비계와 훈육적 기여의 중요성을 다음과 같이 깔끔하게 정리한다.

> 테크놀로지-책, 텔레비전, 컴퓨터, 비디오 게임 또는 인터넷-이 모두는 그 자체로 인간을 훌륭하거나 나쁘게, 지혜롭거나 어리석게 만들지 않는다…. 좋거나 나쁘게 밀어붙일 수는 있다. 아이 손에 놓인 인터넷과 연결된 컴퓨터는 훌륭한

> 모니터링하에서 배우게 할 수 있다. 다른 상황에서는 그렇지 않을 수도 있다. 그렇다면 진짜 이슈는 사회적이다. 누가 모니터링 받고 그리고 누구는 받지 않았는가가 테크놀로지 자체는 아니다. 책과 언어에서도 마찬가지다.
>
> (*Gee & Hayes, 2011, p. 5*)

Stephen과 Plowman의 초기 연구(예, Plowman & Stephen, 2007; Stephen & Plowman, 2008)는 교육자가 유아 학습을 촉진하는 테크놀로지와 긍정적으로 접촉하는 데 중요하게 역할을 하여야 함을 분명히 하였다. 이는 테크놀로지가 교사의 역할을 대신할 수 있다는 기술결정론적 가정에 도전이 되었다. 그들은 가정에서와 학교에서 일상에서 일어난 실제를 감안하여 디지털 학습 환경이 계획되어야 하며 유아가 가능한 한 교육적으로 사용하는 데 요구되는 개인적 흥미와 선호도에 부응하도록 제공하여야 함을 주장하였다. 아동은 조율된 시범과 모델링에 도움을 받는다. 디지털 자원의 물리적인 측면, 지시 사항과 메뉴 문구, 그리고 종종 지시 음성, 또는 게임의 목표를 이해하는 데 도움이 필요하다. 제시된 정보의 유사점과 차이점에 주목시키는 것, 소프트웨어가 단지 실수만을 지적할 때 어느 점에서 잘못된 것인지 보여 주기, 또는 몇 번 시도 후 옳은 반응이 무엇인지 보여 주기 등에 교육자가 필요하다. 교사에게는 전통적인 비디지털 학습 과정에 적용시킨 교육적 방법들이 있다. 이 전문 지식은 디지털 시대를 위하여 문화비평 관점으로 아동과 교육자 사이 테크놀로지에 대한 이해와 테크놀로지와의 관계에 대해 개념 발달과 실질적 탐색을 통해 알게 된 점을 변형하는 데 쓰일 수 있다.

유아교육현장에서 실시되는 교육과정은 교사의 혜택, 유아와 유아기에 대한 사회적 가치와 정치적 입장, 가족의 가치 입장과 기대 범위에 대한 필요성을 반영한다. 문화비평 관점에서 디지털 시대에 요구되는 교육과정은 산업시대와 완전히 같을 수는 없다. 유아교육과정에 대한 정책적 결정과 이의 적용에 관한 전문적 판단은 디지털에 관련하여 성인의 이해와 생각, 그리고 가치에 기초할 것이다. 부모나 정책입안자와 마찬가지로 적어도 부분적으로는 확실하지 않은 미래에 대한 예측을 가지고 교사는 현재의 행동과 제공을 결정하여야 한다.

Cole(1996)은 성인이 가정이나 학교에서 학습을 지지하기 위한 대비와 공급을 결정하는 데 영향을 미치는 점을 고려하는 데 예변법[7]을 적용한다. 예변법은 성인이 현재 이해하고 있는 점과 자신이 어렸을 때와 커서 경험했던 것과 관련지어 아동에게 바람직한 경험이 무엇일까 생각하는 과정을 일컫는다. 예변법은 현재 상황에서 결정이 과거의 경험과 결과를 미래에 투사해 보는 것에 기초함을 의미한다(McPake & Plowman, 2010). 하지만 이 책에서 우리가 묘사한 지식 혁신은 과거로부터의 투사가 미래의 디지털 시대를 안내하는 데 불충분하다는 것을 뜻한다. 젊은 선생님이라도 아이패드가 나오기 전에 디지털 테크놀로지를 사용하기 시작했으며, 자신이 책임을 맡고 있는 아이들처럼 태블릿 컴퓨터와 스마트폰, 그리고 잘 확산되는 미디어와 더불어 자란 경험이 없다. 정책과 실천 지시를 발전시키고 책임이 있는 이들도 마찬가지로 유사한 어려움에 처해 있다. 과거 지나온 것에 비추어 보는 것은 미래 교육적 요구에 맞추어 계획하는 데 충분하지 않다. 디지털 테크놀로지가 유아의 삶에 침투하는 것에 대한 도덕적 공황이 새로운 테크놀로지의 교육적 잠재력에 대한 믿음과 대치되는 상황에서는 특히 과거 개인

역자 주 7) 반대론을 예상하여 반박해 두는 법.

적 경험이 현재의 제공과 미래의 요구에 맞춘 결정을 내리기에 견고한 기반이 아니다. 이런 상황에서 교사는 방향을 결정하기가 힘들 수 있으며, 현장에서 기존에 있는 테크놀르지에 의존하여 아동의 작업 기술을 협소하게 훈련시킬 수 있다.

디지털 시대의 놀이와 학습에 대한 문화비평 관점은 대안적 지식을 제공한다. 이런 관점에서 교육과정을 디자인하는 사람들은 테크놀로지를 문화적으로 발생되고 가치가 있는 것으로 이해한다. 유아교육 현장의 전통적 측면이 산업사회에 필요한 지식에 의하여 문화적으로 한 때 결정되었던 것과 매우 유사하다. 유아교사는 유아가 현장에서 마주해야 하는 책의 종류에 대해 가치 판단을 내린다. 어떤 사회적 행동을 발달시키고 이와 다른 상호작용을 저지시킬 것인가에 대해서도 알고 있다. 물리적 환경의 지속성을 북돋우며, 온난화 같은 부정적인 환경의 결과를 최소화하기 위해 노력한다. 이런 문화적 민감성과 비판적 사고와 결정은 가치 있는 행동과 사고에 대해 고려하면서 아동의 디지털 시대 경험을 확장시킬 것이다.

이 책을 통하여 문화 역사적인 맥락에서 지식 변화가 교육과정과 교육적 의사결정에 영향을 주는 방법에 주목하였다. 지식은(기술 혁신으로 나타나는) 문화적 변화를 낳는다. 그 결과로 아동의 학습과 놀이 문화가 바뀐다. 우리가 이미 살펴본 대로 이 과정은 전통적 놀이와 테크놀로지로 노는 것의 차이를 불분명하게 만들어 놀이에 대한 기존의 이해에 도전한다. 또한 지식의 '전수'는 디지털 시대의 기본 교육적 전략으로 더 이상 필요하지 않다. 지금 문화적으로 가능한 기술은 아동이 인쇄된 글을 읽거나 쓰는 것과 결부된 문해 기술이나 인쇄물에 대한 전통적인 의존에서 벗어난 특별한 토픽에 대한 질문에 해답을 찾거나 탐구해 나가도록 할 것이다. 디지털 시대에 놀고 배우는 아동은 디지털 기기로 정보를 찾고 저장하고 검색하며, 출처의 가치를 판단하고 여러 미디어 사이를 오가며 정보를 합성하는 것에 익숙해져야 한다. 점점 더 알고리즘이 작동하는 원리에 대한 지식과 네트워크된 테크놀리지에 대한 이해가 유아기에 결정적이어서 아동은 퍼지는 미디어 환경이 어떻게 만들어지는지 알고 자기가 접속하는 모든 사람이 자신이 경험하는 미디어와 같은 것을 사용하지는 않는다는 것을 이해할 것이다.

아동이 문화적 도구, 예를 들어 읽기와 쓰기, 시간과 물리적 속성을 포함하는 수 세기와 측정, 이를 이해하고 능숙하게 다루는 기회를 갖는 것은 여러 해 동안 유아교육 과정의 핵심이었다. 문화비평 접근은 아동이 탐색 엔진, 인터넷 개념, 블로그같이 확산되는 미디어 기기를 이해하도록 돕기의 타당성을 제안한다. 읽기처럼 일련의 디지털 도구의 숙련은 가르침이 필요하다. 하지만 교육자의 관심이 발음 기술이나 글자 인식에 머물지 않고 그 기술로 발 디딜 세상의 가능성에 있듯이 디지털 시대 놀이와 학습에도 마찬가지로 적용된다. 디지털 도구에 숙련되고 잘 아는 사용자로서 아동이 할 수 있는 것이 더욱 중요해질 것이다. 나아가 사회, 정치, 그리고 문화적 맥락이 과거 발명을 일으켰듯이 일상에서의 놀이와 학습에 대한 교육적 질문과 지식의 발달은 미래 지식의 혁신을 스스로 주도해 나갈 것이다. Kay의 다이나북은 아동의 학습을 지지하고 이미 존재하는 테크놀로지(당시 '떠오르는' 터치스크린 인터페이스)와 관련해서 지적 자료들을 학습과 인지 발달 과정으로 끌어들이는 데 큰 영향을 미쳤다. 교육자와 연구자, 그리고 디자이너의 지식 협력은 여태까지 상상하지 못했던 방식으로 놀이와 학습을 이끌 수 있다. 아마도 유아교육의 문화적 지식 생산의 최첨단으로 인공지능의 중요도가 부각될 것 같다.

나가며

이 책 시작에 아이와 할아버지가 노는 것을 예로 들었다. 우리는 여러 테크놀로지와 관련한 행위를 별것 아닌 것으로 묘사하였다. 유아의 발달적 상황을 만들어 내는 문화적 역할이 특별하지 않다는 것이다. 이런 관점에서 우리는 기술 혁신은 언제나 역사적인 지식 혁명이었으며 느닷없는 것도 멀리서 도입되는 것으로 반드시 여길 필요가 없음을 제안해 왔다. 오히려 기술 발명품들(아이패드 이야기처럼)은 지난 시대의 지식과 욕망으로부터 오늘날 우리가 사용하는 물건으로 진화해왔다. 20세기에 시작하여 21세기까지 이어진 마이크로프로세싱, 디지털화, 네트워크된 컴퓨터, 그리고 사용자-테크놀로지 인터페이스는 Masuda(1985)가 묘사한 디지털 시대로 특징지어진 새로운 동력으로 사회 곳곳으로 확장되었다. 이 지식 진화와 더불어 테크놀로지 용량은 의사소통, 정보 관리, 휴식, 놀이와 학습, 문화 전반에 진화를 가져왔다. 디지털 시대에서 자란다는 것은 일상생활에서 사용되는 디지털 테크놀로지가 문화의 일부라는 것을 의미한다. 우리 시대 놀이와 학습은 디지털 문화에서 놀기와 배우기를 뜻한다. 산업시대로부터 진화해온 실천과 기회가 요구된다는 것이다.

디지털 시대 놀이와 학습을 제대로 이해하려면 다학문적 접근과 맥락 또는 학습과학 이론과 연구의 기저에 깔린 문제 중심 접근이어야 한다는 것이 우리의 주장이다. 디지털 시대의 학습자의 복잡하고 맥락에 맞춘 다양한 학문으로부터 얻은 지식을 적용하려는 학습과학을 통해 학습이 도움받을 수 있다고 본다. 배움과 교육적 책임에 대한 이러한 접근은 교사가 학습에 대한 자기가 아는 점을 점검하고 특정 상황과 맥락에 반영하여 비판적으로 반응하는 것이 요구된다. 디지털 시대

학습에 대한 지식이 진화하고 있으며 현재 놀이에 대한 우리의 사고 또한 변하고 있어, 디지털 놀이라고 이름 붙인 일정 놀이에 대한 이전 생각과 전통적인 놀이를 섞어서 이해하는 것이 가장 바람직하다고 주장한다.

놀이와 학습에 대한 문화 역사적 관점이 현재의 경험을 이해하는 데 최상의 방법을 제공한다. 제3부에서 디지털 테크놀로지가 일상에 침투한 현시대에 자라나고 있는 유아의 경험을 세밀하게 들여다보았다. 유아의 교육과 돌봄에 책임이 있는 사람은 그들이 놓인 상황을 이해하고 왜 디지털 문화가 진화하는지 이해하여야 할 뿐만 아니라 디지털 시대에 대응할 수 있어야 한다. 세 가지 반응–기술결정론, 실질 중심, 그리고 비판적 관점–을 설명하였다. 비판적 관점이 교육자를 깨우치고 실제 상태, 디지털 시대에 자라는 일상을 반영하여 가족과 공동체의 가치와 욕망, 그리고 기대에 부응하게 된다고 주창하였다.

문화비평 관점은 따라서 유아교사와 유아교육 정책과 시설 책임자를 준비시켜 기술혁신과 지식의 진보를 이해하고, 과거와 미래의 변형을 고려해서 문화적으로 적합한 방법으로 대응하도록 만든다. 문화적으로 깨우치고 비판적으로 깨어 있는 관점을 발달시키는 것이 유아교육현장에서 고된 일이라는 것을 알기에 유아교육의 실제 문화의 중심인 놀이와 학습, 그리고 교육, 또 디지털 시대에 놀며 배우는 유아의 필요에 부응하는, 변형 가능한 지식을 제안한다.

참고문헌

Bath, C. (2012). 'I can't read it; I don't know': young children's participation in the pedagogical documentation of English early childhood education and care settings. *International Journal of Early Years Education, 20*(2), 190–201.

Beer, D. (2009). Power through the algorithm? Participatory web cultures and the technological unconscious. *New Media Society, 11*, 985. doi: 10.1177/1461444809336551.

Bergen, D. (2014). Foundations of play theory. In L. Brooker, M. Blaise, and S. Edwards (Eds.), *The SAGE handbook of play and learning in early childhood* (pp. 9–20). London: SAGE.

Bransford, J. D., Brown, A. L., & Cocking, R. R. (2000). *How people learn: brain, mind, experience, and school.* Washington, D.C.: National Academy Press.

Carr, M., & Lee, W. (2012). *Learning stories: constructing learner identities in early education.* London: SAGE.

Cole, M. (1996). *Cultural psychology: a once and future discipline.* Cambridge, MA: Harvard University Press.

Davydov, V. (1982). Translated by S. Kerr. The influence of L. S. Vygotsky on education, theory, research and practice. *Educational Researcher, 24*(3), 12–21.

Edwards, S., Henderson, M., Gronn, D., Scott, A., & Mirkhil, M. (2017). Digital disconnect or digital difference? A socio-ecological perspective on young children's technology use in the home and the early childhood centre. *Technology, Pedagogy and Education, 26*(1), 1–17.

Edwards, S., Nuttall, J., Mantilla, A., Wood, E., & Grieshaber, S. (2015). Digital play: what do early childhood teachers see? In S. Bulfin, N. F. Johnson, & C. Bigum (Eds.), *Critical perspectives on early childhood education* (pp. 66–84). Palgrave Macmillan's Digital Education and Learning Series. New York, NY: Palgrave Macmillan.

Gee, J. P., & Hayes, E. R. (2011). *Language and learning in the digital age.* Abingdon: Routledge.

Gibbons, A. (2010). Reflections concerning technology: a case for the philosophy of technology in early childhood teacher education and professional development programs. In S. Izumi-Taylor & S. Blake (Eds.), *Technology for early childhood education and socialization: developmental applications and methodologies* (pp. 1–19). Hershey, NY: IGI Global.

Kay, A. C. (1972, August). A personal computer for children of all ages. In *Proceedings of the ACM annual conference – Volume 1* (p. 1). ACM.

Masuda, Y. (1980). *The information society as post-industrial society.* Tokyo: Institute for the Information Society.

Masuda, Y. (1985). Three great social revolutions: agricultural, industrial, and informational. *Prometheus, 3*(2), 269–274.

McPake, J., & Plowman, L. (2010). At home with the future: influences on young children's early experiences with digital technologies. In N. Yelland (Ed.), *Contemporary perspectives on early childhood education* (pp. 210–226). Maidenhead: McGraw-Hill Education.

Plowman, L., & Stephen, C. (2007). Guided interaction in pre-school settings. *Journal of Computer Assisted Learning, 23*(1), 14–26.

Selwyn, N. (2010). Looking beyond learning: notes towards the critical study of educational technology. *Journal of Computer Assisted Learning, 26*, 65–73.

Stephen, C., & Plowman, L. (2008). Enhancing learning with information and communication technologies in pre-school. *Early Child Development and Care, 178*(6), 637–654.

Vygotsky, L. S. (1997). *The collected works of LS Vygotsky: problems of the theory and history of psychology* (Vol. 3). New York: Springer Science & Business Media.

찾아보기

디지털 시대 유아의 놀이와 학습

-문화비평 관점-

초판 1쇄 인쇄 2019년 11월 10일
초판 1쇄 발행 2019년 11월 20일

지 은 이 | 크리스틴 스테판 · 수잔 에드워즈
옮 긴 이 | 고선주
펴 낸 이 | 김기섭
책임편집 | 이윤미
펴 낸 곳 | 창지사 www.changjisa.com
08589 서울시 금천구 가산디지털 1로 83 파트너스타워 1차 9층
전화(02) 719-2211~3
팩스(02) 701-9386
등 록 | 1977년 4월 28일 · 제1-421호

ISBN 978-89-426-1267-3 (13370)

값 15,000원

「이 도서의 국립중앙도서관 출판예정도서목록(CIP)은 서지정보유통지원시스템 홈페이지(http://seoji.nl.go.kr)와 국가자료공동목록시스템(http://www.nl.go.kr/kolisnet)에서 이용하실 수 있습니다.(CIP제어번호: 2019047327)」